河北省社会科学基金项目
河北经贸大学学术著作出版基金项目
河北省高等学校人文社会科学重点研究基地资助项目

质性研究在工商管理学中的实践

范例、追问与改进

郭会斌　王志勇　苏敬肖　韩素卿　刘钊　王丽媛 ◎ 著

Practice of Qualitative Research
in Business Administration

Examples, Questioning
and Improvement

北京大学出版社
PEKING UNIVERSITY PRESS

图书在版编目(CIP)数据

质性研究在工商管理学中的实践：范例、追问与改进/郭会斌等著.——北京：北京大学出版社, 2025.3.--ISBN 978-7-301-36025-5

Ⅰ.F203.9

中国国家版本馆 CIP 数据核字第 20253A17C0 号

书　　　名	质性研究在工商管理学中的实践：范例、追问与改进 ZHIXING YANJIU ZAI GONGSHANG GUANLIXUE ZHONG DE SHIJIAN: FANLI、ZHUIWEN YU GAIJIN
著作责任者	郭会斌　王志勇　苏敬肖　韩素卿　刘　钊　王丽媛　著
责任编辑	黄炜婷
标准书号	ISBN 978-7-301-36025-5
出版发行	北京大学出版社
地　　　址	北京市海淀区成府路 205 号　100871
网　　　址	http://www.pup.cn
微信公众号	北京大学经管书苑(pupembook)
电子邮箱	编辑部 em@pup.cn　　总编室 zpup@pup.cn
电　　　话	邮购部 010-62752015　　发行部 010-62750672 编辑部 010-62752926
印　刷　者	北京鑫海金澳胶印有限公司
经　销　者	新华书店
	720 毫米×1020 毫米　16 开本　15.75 印张　253 千字 2025 年 3 月第 1 版　2025 年 3 月第 1 次印刷
定　　　价	58.00 元

未经许可，不得以任何方式复制或抄袭本书之部分或全部内容。
版权所有，侵权必究
举报电话: 010-62752024　电子邮箱: fd@pup.cn
图书如有印装质量问题，请与出版部联系，电话: 010-62756370

前　言

本书旨在启发和推动工商管理学领域质性研究后现代范式的构建,实现中国本土工商管理学研究顶天立地的目标。[①] 我们在六家国内学术期刊2016—2020年间发表的学术论文中选择范例,围绕"案例—数据—洞见—理论"证据链的归纳逻辑,结合范例所呈现内容层面的五种突出现象、方法层面的四个亟待解决的问题,从学术目标、认识论信仰、方法论取向、实现路径四个层面,重点研究五个方面的内容,并提出改进建议。这些主题也是学术界评判论文质量和价值的关键。

一、 篇章结构

第一章,后现代范式语境中的选题。该章扎根一线商业实践,回归理论问题的本源,全面而深刻地阐释选题。

第二章,理论抽样的新准则。该章围绕问题情境、理论抽样和数据分析单元三个问题,回应理论构建过程中出现的新趋势。在追问理论抽样三个传统准则不足的基础上,凝练和补充视域融合与假设轮回两个新准则。这五个准则有助于形塑未来关于理论构建过程的思考。

第三章,保障研究质量的策略组合。该章在回顾与思考现代范式中实证主义者、诠释主义者和思辨研究者保障研究质量策略的基础上,立足兼收并蓄而非泾渭分明,立足价值无涉非价值涉入,重视研究过程而非只看重结果,倡

[①] 比较偏激的观点是,后现代主义者对人类的认知能力产生全面怀疑,并以解构和批判既有知识为己任。

导中西互鉴而非膜拜美西方,进而开发后现代范式保障研究质量的新策略,即主体间性、逻辑自洽、案例饱和、理论饱和的四维组合。这将有效地弥合"行"与"知"的或然分离、时常分离。

第四章,数据分析的格式化程序。该章以防止证据链中"解释的断桥"(郑庆杰,2015)为旨归,以案例研究方法和扎根理论路径为主线,建立结构化的数据分析程序并明晰理论发现的过程,进一步抽象数据分析的四个步骤,即数据分析单元、建构认知、赋予意义和理论化。在延续研究者自由发挥的惯性下,实现结论收敛。这一原创性的可行路线能回应一线研究者(尤其是初学者)的迫切期待。

第五章,理论构建的四组合方法。该章恪守质性研究发现新洞见、构建新理论的初心,在继承关键引述和证据引述两种主流方法的基础上,进一步重构和提出含有引据、厚描、夹叙和夹议的四组合,为企业管理新理论的构建提供全景的强健支持。

二、内容安排

本书以工商管理学质性研究的后现代范式构建为主旨,每章均由四部分内容组成。

第一部分为要义诠释。这部分旨在从质性现代范式的方法论层面,深度解读和解释本章面对、涵盖的重点问题,为建立后现代范式奠定基础。

第二部分为关键程序与环节。这部分试图从多层面、多角度和多点位,分析遵循后现代范式论文的对应内容写作中的关键点,举例说明可操作的写作策略和方法。

第三部分为典型论文的点评。这部分在六家学术期刊五年间的论文中选择典型范例,并结合各章的关键点,力求客观地进行点评与分析。

第四部分为追问与改进建议。这部分回到构建质性研究后现代范式的主旨,对一些关键的困惑性问题进行反思和追问,在与现代范式的交讼中提出有针对性、启发性的建议。

本书既吸纳和发扬了我国传统哲学的方法论思想,又顺应了国际上工商管理学领域质性研究范式与研究方法的进步和趋势,期望质性研究后现代范式新进展的普及有助于学者们的研究成果进一步拥有解释、传播、介入、殷鉴和促进"中国故事"的真实力量，从而在工商管理学理论体系中占有一席之地。

本书的研究和写作历时七年多，大范围、深度修改了五次之多。它是团队合作的结晶，郭会斌博士统稿、修改和定稿，并撰写绪论、第一章和第二章；王志勇博士主要撰写第三章；王志勇博士和王丽媛博士主要撰写第四章；韩素卿博士主要撰写第五章；刘钊、苏敬肖、薛婷婷、刘海欢和刘明昊等学者对文献进行前期处理。在校对、修订和编撰的过程中，北京大学出版社黄炜婷编辑倾注了大量的心血。在此，致以深深的谢意！

本书受河北省社会科学基金项目（HB24YS026）、河北经贸大学学术著作出版基金的资助，也是河北省高等学校人文社会科学重点研究基地资助项目（2023FPZD01）的前期结项成果之一。

郭会斌

2025 年初春

于石家庄梅荷轩

目　录

绪　论 …………………………………………………………… 001

第一章　后现代范式语境中的选题 ………………………… 020

　　第一节　要义诠释 …………………………………………… 020

　　第二节　关键程序与环节 …………………………………… 030

　　第三节　典型论文点评 ……………………………………… 040

　　第四节　追问与改进建议 …………………………………… 048

第二章　理论抽样的新准则 ………………………………… 057

　　第一节　要义诠释 …………………………………………… 057

　　第二节　关键程序与环节 …………………………………… 068

　　第三节　典型论文点评 ……………………………………… 076

　　第四节　追问与改进建议 …………………………………… 082

第三章　保障研究质量的策略组合 ………………………… 092

　　第一节　要义诠释 …………………………………………… 092

　　第二节　关键程序与环节 …………………………………… 110

　　第三节　典型论文点评 ……………………………………… 118

　　第四节　追问与改进建议 …………………………………… 123

第四章 数据分析的格式化程序 …………………………………………… 131
  第一节 要义诠释 ……………………………………………………… 131
  第二节 关键程序与环节 ……………………………………………… 139
  第三节 典型论文点评 ………………………………………………… 161
  第四节 追问与改进建议 ……………………………………………… 170

第五章 理论构建的四组合方法 …………………………………………… 179
  第一节 要义诠释 ……………………………………………………… 179
  第二节 关键程序与环节 ……………………………………………… 190
  第三节 典型论文点评 ………………………………………………… 198
  第四节 追问与改进建议 ……………………………………………… 205

参考文献 ………………………………………………………………………… 219

后　记 ………………………………………………………………………… 243

绪　　论

一、关于质性研究

（一）人文社会科学中质性研究的典型成果

社会学的奠基人阿历克西·德·托克维尔（Alexis-Charles-Henri Clérel de Tocqueville）对美国民主、法国大革命进行了考察，这可以看作个案研究的雏形。人类学家布罗尼斯拉夫·马林诺夫斯基（Bronislaw Malinowski）开启了田野调查（field study）的先河，其著作《西太平洋的航海者》（*Argonauts of the Western Pacific*）具有里程碑式的意义。在中国，"社会学中国化"的倡导者吴文藻先生及其带领的燕京学派首先进行了社会学领域的个案研究，费孝通教授则堪称其中的典范，《江村经济》奠定了他在社会学界和人类学界的卓越地位。曹锦清先生采用叙事手法，记录了转型中的中原乡村社会，其所著的《黄河边的中国：一个学者对乡村社会的观察与思考》已经成为社会学领域的经典之作。

在经济学领域，也不乏运用质性研究的成功先例。例如，获得1991年诺贝尔经济学奖的罗纳德·科斯（Ronald Coase）1960年出版了《社会成本问题》（*The Problem of Social Cost*）。该书在批判性继承阿瑟·塞西尔·庇古（Arthur Cecil Pigou）关于外部不经济和税收理论的基础上，结合个案分析，提出著名的"科斯定理"。

自20世纪80年代以来，质性研究范式和方法体系在中国被系统地引进及传播。直到2001年,"质性研究"的概念才首次出现在熊秉纯(2001)的论文中。① 进一步地,陈向明(2008)开创性给出操作性定义:质性研究以研究者本人作为研究工具,在自然情境下采用多种资料收集方法,对社会现象进行整体性探究,主要使用归纳法分析资料和形成理论,是通过与研究对象互动对其行为和意义建构获得解释性理解的一种活动。

当前,在人文社会学科的学术共同体中已经形成共识:质性研究的本质依然是归纳逻辑,而不是演绎逻辑;它是经验性的、解释性的,但不排斥实证主义的面向。即便一些研究成果宣称是探索性、建构性或检验性的,但也是以解释性的因果关系为前提和基础的。

(二) 工商管理学中质性研究的典型成果

20世纪以来,众多管理大师通过质性研究方法归纳出许多经典的现代管理理论。研究者(既有学者,也有实践者)站在研究对象的视角去体会、去感受、去理解,进而描述现象、发展概念、提炼关系、建构理论。

20世纪50年代末,弗雷德里克·赫茨伯格(Fredrick Herzberg)及其助手在美国匹兹堡地区对203名工程师、会计师进行调查和走访,随后提出"双因素激励理论"。艾尔弗雷德·钱德勒(Alfred Chandler)被誉为战略管理研究领域的开创者之一,他运用社会学理论研究企业史,其经典之作《战略与结构:美国工商企业成长的若干篇章》(*Strategy and Structure: Chapters in the History of the Industrial Enterprise*)考察20世纪初杜邦、通用、标准石油和西尔斯四家美国大企业从直线职能组织结构向多部门组织结构转变的过程,并提出"结构跟随战略"的命题,从此战略与结构的互动成为企业战略研究的热点主题之一。汤姆·彼得斯(Tom Peters)和罗伯特·沃特曼(Robert Waterman)抽样50家"航母级"企业,提出"卓越"的概念和八条规则等形式理论(陈昭全等,2012)。哥印拜陀·克利修那·普拉哈拉德(Coimbatore K. Prahalade)和加里·哈默尔(Gary Hamel)在对日本电气公司(Nippon Electric Company, NEC)与美国通用

---

① 至今"质性研究"这一术语已被认同;此前,国内存在"质的研究""质化研究""定性研究"等说法。

电报电话公司(General Telephone & Electronics,GTE)进行比较研究的基础上,在《哈佛商业评论》上发表《公司的核心竞争力》(The Core Competence of the Corporation)一文,提出"核心竞争力"的概念和体系。直到今天,它仍然是管理学领域被引次数最多的文献之一,也激活了资源基础论。迈克尔·哈默(Michael Hammer)和詹姆斯·钱皮(James Champy)用十多年的时间观察数十家美国公司,提出"业务流程再造"理论。早在1998年,*Journal of Consumer Research* 刊发的论文《消费者和他们的品牌:消费者行为中的关系理论》(Consumers and Their Brands: Developing Relationship Theory in Consumer Research)采用生命叙事方法对三名相异的消费者进行跟踪式的深度访谈,据此构建"品牌关系"理论。罗伯特·卡普兰(Robert Kaplan)和戴维·诺顿(David Norton)总结了美国100多家企业多年的实践,提出了"平衡计分卡"方法。吉姆·柯林斯(Jim Collins)和杰里·波勒斯(Jerry Porras)选择18家"高瞻远瞩公司"和18家对照公司,提出一系列攸关企业基业长青的命题。如此等等。

2006年,我国启动了"中国式企业管理科学基础研究"项目,总结了中国企业三十多年所取得的成功经验,并概括为中的精神、变的战略、家的组织、强的领袖、融的文化、和的环境、集的创新、搏的营销、敏的营运,即"中国式企业管理"。

(三) 工商管理学中的质性研究方法

工商管理学中的质性研究方法,主要移植自社会学的相关研究方法。它是在系统地对田野资料进行分析和逐层编码、抽离、认知和提炼后进行概念化、理论化,并建构理论的系统性方法体系。在本体论层面,它是对商业事实的认知,旨在进行知识的开发和建构;在认识论层面,它强调尊重商业事实的客观性和事先设定,研究者并不介入商业运行,以此对商业实践进行解释而非实证分析;在方法论层面,它强调进行构念/架构研究、探索性研究、逻辑关系研究、因果关系研究和描述性关系研究等。由此可知,质性研究是有科学哲学依托的、有积淀的、完整的、系统的一套方法体系,而不仅仅是几个广为人知的研究方法。

《美国管理学会学报》(*Academy of Management Journal*,AMJ)前主编Bansal和Corley(2012)从编撰的角度,认为笼统的研究方法涉及三个层次的内容:(1)方法论,即指导研究开展的思想体系、哲学假设、理论取向与传统、逻辑与范式等；(2)研究方式与范围，即贯穿整个研究过程的问题、概念的厘清与界定等；(3)研究技术，即在研究的某一阶段、某一程序中运用的技巧和具体方法。长期以来，学者们开发的分析技术或策略有助于实现理论建构及其解释，如模式匹配(Trochim，1989)、竞争性解释(Yin，2017)，等等。

在"中国企业管理案例与质性研究论坛"(2012年)上，Michael Pratt指出，质性研究有三类方法：案例研究、民族志和扎根理论。① 这是狭义的划分。使用其他方法(如文本分析、个人传记等)写作的论文已经大量涌现。此时，搭建田野资料与理论间的连接桥梁，形成经验与理论的论证和对话，这是共同的研究旨趣(郑庆杰，2015)。例如，扎根理论路径(approach)的提出是为了回答：在社会研究中，如何能系统地获得与分析资料以发现理论(Glaser和Strauss，1967)？这是质性研究方法论的重大进步。经典扎根理论路径的继承者和竞争者将其进一步完善为程序型扎根理论(科宾和斯特劳斯，2015)和建构型扎根理论(卡麦兹，2009)两种高度程序化的方法。但是，到2024年为止，质性研究范式的灵活操作空间要远远大于扎根理论路径。三十多年来，我国学者在分析商业现象、建构理论方面均体现出比较深厚的学术功力，但每篇论文对现象的揭露方法则各有侧重。

由于质性研究具有建构理论的优势，近年来越来越受到中外学者的关注和重视。最近十多年，中国人民大学的毛基业、北京大学的陈向明等国内学界泰斗，《管理世界》杂志的李志军、蒋东生、尚增建和张世国等，《南开管理评论》主编白长虹、王迎军等以及《案例研究与评论》主编苏敬勤等，围绕质性研究中的选题、研究方法的规范性、论文的严谨性和理论贡献、本土理论的建构与合法化等关键主题或问题进行大量的宣贯、讲解与争鸣。他们强力推动中国工商管理学科质性研究的进程，且已经取得公认的进展。质性研究与定量实证研究、质性研究与思辨性研究之间的界线随之越发清晰。

二、范例遴选

在质性研究范式的重要性日渐凸显，而且在世界范围快速而普遍传播的

---

① 本书主要关注企业管理学研究中常用的案例研究和扎根理论路径。

今天,我们有必要审视其在中国工商管理学领域的引入、普及和发展轨迹,并思考其未来。我们选择2016年影响因子为3.0以上的六种管理学类学术期刊为样本来源,分别为《管理世界》《南开管理评论》《中国软科学》《管理科学学报》《中国工业经济》和《管理科学》。随后,我们在中国知网(http://www.cnki.net/)依据题目、摘要、关键词和内容,共检索和筛选2016—2020年间的质性研究论文近300篇。应该说,这些论文代表了当前国内工商管理学领域质性研究的最高水平,具备标杆价值,也具有比较高的分析价值;尤为重要的是,我们能从中把握质性研究范式在中国工商管理学的应用概况和发展轨迹。同时,我们也分析了近些年中国学者在SSCI期刊刊发的部分论文。

(一) 五年来六家期刊质性研究论文的总体情况

六家期刊2016年复合影响因子、五年来质性研究论文总数量如图0-1所示。

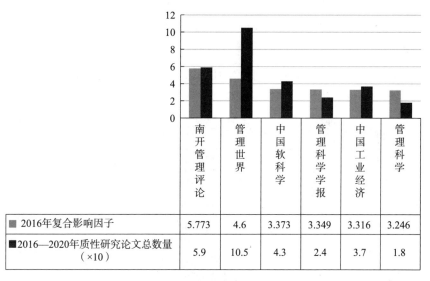

图0-1 五年来六家期刊质性研究论文的统计

(二) 六家期刊各年度刊发的质性研究论文数量

我们通过卡方检验,考察各期刊刊发的论文数量与研究领域是独立还是相关,如表0-1所示。

表 0-1　不同年份六家期刊发表质性论文数量的单因素方差分析

年份	均值	标准差	F	显著性(p)
2016	5.67	3.777		
2017	6.67	3.882		
2018	7.00	4.147		
2019	6.17	5.115	0.162	0.956
2020	7.83	7.305		
总计	6.67	4.722		

六家期刊合计刊发质性研究论文数量在 2020 年最多，为 47 篇；在 2016 年最少，为 34 篇。以年份为因子，对六家期刊所刊发质性研究论文总数量进行单因素方差分析，发现不同年份刊发的质性研究论文数量在 5% 的统计水平上不存在显著差异（$F=0.162, p=0.956, p<0.05$），说明质性论文的刊发数量并没有受到刊发年份的显著影响（见表 0-1）。这可能受到期刊要求的影响：学者们所撰写的质性论文能否达到六种期刊的发刊标准也是一个潜在的影响因素。

以期刊为因子，对各年份刊发质性研究论文数量进行单因素方差分析，如表 0-2 所示。

表 0-2　不同期刊 2016—2020 年刊发质性论文总数量的单因素方差分析

期刊	均值	标准差	F	显著性(p)
南开管理评论	3.0000	1.22474		
管理世界	14.0000	2.91548		
中国软科学	7.6000	5.45894		
管理科学学报	7.4000	1.51658	8.658	0.000
中国工业经济	5.6000	2.60768		
管理科学	3.6000	2.40832		
总计	6.8667	4.59935		

表 0-2 显示：不同期刊五年间刊发的质性研究论文数量在 5% 的统计水平上显著（$p=0.000$ 且，$p<0.05$）。这总体上说明期刊类别是质性研究论文发

刊数量的重要影响因素之一,而刊发年份并不是影响质性研究论文刊发数量的关键因素。我们认为,期刊各自的专题栏目和涉及领域以及各年份相关的政治、经济政策等综合影响各期刊对质性研究论文的刊发数量。

(三) 统计分析

1. 描述性统计数据

我们选取的 268 篇论文的描述性统计数据与相关系数如表 0-3、表 0-4 所示。

表 0-3　描述性统计

变量	均值	标准差
发表数量	57.20	23.296
年份	2.00	1.581

注:论文发表期间为 2016—2020 年,分别以 0-4 代表,即 0 = 2016 年、1 = 2017 年、2 = 2018 年、3 = 2019 年、4 = 2020 年。

表 0-4　相关系数分析

		年份	引用次数
年份	Pearson 相关	1	0.998*
	显著性(单尾)		0.000
	N	5	5

注:* 相关性在 5% 的统计水平上显著(单尾)。

2. 编录年份与论文总数量的关系

编录年份与论文总数量的回归结果如表 0-5 所示。

表 0-5　回归分析

回归步骤与变量	质性研究论文数量			
	R^2	ΔR^2	b	显著性
年份	0.995	0.994	0.040	0.000
年份的平方	0.918	0.891	3.385	0.010
年份的立方	0.813	0.751	0.782	0.036

根据表 0-5 的回归结果,估计年份与论文引用次数之间的趋势关系。回归系数显示,论文刊发数量与刊发年份之间存在正向关系,即随着年份的增加,刊发质性研究论文的数量也会增加。随着年份的增加,年份与质性研究论文刊发数量的系数值先变大后变小,即先迅速增加后平缓增加,且年份的平方与质性研究论文刊发数量的系数值最大($b=3.385$)。

这里选取六家有代表性的期刊进行分析,可以认为 2016—2020 年质性研究受到越来越多学者的关注,短短五年时间内期刊的质性研究发文量不断增加。但是,仅仅用五年的数据并不能得出准确的预测,这里进一步对年份进行处理,预测年份的平方与年份的立方的影响并得到可观的结果,即质性研究论文的未来呈向上发展的趋势。

(四)范例选择与评价标准

参照六种期刊的审稿标准和 AMJ 范例的共同特征,尊重 2017 年 AMJ 时任执行主编 Jason D. Shaw 和 2019 年毛基业的倡导,以形成"案例—数据—洞见—理论"证据链的闭环结构为引领[①],本节确立一定的范例选择标准和评价标准。

(1)**紧密关注实践,回应需求,精准把握现有文献的缺口,进而明确提出研究问题**。实质上,这是一个选题立意的过程,也是证据链的起始。质性研究首要关注 HOW 和/或 WHY 两类问题;至于是否提出 WHAT 问题、是否再细分为具体的子问题,因论文而异。

(2)**清晰地陈述研究设计**。从哲学取向和研究范式的选择,到研究方法、理论抽样、数据获取和数据分析单元等环节,凸显研究方法的适用性和规范性,是建立证据链的关键程序。如果是实证主义范式的论文,往往还需要界定所涉及的范畴或子构念、细微问题等,以便在后续的研究中,为审阅和收集数据、进行测度与检验提供方向,以有效地防止研究议题发生漂移。

---

① 证据链是一个用户导向的概念,旨在将从研究问题到得出结论的过程清晰地展示给阅文者。这个过程是双向的,既能从问题出发到结论,又能从结论反推到问题,以便满足阅文者看到结论而产生的了解论证过程的需要;同时,这能够提高论文(或研究报告)对阅文者的信服力。

(3) 详细且有说服力地展示归纳过程。 这要求在证据链中呈现 HOW 和 WHY 乃至 WHAT 的归纳过程，而这需要熟稔和运用质性研究的组合策略与技术，结合选定的理论视角、参照理论，在新洞见的涌现中实现数据和理论的适配。这是证据链发挥作用的关键环节和部分。

(4) 突出理论贡献。 全面反映 HOW 和 WHY 乃至 WHAT 在学科领域的理论价值，而这要求在文献对话中去实现。这是证据链的收尾部分。

(5) 重在实践启发。 实践启发不是论文所应然的，而是必要的结构，更应该是有实质启发价值的、非口号的、能带来生产力变革的。

三、当前工商管理学质性研究实践中的主要问题

（一）论文内容中存在的突出现象

1. 选题碎片化

所选案例不具备复制价值，或者没有经过市场的充分洗礼，直接导致所建构或发展的中层理论（middle-range theory）（Merton，1968；陈向明，2008；陈昭全等，2012）、细微理论或迷你理论（Lincoln 和 Guba，1985）、细微理论（陈昭全等，2012）过于狭窄。其可推断的结果是：理论的可感知重要性或许较强，但实践的有效性、启发性一定较弱。

2. "精致的平庸"开始抬头

学科进步取决于两个交互的支柱——理论改进和方法改进（Bergh 等，2022）。有证据而无新思想、无新知识，出现"滞胀"现象；在精致的研究范式和方法运用中，练习式研究（孙继伟和巫景飞，2011）不同程度地存在。既有的方法范式越来越固化研究者的思维和科学探索精神，追求方法的精确而忽视对问题本身的深入探讨使学术研究南辕北辙（陈晔，2021）。由此，现有研究难以兼顾理论和方法的平衡，理论的思想性和创造性有待提高。

嵌入式研究的普及，遮蔽了本土史实的真实性，刻意"穿上"时髦的他者"理论外衣"，美其名曰用新的"构念+模型"重构中国"本土"（李培挺和李道涵，

2023);或者很少借用其他学科的成熟理论作为参照理论①进行新的机制解释，如创新生态系统的组织生态学已经陷入困境，从而在有需要时难以形成创新性的、实质性的、合法的理论建树；抑或"削足适履"，用美西方的概念剪裁中国企业的商业事实，经常出现的是"糖是甜的""盐是咸的"等实证主义面向结论的论文；对于国际上新出现的社会建构主义思潮的关注亦不足。

3. 出现公式化、模型化倾向

由于中国的本土化理论和完善的学科体系尚未完全建立，对于论文规范性和严谨性的把握缺少应有的学术自信与质疑的勇气，规范化自然存在循规蹈矩的事实，也就很容易变成"美国化"。膜拜与迷恋国外的研究方法体系和工具，尤其是在茫然中将美国个别学者的研究范式和研究程序视作金科玉律，由此导致"对话的理论是美国的，提出的问题是美国的，中国成为论证美国问题的被切割的材料……难以真正理解中国经验与实践"（王苍龙，2021）。这就难以避免地陷入"美国中心主义""言必称希腊"的境地，甘愿"被学术殖民"，更缺乏颠覆旧范式、开拓和巩固新范式的方法论主张。即便个别学者的渐进性改良也是举步维艰，因地制宜的改进仍然踌躇不前，面向中国大地的研究方法体系尚有待时日。

研究实践中，一些研究者模糊自己的哲学信仰，存在研究方法上的迷惑。比如一些成果宣称是遵照诠释主义传统，但实际遵循的则是实证主义的方法论和方法。再如在缺少典型蓝本案例的情况下，多案例研究进行逐项复制或差别复制是极其困难的，此时经常见到的论文是作者简单地运用跨案例聚类分析（殷，2010），从而难以形成理想的理论归纳。

4. 实质性的理论建构或发展举步维艰

管理学面临的一个悲哀状况是，缺乏新的理论来解释社会世界的复杂性和新颖性（Suddaby，2016）。唯有思想才能揭示事物表象之下的本质，有思想的学术研究才能推进学术创新和理论发展。引入新构念恰恰是突出思想性的重要方式，但研究实践常常是进行建设性重复，即"旧瓶装新酒"。尽管这种方

---

① 也有学者称之为元理论或锚定理论，本书统一用"参照理论"这一术语。

法有助于提高理论的外部效度,但存在数据分析单元含糊、相关构念或变量界定不清楚、理论的解释性和关联性不足等问题,整合性也有待提高,因此难以在现有主流的理论体系中归位,也难以实现新的理论构建和发展。一些学者宣称建立了整合性理论框架,但因缺乏机理和机制的解释,或者边界条件苛刻而普适性不足,推动理论体系发展的动能也就不足。

5. 实践意义被弱化

社会科学研究遵循实践理性的价值逻辑,看重研究结果在实践活动中是否"行之有效""经世致用""知行合一"。但是,部分学院派论文的实践启发与政策讨论,或者在论文结构中的比重较小,或者写成"管理畅想",或者"过度演绎"结论的价值,或者充斥"要"等口号;可操作性也往往较差,或者异化成空有学术规范性而失去实践相关性的"炫技",仅有的相关文字流于形式或应付论文结构的要求,甚至个别论文完全忽略。由此,这不仅导致理论建构和实践指导之间的鸿沟明显存在,还将摧毁工商管理学研究的初心和使命。这就要求我们继续感悟大师彼得·德鲁克的一生倡导:管理的本质在于实践。

(二)研究方法层面亟待解决的四个问题

尽管相关研究成果从多个层次、多个角度回答了建构中国管理学"应该怎么做"的问题,但依然没有系统回答操作路径的问题,中国特色管理学的话语体系尚未建立起来(张继宏等,2023),处于"有理说不出,说了传不开"的被动乃至悲惨的境地。"个人只有通过最彻底的专业化",使其工作方法具有严整的确定性,才有可能具备信心在知识领域取得一些真正完美的成就(韦伯,2020;陈向明,2013)。在回顾和比较美西方学界的方法论分野,把握研究者的取向之后,围绕证据链的归纳逻辑,本书重点解决当前研究方法中存在的四个突出问题,它们也是我国学者进一步提升质性研究质量所亟待解决的关键问题。

第一,重构理论抽样的新准则。 透析范例中理论抽样(Lincoln 和 Guba,1985)和理论建构过程中典型性、信息丰富性与信息可得性三个传统抽样准则的局限,重构新准则,使得商业实践经由艺术画卷而呈现学术理性,为证据链提供事实和数据的强劲支撑。

第二,建立保障研究质量策略的新组合。在审视范例中实证主义者保障研究质量的四组合策略、诠释主义者保障研究质量的五组合策略、思辨研究者保障研究质量的四组合策略之后,建立后现代范式评判标准的出发点和新策略组合,进而把握每种策略的关键控制点,将证据链的质量保障由设想层面具体化为可操作的研究方法和研究技术,并力求上升到方法论的高度。

第三,格式化数据分析的程序。在从数据分析单元迈向新洞见的过程中,研判数据分析程序的成熟程度,区分改进型的每个程序所聚焦的主要内容和各自的着力点,实现证据链的聚焦并做到"非整洁有序"(Bansal 和 Corley, 2012)。

第四,探求理论建构的组合方法。在批判性反思范例中,针对引用数据分析单元和文献对话两种发现洞见的方法,探求其改进应遵循的思路,厘清新组合的维度并明示新方法的运用,实现理论建构的"顶天",提高"新洞见"归纳"中国故事"的学理性,实现证据链的完整。

四、工商管理学质性研究的后现代范式

(一)质性研究的现代范式

首先,质性研究的现代范式,如实证主义(或后实证主义)范式、诠释主义范式等,已经成熟,这是其拥有话语权的关键支撑。在美西方国家,质性研究的规范化、系统化和相对精确化形成于定量实证研究过于泛滥之后,近七十年来已经建立一整套程序、方法和技术,以及成组的概念和术语,而且带有厚重的、可追溯美西方科学哲学的方法论基础。

其次,由于质性研究的现代范式已处于成熟期,其演变进程极其缓慢。在我国,简单套用西方的方法体系、数据分析程序的现象比较普遍,只有少数学者尝试了微创新;一些学者或者在缺少学术自信中循规蹈矩地运用,或者不知其所以然地"临摹"AMJ 等期刊上论文的研究思路,尤其是僵化地成为凯瑟琳·艾森哈特(Kathleen Eisenhard)的追随者。

再次,质性研究的现代范式是"后科学的",处于探索阶段。在管理理论的建构和研究方法的探索中,理论与方法已逐渐形成一种互动和互构的关系

(Edondson 和 Mcanus，2007)，两者始终在交替发展、相互促进，没有停步。

最后，也是尤为重要的，质性研究的现代范式与中国的传统哲学理念存在不兼容的事实。比如，国人信奉兼收并蓄而非泾渭分明，国人善用有机整体论思考而非单纯的原子论思维，国人崇尚系统性思考而非支离破碎的结构化，如此等等。这些冲突，会给国内年轻的学者带来方法学习和理论研究的深层次困惑，也会给新知识的创造和传播带来难以跨越的隐性障碍。

（二）建构质性研究后现代范式的时代背景[①]

世界的百年未有之大变局正在加深演化，第四次产业革命正如火如荼地展开；而我国正在推进中国式现代化的新历史进程，正在融入或引领第四次产业革命。急剧变化的国内国际营商环境，持续推进的全面改革与开放，日新月异的技术创新、应用与进步，"黑天鹅""灰犀牛""脱钩断链""小院高墙"等现象频繁出现，加之后疫情时代、俄乌冲突、供应链危机等，使得管理实践中不断涌现丰富多彩的、饱含独有优秀传统文化基因的、"异样"的成功案例。它们正在深刻地改变着企业家、各级管理者和员工以及利益相关者的认知和行为。

今天，中国式的商业经验已经十分丰富，中国味道的商业故事已经汗牛充栋，中国特色的案例已经难以穷尽，形形色色的细微理论也如恒河沙数。但是，当代工商管理学领域的研究者从这些事例中归纳出的中国理论、中国法则、中国定理、中国范式，从质和度上看并没有达到预期。顺应时代趋势和国内重大需求，2021年4月中国专业学位案例建设专家咨询委员会提出"加强案例研究，助力中国管理学科整体水平提升"的倡议。"有思潮之年代，必文明昂进之年代"（清·梁启超），中国未来的企业管理理论能够为世界管理学的发展贡献中国学者的智慧（张玉利和吴刚，2019）。立足中国企业实践、扎根中国

---

① 20世纪60年代，哲学界开始流行后现代主义（Postmodernism）思潮。它源自现代主义但又反叛现代主义，立足于：有必要意识到思想和行动必须超越启蒙时代范畴；反对和挑战以特定方式来继承固有或既定的理念；主张对于给定的文本、表征和符号有无限多层面的解释可能性。这样，字面意思和传统解释就要让位给作者意图与读者反馈。

企业现实,讲准、讲活、讲透和讲好中国故事,把论文写在中国大地上①,已经成为新时代的呼唤,更是学术界的使命和担当。

新假说、新理论的重要来源是人类心灵的创造能力(费策尔,2014)。托马斯·库恩(Thomas Kuhn)(2022)曾指出,范式的存在并不意味着有任何整套规则的存在。系统发展"古为今用""近为今用""当为今用"和"洋为中用"的理论成果,以协调组织中的人、事、物,打造古今融通、中西互释的新概念、新表述和新范式,为世界管理难题贡献中国智慧与中国方案(吴照云和姜浩天,2022),则是当代工商管理学者开展学术研究的大命题、真命题。

中华优秀传统文化的整体性、综合性、前瞻性、动态性、伦理性等思维范式中蕴含的基因和禀赋,为构建新时代中国组织管理的新范式奠定了坚实且卓越的文化基础。

所有这些,恰恰是质性研究后现代范式的立足点。

(三)构建质性研究后现代范式的出发点

规范体系是一套相对成熟的方法论、规则、技术和体系,是知识积累和生产的必要前提(谢宇,2024)。**首先,"非整洁有序"而非"公式化",才是工商管理学质性研究的旨趣**。社会科学中的经验主义研究具有无所束缚的特征。在基于中国情境进行理论建构的过程中,就某些研究技术、研究环节和细节而言,既有的研究范式还有改进或发挥的空间,乃至形成具有中国气派的质性研究范式。实际上,在国内,尽管研究方法的规范化运用日臻成熟,理论的合法化也有保证,但为了鼓励理论创新,一流期刊对篇幅、结构和研究范式等已不再进行"八股"式的硬性要求,甚至彼此之间差异较大。即便是现今 AMJ 上的质性研究论文,其研究方法也不是尽善尽美,尚存有待改进之处。

其次,研究范式之间的可通约,推进本土化研究。针对早期的研究实践,陈向明(2008)体会与总结:质性研究的理论基础主要是"诠释主义",兼具"后

---

① 2016年5月30日,习近平总书记在全国科技创新大会、两院院士大会、中国科学技术协会第九次全国代表大会上的讲话中号召"广大科技工作者要把论文写在祖国的大地上,把科技成果应用在实现现代化的伟大事业中"。

实证主义"和"批判理论"的要素,但反对完全按照自然科学的方式研究人文社会现象。① 在中国有相当数量追随者的罗伯特·殷(Robert Yin)和凯瑟琳·艾森哈特分别是实证主义和后实证主义的拥趸与践行者,两位大师兼具诠释主义的情怀。由此也可以看出,质性研究滥觞伊始,研究者对实证主义(或后实证主义)、诠释主义的秉持就不是泾渭分明,它们之间存在天然的融通。"执其两端,用其中于民,其斯以为舜乎"(《礼记·中庸》)。越包容,就越是得到认同和维护,就越会绵延不断(习近平,2023)。所谓的研究范式的水火不容,是研究者自身选择、刻意建构、自我吹嘘和标榜的结果。

近年来,中国本土管理理论不断进入人们的视野。毋庸置疑,研究管理理论的本土化范式已成为建构中国管理理论的不可或缺的遵循。随着对资源、机会和变化的独特把握不断涌现,中国企业在战略安排和精耕细作的管理方面有其独创的应用。同时,质性研究方法的本土化也进一步吸引学者加入探讨行列(赵旭东,2015;Chen,2016)。这些都为构建质性研究后现代范式提供了契机和温床。

"可通约"是指一种普遍化或通用化策略(王宁,2023)。质性研究方法的本土化、后现代范式的构建,绝不意味着以往的生搬硬套英美方法论体系中的概念、框架或思想,以此宣告质性研究的科学地位(与定量研究相较而言),也不是纠结于"中心-边缘"困境(李森,2017),而在于融通中外、贯通古今,在于充分运用系统整体思维、权变思维、批判思维和创新思维以及逻辑思辨的长处,在于超越美西方本体论和认识论来认知与看待世界的方式,在于创新性地发掘东方哲学中的本体论和认识论思想、发掘本土文化遗产中的方法论要素及宝贵价值,在于创造性地实现一种"从西方向东方的翻转,从而摆脱美西方管理学研究体系中过度聚焦数据驱动的经验性研究,转向问题导向型与理论建构型的研究"(阳镇和陈劲,2023)。

再次,讲述中国商业故事。随着中国学者的文化自觉意识和学术自信的不断增强,学者们更加清晰地意识到:中国企业与美西方企业在许多实践问题、理论问题上存在很大的差别,"舶来性-主体性"的矛盾日益凸显,"舶来

---

① 此即自然主义范式。但实际上,自20世纪80年代以来,自然主义范式正逐渐为学界所接受。

性—主体性—对话性"的转变正在形成。在此背景下,我们有必要以中国企业管理重大问题下的理论与实践为研究主攻方向,向世界输送中国企业管理的理论范本(阳镇和陈劲,2023);有必要打开"日学而不察,日用而不觉"(《易·系辞传上》)但失之又难存的管理智慧的"黑箱";有必要运用质性研究范式来构建适合国情、切合文化特质的理论,关注中国企业管理模式,强化中华民族历史认知,剖析企业成功背后的传统机理与时代机制(吴照云和姜浩天,2022);有必要拥有世界视野和人类关怀,面向世界输出和讲述中国企业的管理模式和管理故事,在新时代的新征程上更好地推动有中国特色、中国风格、中国气派的哲学社会科学发展。

最后,建构学术话语体系,传播中国学术界的声音。2016年,习近平总书记在哲学社会科学工作座谈会上指出:"这是一个需要理论而且一定能够产生理论的时代,这是一个需要思想而且一定能够产生思想的时代。"党的十九大报告提出,时代是思想之母,实践是理论之源。新时代呼唤并催生新的企业管理理论,新的企业管理理论引领新时代的企业管理实践。2022年4月,习近平总书记在中国人民大学考察调研时提出,整个哲学社会科学领域需建构中国自主知识体系。党的二十大报告提出,加快构建中国特色哲学社会科学学科体系、学术体系、话语体系,培育壮大哲学社会科学人才队伍。这就要求哲学社会科学工作者秉持学术自信,坚守中华优秀传统文化的立场,不负伟大时代,以中国、美国、西方的"商业故事—学术语言—思想理论"组合的学说叙事体系,加快构建中国理论、中国话语,进行同层、跨层、多层的交流,传播中国声音。

(四)构建质性研究后现代范式的路径

1. 立志高远,顶天立地

这是后现代范式的学术目标。1978年5月,长期在科研第一线工作的钱学森第一次提出"系统工程"和"系统工程学"两个概念;当年9月,他撰写的论文《组织管理的技术——系统工程》在《文汇报》发表,被视为开创系统工程"中国学派"的奠基之作。这就启示着:一则,以卓越的研究实践落地"为往圣继绝学"(北宋·张载)。为此,研究者应坚持"四个面向"①,着力培养学术情怀、学术气质与学术责任。二则,扎根中国企业实践,聚焦机制性问题,提出命题或陈述、机制和假设构型或图示,接轨并超越国际前沿。三则,提出新的涵摄性强的构念或概念范畴,以概念范畴统领理论体系的建立,以原创性研究成果在国际上形成新的启蒙,并占据一席之地。四则,服务于中国企业实践,回应一线实践的迫切需求,并具备一定的国际传播能力。

2. 学术自信,中西互鉴

这是后现代范式的认识论信仰。"万物并育而不相害,道并行而不相悖"(《礼记·中庸》)。1990年12月,著名社会学家费孝通先生在发表题为"人的研究在中国:个人的经历"演讲时,总结出"各美其美,美人之美,美美与共,天下大同"这一处理文明和文化差异关系的十六字箴言,具有灯塔式的价值。

1983年,在北京召开的借鉴外国企业管理经验座谈会上,时任国家经济委员会副主任袁宝华提出我国企业管理理论要"以我为主,博采众长,融合提炼,自身一家"这一学术主张。Tsui(2007)也倡导不应过分迷信现有的、北美主导的研究范式,因为这种范式仅仅是世界上其他地区寻求真知灼见的一种方式而已。2008年,同济大学的郭重庆指出,研究中国情境嵌入和中国情境依赖的管理科学是中国管理学界的责任。中国管理学研究的突破需要从管理实践中总结出美西方理论不能解释或者美西方理论的解释与中国管理实践有差别的东西,此时有可能会产生真正的中国管理理论突破(席酉民和刘鹏,2019)。

在平视世界的今天,曾经的"体-用"二元模式或将消失,需要的是文化自觉和学术自信,也必须立足中国、借鉴国外,挖掘历史、把握当代,关怀人类、面向未来。跟在别人后面亦步亦趋,不仅难以形成中国特色哲学社会科学,而且解决不了我国的实际问题(习近平,2016),更无助于工商管理学理论的增长。这意味着,工商管理学中的"美西方理论—中国式经验—理论修正"的研究路径,正在转化为"中国式经验—中国式理论—理论对话"的研究路径。

---

① 习近平总书记2020年9月在科学家座谈会上提出:"坚持面向世界科技前沿、面向经济主战场、面向国家重大需求、面向人民生命健康。"2021年5月28日,他在"中国科学院第二十次院士大会、中国工程院第十五次院士大会、中国科协第十次全国代表大会"上再次提出"四个方向"。

3. 情境有别，价值无涉

这是后现代范式的方法论取向。Whetten(2002)指出，所有的组织理论均以各自方式依赖于情境。然而，中国与各国之间有着不可通约的异质性(王苍龙，2021)。首先，在选择研究主题时，要厘清和顺应研究情境。研究者的立场要体现中国企业的情境与假设、经营管理现状与决策水平，反映管理者的信仰与价值观、成长背景、管理思想与知识的创新和来源，乃至获取绩效的策略与方法，企业与利益相关者(尤其是政府)关系的动态变化及其对经营业绩的影响，对市场环境、竞争与合作态势的影响，等等。其次，要置于工商管理学的视野中，并以此圈定理论边界。再次，在研究过程中，不能带有任何的偏见，不应依个人的主观偏好、理论预设去裁剪事实或透支意义，而应遵循科学研究的规律，力求用客观、真实的方式来还原研究案例的真实面目，根据所收集的数据资料进行科学理论的探索。最后，在研究过程中，时常思考自己的立场、偏好和情感等的涉入深度以最大限度地规避偏差。

4. 援引循证，弥合鸿沟

这是后现代范式的实现路径。一则，研究对象和研究情境与企业"故事"的实际情况和现实数据往复比对，从田野数据及其解读中循证①，弥合数据与认知的鸿沟；二则，在既有理论与洞见中思辨，弥合既有理论与洞见之间的鸿沟；三则，田野数据佐证洞见，洞见来自可溯源的数据，弥合数据与洞见之间的鸿沟；四则，理论来自实践，理论应用于实践，让理论成果更加贴近管理实践，弥合理论与实践之间的鸿沟。在此，遵循循证思想而建立的证据链是弥合鸿沟的有效方式。

---

① 循证管理是一门新兴交叉的学科，作为一种新思维和新方法，它脱胎于循证医学。随着循证医学的大力发展，围绕医学领域中的心理、营销、教育等问题，在大力推动以循证实践达到科学理论与实践之间的均衡。为了缩小知与行的差距，斯坦福大学杰弗瑞·菲佛(Jeffrey Pfeffer)建议把合理的逻辑和确切的事实作为决策的支柱，即循证管理。它以应用管理实践为导向，以管理案例研究、信息学和网络技术为支撑，指导一线人员从事科学研究和实践，尤其强调根据事实进行管理，从而解决现实管理问题。循证的学术思想、研究方法和研究结果对于指导管理决策、管理实践及科研都具有十分重要的参考价值与启发意义。

（五）质性研究后现代范式的轮廓

本书以 AMJ 执行主编 Jason Shaw 倡导的论文结构（见图 0-2 左侧）为引领，围绕"研究问题、研究方法、数据、发现和理论贡献"等部分中四个突出而亟待解决的问题进行谋篇布局（见图 0-2 右侧），并建立相应的研究流程。图 0-2 呈现出质性研究后现代范式的轮廓与核心内容，以此实现"形具而神生"（《荀子·天论》），秉持研究的科学性，力避学术研究的内卷化。

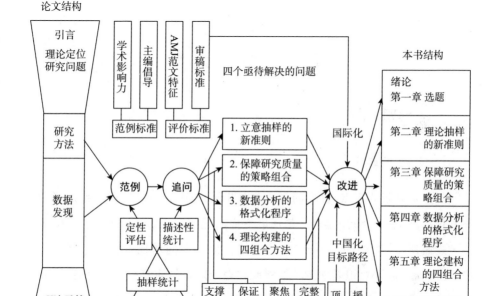

图 0-2　研究流程与内容

第一章　后现代范式语境中的选题

第一节　要义诠释

一、问题导向

（一）科学责任

问题是创新的起点，也是创新的动力源（习近平，2016）。梁启超论道："能够发现问题，是做学问的起点；若凡事不成问题，那便无学问可言了。"阿尔伯特·爱因斯坦（Albert Einstein）也认为："提出一个问题比解决一个问题更重要、更困难。"问题意识是学者长期浸润在理论发展与演变中逐步修炼的，它显化为问题导向、问题驱动，以及提问的敏感性。问题导向、问题驱动会促成问题意识的形成，问题意识则指向质性研究的主旨与核心；没有问题导向的研究，就会遭遇当今主流期刊的选稿困境，被弃之如敝屣。

案例研究旨在形成对特定领域的清晰的看法，提出更富有洞察力的新问题（殷，2010），以引导该领域新知识的生产。如果仅仅依赖朴素的经验和直觉去挖掘或提炼商业事实就试图与理论传统和脉络进行辩驳和交融，进而选定问题，是难以提出有见地的解释和理论建构的。对此，马歇尔和罗斯曼（2015）建议开启质性研究前要仔细斟酌三个问题，即做的可能性（do-ability）、应当做的可能性（should-do-ability）、愿意做的可能性（want-to-do-ability）。这是比较全面的概括和指引。

"问题驱动研究"已经成为学术界和实践界的共识。对于工商管理学的质性研究而言,研究者越来越注重提出新构念(新概念、新范畴)①、新的机制解释和整合图式。在重设学术评价体系的同时,充分考虑实践界的反馈与意见;倡导质性研究后现代研究范式朝着跨界混合型研究靠拢,避免过度的纯学术研究范式和纯实践研究范式;重塑管理教育模式,引导实践者发展学术思维,鼓励研究者关注实践现象,培养"作为管理者的研究者"。

(二) 社会责任

1995年,在《财富》世界500强排行榜第一次发布的时候,中国内地仅有4家企业上榜。到2001年加入世界贸易组织(WTO)时,中国内地也仅有12家上榜。2020年,中国内地和香港地区共有124家企业上榜,创历史新高,首次超过美国(121家)。自此,中国成为世界500强上榜企业最多的国家,以无可置疑的竞争力和实力成为世界第二大经济体、第一制造大国,其中蕴含着现有美西方经济和管理理论不能解释的商业现象。

随着环境变化的加快,当前商业组织和社会面临各种各样的挑战。比如,人工智能的发展使得许多职业可能被机器人取代,全球化和新兴经济带来新的机会与挑战等。新的竞争环境需要管理学者关注这些变化如何影响商业组织和社会发展,直面企业管理现象和管理难题,承担起相应的社会责任和时代责任;"把论文写在中国大地上"成为当代的呼声;为企业应对急剧变革的环境、解决管理问题提供富有启发性或殷鉴性乃至纲领性的思想;为企业应对挑战助力,推动中国管理实践的发展与进步。正如郭重庆院士所言:"当下中国管理科学界极需'实践'冲动,改变中国管理理念、顶层设计、制度设计的滞后面貌,这是我们一代人的历史使命和社会责任担当。"(王永贵等,2021)

在工商管理学领域,立足中国情境、传统管理思想以及政治经济学的理念、主张、方案和策略,围绕我国企业发展所面临的管理难题,着力提出能够体现中国立场、中国智慧、中国价值的理念,构建富有中国特色的工商管理学学

---

① 构念是指为特定研究目的/理论建构目的而创造出来的抽象想法。显然,构念是概念的前形态,而概念是构念的形式逻辑形态。

科体系、学术体系与话语体系,是当代研究者的责任和使命。因应中国"国企改革三年行动计划"的重大需求,以及新动能产生的需要,沈红波等(2019)探究为何要混改、和谁混改、是否转让控制权、如何定价、改革后的绩效等现实问题,面向的是市场化的决策、治理机制和管理效率等高度一般化的实践与科学问题。

其实,AMJ 创始主编 Paul Dauten Jr. 在创刊时就明确了管理学研究的目的,即培养这样一种管理哲学:提高工业社会的效率和效力的经济与社会目标——在任何哲学中都是公众利益至上,但应适当考虑资本和劳动力的合法权益……(刘祯,2012)。这就要求学者将研究主题定位在对商业组织和社会发展至关重要的问题上,而不是简单地基于文献缺口、数据可得性、研究便利性等因素进行选择;将研究资源用于重要的、实际的商业和社会问题,努力创造相关知识促进商业组织的健康发展,提升社会大众的生活水平,做"负责任"的工商管理学研究。

二、贡献于实践

(一)工商管理学理论的学科属性

彼得·德鲁克认为,管理是一种实践,其本质不在于"知"而在于"行",其验证不在于逻辑而在于成果。同样,实践性是管理学科的基本属性,意味着理论成果必须能够服务于管理实践,或者说理论必须为实践者提供有益的帮助(白长虹,2020)。由此,判定管理研究成果的好坏也只有回归于企业,在实践中加以验证。

知与行是哲学的本体。在儒家学派中,孟子的"良知良能"、程朱理学的"格物致知"、王阳明的"知行合一"和"知行辩证统一"等,从"知大于行"和"知等于行"走向"知服务于行",逐步廓清知识与实践的辩证关系(阳镇和陈劲,2023)。知行合一(unity of knowing and doing)与实践理性(practical reasoning)构成了中国本土认识论的基础(Chen, 2016)。如果脱离管理实践,管理理论就会失去其本质和科学的光芒,唯美的"理论"必将消亡。管理理论研究的最终归宿是实践,而不是唯学理的思辨、论证、归纳或演绎乃至溯因。

（二）管理实践中的三个层面

管理研究是研究者和实践者对话的过程，其成果也要反哺实践。管理学者不能闭门造车，更不能孤芳自赏、躲进小楼成一统；只有将研究成果有效地传播出去，为实践者或应用者认可、接受和使用，才能真正实现提升或改善社会福祉的研究价值。

在质性研究后现代范式中，研究结论依赖于严谨的研究范式，其应当在理论边界内并从三个层面为一线管理者带来启发或借鉴。

1. 面向业务单元（产品或服务）

例如，李显君等（2018）在《中国软科学》上发表的聚焦汽车业的论文是值得赞赏的。

2. 面向企业的职能战略

用案例细节呈现、浓缩性结论启发企业的一线管理者，帮助他们拓宽认知视野，丰富概念技能，洞察现实资源环境的约束，深化对商业竞争实践的理解，拓宽管理和决策的思路，进而深度追求让他们茅塞顿开和喜闻乐见的效果，从而构建科学而合理的决策与对策逻辑，而不是为某一具体的商业问题提供某一对策的现成工具箱。鉴于大公司与小企业有着不同的成功路径，而营销战略是重要的归因或支撑之一，而且学者对于"小而美"公司成功的经验研究相对较少，营销战略相关研究还没有进入他们的视野，因此李飞等（2018）研究的是"小而美"公司的营销战略。

3. 面向政府决策

不同于自由经济的美西方国家，在中国特有的政治经济制度环境与制度逻辑之下，政府机构在企业战略规划和公司治理中发挥着重要作用（Keister 和 Zhang，2009）。曾燕等（2018）紧密结合相关研究发现，不仅为上市公司的控制权防御机制设计提供了参考，还为政府监管部门提供了非常详细的决策思路。

（三）把握实践中的新挑战和新需求

快速发展的全球变局和数字经济时代带给企业、管理者的机遇与挑战并存。一则,当下外界环境迅速变化,东西方文明冲突加剧,"黑天鹅"和"灰犀牛"事件频出,单边主义、"小院高墙"抬头,逆全球化趋势初现端倪,后疫情时代给"四链"(产业链、供应链、价值链、创新链)带来了前所未有的挑战。二则,在以 ABCDE(人工智能、区块链、云计算、大数据、新兴技术)和 UVCA(不确定性、模糊性、复杂性、动荡性,也称乌卡)[①]为特征的商业环境下(王永贵等,2021),企业经营的不确定性和风险明显增加。三则,进入 BANI[②](脆弱、焦虑、非线性、不可预测性)时代,每一个经营管理者的焦虑感陡升,社会系统的脆弱性越发增强。四则,"四资"(资金、资本、资产、资源)联动越发明显与困顿,越发加深与缠绕。此时,企业能否在大浪中找到正确的前进方向已然成为一个严峻的挑战,诸多企业家、管理者需要管理理论的引领、启发,需要卓越管理实践的殷鉴。

三、质性研究中的问题

(一)事理视野中的问题

一方面,根植于中国大地,颇富中国文化特色与经济发展特征的国有企业发展和改革、重大基础设施项目和大型装备制造、企业国际化、"老字号"或"百年老店"的浴火重生等商业实践,都具有丰厚的历史积淀和经营传统,已经有了成功的运营和盈利模式,曾经或正在取得辉煌的成绩,正在书写"中国故事"。另一方面,环境的不确定性更强,迫使企业未雨绸缪。在第四次工业革命的时代背景下,在后疫情时代,所有企业都面临数字技术应用、数字经济融入、产业链和供应链稳定及安全等一系列的严峻挑战。

企业运营本身就是管理成熟化的过程,不成熟才是常态。特别是面对高速发展的新科技的冲击,企业发展中必然会遇到种种问题,需要在摸索中解决。在企业成熟和壮大的过程中,五类问题经常会吸引质性研究者的关注。

---

① 人工智能、区块链、云计算、大数据、新兴技术的英文分别为 artificial intelligence, blockchain, cloud computing, big data, emerging technologies;不确定性、模糊性、复杂性、动荡性的英文分别为 uncertainty, vague, complexity, ambiguity。

② 其对应的英文分别为 brittle, anxious, nonlinear, incomprehensible。

1. 难点问题

难点问题是指多方面的利益主体、相关者尝试解决,但始终不能理想解决的问题,比如"老字号"或"非遗"企业中冗余资源的价值化、市场化。一方面,国内的"老字号"或"非遗"企业中战略性资源沉积严重、资源冗余;另一方面,这些企业资产的总量少、质量差、市场竞争力普遍偏弱、盈利能力低。因此,如何体系性、机制性激活这些资源始终是难点问题。

2. 痛点问题

痛点问题是指制约企业绩效实现或提升的特定方面问题。比如,政府介入与制度压力、国有企业改革、资源论及其扩展、互联网的资源化,工匠精神在"中国制造2025"行动计划中的传承和推广,高技术产业工人和数码工匠等。

3. 重点问题

重点问题是指制约企业长远发展的基础性、突出性问题。比如,家族企业中领导者的产生和领导力的赓续,家族目标与企业目标的冲突、"两权"分离、独有技术诀窍的保密与外溢、代际传承和跨代创新等,如何实现它们的兼容,如何化解其中的张力等,一直是家族企业发展中的制约性问题。

4. 焦点问题

焦点问题是指社会各阶层,尤其是企业界重点关注的问题。其关键词如创新创业、"四链"融合、"四资"联动、数字经济与数字化转型、组织韧性与资源韧性、动态能力和组织健康、混改、领导者的私域生态系统等。

5. 热点问题

热点问题是指社会各阶层,尤其是企业界共同关心和热议的问题。其关键词如数字创新生态系统、创业生态系统、数码工匠、平台型组织、量子管理、跨国并购、零工经济、区块链、人工智能和供应链安全,以及党建嵌入国企公司治理等。

(二)学理视野中的问题

从某种意义上说,理论创新的过程就是发现问题、筛选问题、研究问题、解决问题的过程(习近平,2016),进而用于解释、预测和指导实践。众所周知,美西方工商管理学理论的研究始于 20 世纪初,源于工程师或学者在工厂、厂商或企业里的实践或探索,并产生一系列对组织管理影响深远的理论。例如,弗雷德里克·温斯洛·泰勒(Frederick Winslow Taylor)的科学管理原理、亨利·法约尔(Henri Fayol)的一般管理理论、乔治·埃尔顿·梅奥(George Elton Mayo)的人际关系理论、切斯特·巴纳德(Chester Barnard)的组织协作理论,等等。今天看来,那个时代的管理学研究带有浓重的经验主义色彩,科学方法的严谨性较弱,但与管理实践紧密结合,因而具有高度的实践相关性和指导意义。

1. 一般意义的科学问题

劳丹(1999)把科学问题分为两种:经验问题和概念问题。前者是指人们已知的、感到有必要给予解释的事实;后者是指理论上的、有关概念结构的基础是否牢靠的问题,这些概念结构由人们构造出来用于回答经验问题。

学术界已经对科学问题进行了严格的结构化,分为"5W2H",即 WHAT(是什么)、WHY(为什么)、WHO(谁)、WHEN(什么时间)和 WHERE(哪里),以及 HOW(如何做)和 HOW MANY/MUCH(多少)。它已经被管理学者广泛接受,但这七个问题并不是质性研究范式能够全部驾取的。

2. 质性研究致力于回答的三个问题

Edmondson 和 McManus(2007)指出,由案例构建理论的研究在回答未开发研究领域中那些"如何做"和"为什么"的研究问题时特别有效。两者在理论建构中属于机制方面的内容,"如何做"经常以命题、推论或陈述的形式来刻画和总结范畴或构念间的关系;"为什么"经常以一致性的假设构型来刻画和显示机制或机理。在此之前,厘清或界定构念、类属[①]和测度变量"是什么"往往成为收集数据、展示数据链以及进行理论归纳的基础,尤其是在面对新的商业现象时。当然,它们也是所建构理论不可或缺的构成元素。

---

① 考虑到译名的不统一,为便于理解,本书将类属、概念或范畴等按其属性、在归纳中的价值结构化为一阶概念、二阶范畴、主范畴和核心范畴。

（三）哲理视野中的问题

1. 我是谁（WHO）

WHO 进一步结构化为：作为研究者，我的角色和职责到底是什么？我是不是质性研究现代范式的信仰者或追随者？我是否主张构建质性研究后现代范式？在此过程中，我能做什么？我能不能把握实践所需、时代所需？等等。

2. 从何处来（WHERE）

WHERE 进一步结构化为：我对质性研究的现代范式知道多少？我能否娴熟地运用？我是否立足商业实践提出真命题？对于当前学科领域中的理论思潮，我是否、能否进行跟踪？在当下，我能否进行有温度、负责任、前瞻性的解读和诠释？等等。

3. 如何做（HOW）

HOW 进一步结构化为：在建构中国本土管理理论的大潮中，我能够做什么？我能否为质性研究后现代范式的建构和传播贡献绵薄之力？质性研究后现代范式的应用前景如何？我建构的知识、理论是否"真实""可靠"和"可信"？新建构理论的事后显著性（Siggelkow，2019）如何？我是否做到业界所期望的理论产出和实践启发？等等。

四、质性研究中问题的来源

（一）当今的实践

改革开放近五十年来，中国开辟了第二条人类财富快速增长的道路，创造了经济奇迹，尤其是我国已经成为世界第一制造大国、第二大经济体[①]；我国对

[①] 按著名世界经济史家安格斯·麦迪逊（Angus Maddison）的计算：公元元年，中国 GDP 总量仅次于印度（当时有巴基斯坦、克什米尔、孟加拉国、斯里兰卡等国），是世界第二大经济体。1500 年，明朝时中国超过印度，成为世界第一大经济体。1820 年，中国 GDP 占世界的比重高达 28.7%。但是，近代中国又被英国超过，直到 1900 年八国联军侵华时，中国 GDP 仍列世界第二。1927 年，中国 GDP 位列世界第三（邹韬奋评估），1949 年降为第四。2010 年，中国 GDP 总量超过日本，再次成为世界第二大经济体。

全球的经济贡献每年在30%以上；在世界500强中，中国企业总数已经长期遥遥领先，并在2020年首次超过美国。这些宏大而多元、纷繁而复杂的商业现实，为管理理论的完善、发展与重构提供了理想的土壤和天然的实验场所，符合质性研究选题标准的问题在我国企业中都能找到理想的研究样本。

我国传统行业的一些企业在取得长足发展的同时，面对改革开放后急剧变化的国内外经营环境，其生存和成长正接受严酷现实的磨炼。如何帮助企业浴火重生、续写辉煌，正成为学者们关注的领域之一。许晖等（2018）基于我国大多数"老字号"从强势品牌变为弱势品牌而处于品牌不彰的尴尬境地，少数中外"百年老店"实现基业长青的商业事实，吸收学者们围绕品牌独特个性和累积形成的差异化优势与品牌老化之间产生冲突的已有经验性研究成果，超越品牌活化的固有思维，聚焦"传承还是重塑"这一困境，提出有实践启发意义的理论问题，并初步明确解决之道。

随着"大众创新，万众创业""互联网+""中国制造2025"、国企改革三年行动计划、新基建以及乡村振兴等国家行动计划的快速推进，大数据、区块链、大语言模型、"人工智能+"等信息技术的广泛应用，以及后疫情、中美全面竞争的时代特点，许多诞生于大工业制造时代的传统管理理论已经难以解释管理现象和管理事实。这就要求研究者以敏锐的理论视角捕捉到富有理论建树意义的科学问题。

本土管理学界理论建构的信心和能力有了很大提高，其中质性研究获得普遍认可和采纳，特别适合从实践中归纳出管理理论。这就非常有助于中国管理学界拓展、修正和丰富现有理论，建构刻画和体现中国企业管理实践特色的新理论。此即"屈平所以能洞鉴《风》《骚》之情者，抑亦江山之助乎"（南朝·梁·刘勰·《文心雕龙·物色》）。

（二）理论文献

1. 学术期刊论文

好的选题一定是建立在充分的文献跟踪和占有基础之上的。AMJ主编Bansal和Corley曾强调，质性研究的开启不仅要引起读者的兴趣，找到现有理论对话中的重要突破口,还应当为接下来的情境①数据提供框架,并且能够为新理论的产生提供跳板(刘祯,2012)。李志刚等(2020)发现,既有文献中商业生态系统如何演化调整和重塑优化,已成为学者关注其动态本质的关键议题;在对商业生态系统重塑进行操作性界定的基础上,他探究"核心企业员工自发离职开展的裂变创业活动如何影响商业生态系统重塑"这一问题。在此,概念的操作性界定起到"跳板"的作用。

需要注意的是,唯理论文献驱动的研究是近年来包括 AMJ 等期刊开始公开批判的研究范式。如果单纯地依赖学术论文去选题,就极易走进"象牙塔式研究"怪圈。这恰恰是研究者应该规避的,也就是研究应该从生成事实开始。这些现象告诉我们"需要理论做什么",最后再探究为什么,需要什么理论加以解释,或者将产生什么类型的理论。

2. 二手资料

李飞等(2018)发现,2016 年《财富》杂志公布的世界 500 强排行榜中,中国上榜的 110 家公司中竟然有 72 家处于亏损状态。他们认为,规模不是决定企业成败的关键因素,也不是美与丑的天然导因。作为权威的二手资料,《财富》杂志可以为接下来研究"小而美"公司的形成路径和机理提供了数据支撑。

需要特别指出的是,民间的传说与典故、社会上高度煽情的故事和自媒体中的段子等是不能作为选题基础的。

(三) 未来的需求

1. 重大需求问题

我们应当在解读国家领导人讲话和权威会议报告或文件的基础上,选择和回应国家的重大需求,进而选定问题。正是关注到党的十九大报告提出"培育具有全球竞争力的世界一流企业",黄群慧等(2017)试图通过案例研究来揭示两个 HOW 问题:国内大企业在实践中应该如何借鉴世界一流企业的发展经

---

① 本书引用的范例中存在将"情境"表述为"情景"的情况,保留原文表述,两者的含义在本书中是通用的。

验？成功的大企业想要发展成为世界一流企业,需要遵循怎样的客观规律？

2. 产业或企业中的苗头问题

敏感地把握行业或企业的趋势,从预测中选择、选定问题,以达到未雨绸缪的目的。

第二节　关键程序与环节

一、问题的标准

学者们围绕质性研究关注的问题进行了广泛的论述和探讨。针对国内近几年的质性研究实践,结合后现代范式的倾向与要求,我们确定六项权衡标准,作为选题的依据。

（一）真而有趣

真,要求选题是一个科学的真命题而不是伪命题,这是毫无疑问的。它要求实践中管理者能够通过控制管理要素、构念或变量,实现不同标准的管理绩效。有趣,要求选题、案例材料与分析能引起学术界、实践界的共同兴趣,其研究结论能引起广泛的共鸣和热议。此时要求所选案例不只是一只"会说话的猪"(Siggelkow,2007),更应该是一只"会飞的猪";既能引起理论界新的思考,又能带给实践界的启发和联想,乃至给政府决策者带来殷鉴。武晨箫和李正风(2017)基于市场资源促进企业创新能力提升的事实,从微观到宏观,从中国到美国,处于中美国际贸易中的一起实实在在的知识产权纠纷,发现我国企业的专利维权渠道、对专利侵权行政保护方面执行体系和制度方面的短板。他们的选题和研究结论处于"中美贸易争端"的背景,对企业、行政部门和国家决策部门具有一定的启发意义。

事实上,近几年研究实践中的一些论文即便是基于熟知的商业事实和现象以及理论鸿沟或研究缺口而进行选题,它们本身是不是有趣的问题、实在的学理性问题仍有待考究和商榷。

（二）新而普遍

新,不是赶潮,而是直到今天尚未被完美解释的、有启发性的、令人耳目一新的商业现象。普遍,即所聚焦的商业现象在实践界比比皆是,只是所呈现的侧面有所不同,一线实践者从中能找到各自的对应或镜像。苏芳和毛基业(2019)借鉴路径构成理论,从路径变化的机制和原因视角,研究战略路径问题,其见解——自我增强效应和管理者刻意行为究竟是如何发挥作用的——别开生面。

需要规避的是,如果选题为学术界所熟悉,就难以吸引读者,所做的理论贡献就会被忽视;如果选题陈旧,就会被视作重复性研究,无助于理论的增进,也就难以给实践界带来新的启发;如果选题与现有文献太相近,理论对话就有可能成为吹毛求疵,结论被视为可能重叠,并且会脱离对核心现象的观察。

实践中个别研究者尚未从时空维度进行思考,缺乏厚重的历史洞察,热切关注最新乃至可能昙花一现的商业实践(如 ofo 共享单车现象)。也就是说,商业现象本身能否经受时间的检验,问题的真伪尚难以确定,由此所提出的学说能否在时空中穿梭等就值得商榷,导致理论建构的强健性受到质疑,也呈现庸俗化的倾向。

（三）典型而广泛

典型,要求选题浓缩某类企业的核心或主要特征,也是理论抽样的首要标准。广泛,要求选题在商业世界中分布非常广泛,由此研究结论才有可推广的空间。比如,三峡工程、西气东输、南水北调、空间站、"天眼"等重大基础设施工程彰显我国的新制度优势,并已经成为我国技术创新的重要平台。陈宏权等(2020)以港珠澳大桥工程为例,揭示重大工程全景式创新(全方位创新、全过程创新和全主体创新)的治理逻辑。

需要注意的是,如果仅仅聚焦于多彩斑斓的个别现象而忽视其整体性和内外关联性,那么问题情境的抽象性、典型性和普遍性就值得商榷。"朴素经验论"是要不得的,社会科学研究的对象是有推广价值的实践经验。

(四) 重大而深远

重大,是指选题有大范围的、深度的影响,关注到缤纷商业事实的内核,能把握知识大厦的关键构件,如基础性的构念、引领性的机制等。深远,是指理论建构不仅仅是在迷你理论、中层理论的迷宫中添砖加瓦,而应有助于推动理论新视野的打开和新大厦的构筑,亦即对理论贡献能产生深远的影响。劳丹(1999)认为,经验问题的重要性与那些能够用来处理问题的理论有关;如果许多理论从相应领域的一系列问题中挑选出某些经验境况作为基本问题,这类问题的重要性就会提高。质性研究的目的在于实现理论建构的非对称性创新,而研究问题的意义在很大程度上取决于其在理论上的重要性(毛基业和李晓燕,2010)。

本书将选题是否有重大意义区分为大题和小题;将理论建构过程和结果的创新是否有深远价值区分为大做和小做,由此将选题意义和创新程度进行排列组合,如表1-1所示。

表1-1 选题意义和创新程度

	大题		小题	
	"大题大做"释意	举例	"小题大做"释意	举例
大做	选择一个宏大的研究主题,打开理论的较大视野	贾良定等(2015)	选择一个看似微小的研究主题,但在内容上的研究非常深入,在学术界引起较大反响	李飞等(2015)
	"大题小做"释意	举例	"小题小做"释意	举例
小做	选择一个宏大的研究主题,且研究内容聚焦	周华等(2018)	选择一个非常狭窄的研究主题,但研究内容非常聚焦	麦强等(2019)

1. 大题大做

近几年,美西方世界的质性研究有从"小题"转向"大题"的苗头,其目的是滋养和衍生更多的新干或新枝,抑或重新"栽树",最终求得大树、树林更加繁茂。比如,Su等(2014)立足质量绩效这一普遍性问题,揭示了延续质量优势这一重大问题。对于中国管理研究而言,本土的大多数质性研究仍然处于中级发展阶段,而且其发展历程正遭遇瓶颈,此时仍然需要依靠"大题"来构建树的主要枝干。

就现阶段而言,学术界正在逐渐认可"大题"现象的存在,但前提是能够"大做"且必须有重大意义。贾建锋等(2018)分析了东软集团创业过程中公司创业与人力资源管理系统两个实践领域之间的动态演化过程,发现它遵循"优势资源—创业能力—人力资源管理系统"的演化路径,从而在高科技企业的创业过程中遵循"反木桶原理"的资源配置模式。这一研究成果丰富了资源论的观点、拓展了既有的理论边界。

2. 小题大做

"小题大做"指看似微小但意义重大且剖析非常深入的细致题目。自1911年以来,以美国为代表的美西方语境或情境中的工商管理学经过上百年的发展,理论的"丛林"和"大树"及其枝干已经成熟,深耕、精细化发展是目前的主流。中国处于剧变的时代、经济转型期、独特的情境,尤其是改革开放四十多年来,不同所有制企业、不同规模企业已经做出较多世界范围内的卓越实践,产生有影响力的理论的基础条件已经成熟,学者们也以卓有成效的研究工作植根于中国实践的管理理论。比如,王璁和王凤彬(2018)沿袭实证主义传统,采用定性比较分析法,基于102家中央企业的经验数据,将集团总部对下属诸多成员单位的控制划分为人格化和非人格化两种机制,识别出派员层级型或经营价值创造层级型、威权层级型和类放任型等不同控制体系对集团战略的支撑力。

在传统工业时代走向数字经济时代的进程中,国内外相关产业的发展已经难分伯仲,个别领域中我国的商业运作甚至已经超前并引领全球;与此同时,学者的研究素养也在快速提高。此时,既有实践中的素材,又有学术界的理论建构能力,学者有责任提炼中国故事背后的科学原理,融入乃至引领世界主流的话语体系。比如,宗利成和刘明霞(2019)基于技术能力和CEO(首席执行官)认知理论演进的双轨道,从两者的双重视角,对新兴移动支付行业中的支付宝和财付通进行配对研究,分析企业技术能力特性和CEO经验差异对产品创新与应用创新决策的影响机理。尽管其文意犹未尽,但为学者未来研究从技术创新战略视域打开了一扇新窗口。

3. 大题小做

"大题小做"指问题的切口比较大,大多从宏观或中观视角切入,但研究的问题非常狭窄且目标有限。众所周知,汽车产业链非常长,对拉动经济的作用非常显著;生产新能源汽车已经是我国产业升级和竞争力提升的主导方向,这就需要创新生态系统的构建和支持。据不完全统计,我国生产新能源汽车的企业已有一百多家。王宏起等(2016)正是以比亚迪为案例展开"袖珍式"研究,识别出能源汽车创新生态系统遵循依次"渐进性小生境→开放式产品平台→全面拓展"的三阶段演进路径,其依托是创新链和采购链的协同机理,力量来源是创新驱动力、需求拉动力和政策引导力,并尝试性提出"渐进性小生境"这一构念。

4. 小题小做

"小题小做"指锁定小问题、小众现象,实现有限的研究目标。它们或许不是完整意义的或传统意义上的质性研究,但因为"神似"也受到学界的重视。比如,王新刚等(2019)关注三、四线城市及乡镇市场上个别行业假洋品牌泛滥的突出现象,对其进行学理界定,归纳其影响因素,并结合内部任务环境和外部制度环境进行归因。

但需要警惕的是,一段时间以来,案例研究的选题有碎片化的苗头或倾向。小题不是碎片化,碎片化也不是精准化。如果沉溺于选择小题,所提出的研究问题与实践问题之间的纽带就会被割断,也就难以把握企业运行机制的枢纽。

(五)丰富而匮乏

丰富,意味着在所选定的理论视角中,学者已经进行了长期的研究,相关文献汗牛充栋,在接下来的理论对话中,无论是竞争性解释还是替代性解释,研究者都能游刃有余。匮乏,即理论上仍存在缺口,需要新结论的弥合。比如,吴画斌等(2019)选择核心竞争力这一已被深耕三十多年的成熟主题,对海尔集团这一备受关注的商业案例进行了纵向分析,从技术创新能力角度解析其核心能力,打开了培育和提高核心能力以及由战略引领到创新引领的"黑箱",研究的规范性获得了肯定。

(六) 坚实而负责

坚实,指已经对商业事实进行了长期的跟踪、调研和思考,数据获取渠道稳定而高效,数据资料翔实且能得到充分的三角验证。唯如此,研究者在进行案例分析、编码时才能左右逢源。负责,意味着研究者已经走出"象牙塔式研究"的怪圈,转而面向实践一线,进行"负责任的研究"。比如,晁罡等(2019)历经近十年的调研,发现传统文化践履型企业具有与众不同的气质和定力——不显山、不露水但发心笃行、目标坚定、行事果敢,遂对它们的多边交换行为展开深入探究,构建从双边交换到多边交换的演化机制模型,并进一步提出有针对性的实施建议。

一流的管理学研究应当体现鲜明的时代气质,应当具有积极的实践意义(白长虹,2019)。研究者在选题时,既要考虑现有理论无法解释的实践变化,也要考虑研究成果的去向与实践价值所在。以下"两个面向",值得重视:

(1) 面向微观企业,能够带来实践的启发。理论边界内的企业管理者能够豁然开朗,能够控制结论中的构念和变量,能够理解和运用其中的关系与机制,进而提升绩效。

(2) 面向宏观政府,能够带来政策制定的启示。在我国,经营企业首先要遵循政治经济学理论,而不是仅仅遵循传统经济学的假设和原理。因此,大多数研究论文,尤其是关注产业链、创新生态系统等的论文,若涉及中观或宏观环境的,则要回归政策制定的顶层设计上。

二、抵近实践

管理研究为何而来?"据器而道存,离器而道毁"(清·王夫之·《周易外传》卷五),亦即实践是理论之源。理论的重大突破往往是对新实践、新经验的及时回应。同时,理论的自我演进难以结出卓越实践的正果。因此,研究者应回到商业实践中,抵近观察现实事物和管理实践,探究其中的因果脉络,从而进行准确的提炼和概括(白长虹,2020),再针对独特的情境和现象本身来发展独立的、完整的本土理论,开展现象驱动型研究——实践引领,抵近实践。

科学只能奠基于经验之上,它绝不能产生确定性或无误性(费策尔,2014)。对于由现象驱动的研究问题来说,研究者在构思时必须强调现象的重要性和现有理论的贫乏(Bansal 和 Corley,2012)。此时,现象描述、展示统计数据、进行浓缩性的个案陈述就成为常用的三种方法;一篇优秀的质性研究论文,经常综合运用三种方法,而且它们经常会出现在论文引言中。

(一)现象描述

管理研究应面向商业实践,这从来是不变的出发点。现象是问题研究的起点,案例研究必须全神贯注于现象之中,借此实现从数据到理论的归纳。反过来,特殊现象需要理论给出解释,回应了以现象作为选题来源的问题。这就要求研究者深入和准确地观察、领悟具体的实践行为,唯如此才可以更好地理解与概括管理者的决策脉络和逻辑,再将这种决策脉络和逻辑与现实世界中复杂的因果关系及其关系网络相对照、相比较、相印证,进而借助已有的研究成果识别出决策脉络和逻辑中的关键有效成分、关键构念、变量和机制,从而为生成有价值的理论成果奠定基础(白长虹,2020)。

面向实践、抵近实践、描述现象不一定要削弱理论的抽象性,而应在抽象事实的过程中保留现象和真相的关键特征。选择和描述典型的案例,不扭曲内容、不篡改其精髓,文笔生花也不能伤到其本质,此即"酌奇而不失其真,玩华而不坠其实"(南朝·梁·刘勰·《文心雕龙·辨骚》)。王玮和徐梦熙(2020)围绕宏观的信息技术(IT)使用行为提出问题,再进一步通过浓缩新生代数字原住民个体的IT使用实践以及移动技术的泛在性与IT工作系统之间的融合难度等,凸显其立论的实践背景。

中国学者应当关注中国企业运行的典型性、特殊性与一般性,探索企业在新形势下如何有效应对和突破发展中的瓶颈,走出发展迷惑与困境,提升企业的国际竞争力,助力中国经济社会的发展;同时,在管理实践的基础上,建构中国化的管理理论,增强工商管理学在世界舞台上的影响力,提升其国际话语权,借此融入世界主流话语体系。

(二) 展示统计数据

1. 宏观或区域统计数据

比如,祝继高等(2019)借助"一带一路"建设六年来取得的诸多成果,提出问题。

2. 行业统计数据

比如,苏芳等(2016)在选取一家离岸软件外包公司 Beta(化名)作为研究对象时,并没有提供企业详细的运营数据,而是简约地回顾中国离岸 IT 外包行业的发展情况。再如,谷方杰和张文锋(2020)在研究中引用了 2019 年餐饮业收入额及其同比增长率。

3. 企业的相关历史数据

比如,郭会斌(2016)援引了商务部关于"中华老字号"经营现状的统计数据。再如,曾德麟等(2017)在论文引言部分,结合企业经营数据,对案例企业"沈飞公司"的产品结构、纵向业绩进行简约的描述。

(三) 个案陈述

在进行质性研究时,不论在论文的哪个部分,详尽的个案陈述是必不可少的一环。最常见的是在引言中,先浓缩性地引出问题,再在下文的适当位置根据研究进展展示丰富的数据。比如,Plowman(2007)论文开篇用大量的篇幅对"使命教堂"的发展历程、既有商圈、"小变革"的创意萌生过程和实施,及其引起的环境大变革进行了浓墨重彩的描述。与之不同的是,王满四等(2018)贯彻党的十九大精神,结合"大疆"管理者的主张以及扩展的传统制造业巨头形成的主流趋势等,进行服务化运营的陈述。

三、文献引领

(一) 理论匮乏或老套

社会科学中推崇的有意义的标准是指研究问题对增进知识的潜在贡献

（Davis，1971；Weick，1989）。Gibbert（2012）发现先前文献并不能揭示：现行企业在面临非连续性技术的威胁时无力克服组织惯性，并将其归因为没有区分资源守旧与程序老套（即两个新构念）。该论文所做的是，对以前研究缺口或矛盾的"理论阐述"和新解释，随后用一系列的定性数据测度两个新构念及其相互关系。

当今非常明显的事实是，互联网、大数据、人工智能和区块链、大语言模型等数字技术已经给人们的生活和工作方式带来了巨大改变，也正在推动社会运行和组织运营的变革，对传统的组织运营、组织管理和商业模式造成了巨大冲击，乃至迫使企业进行内创业、组织惯例重构和商业模式升级。此时，既有的理论会变得匮乏或老套。比如，张默和任声策（2018）发现，学术界对创业能力渊源的既有研究有待补充，也缺乏其形成过程的深入探索，遂以创业事件为主要前因，不仅揭示了创业能力的演化过程，还刻画了创业能力形成的边界条件。

管理学研究与其他科学领域一样，同样存在生命周期的兴衰起伏，之前隐匿的、被边缘化的思想可能会循环出现并被重新发现其价值，如资源论、界面管理等。

（二）悖论

在建构理论体系的进程中，尤其是在跨文化研究、组织行为和人力资源管理、消费行为等领域，植根于美西方理论经济学、自由竞争语境和理性经济人假设的研究成果，在应用于中国政治经济学情境、向市场化演变的过程和伦理人假设时，存在显著的水土不服情况。扎根于中国制度、中国经济运行机制和中国社会人文特征的企业家与管理者并没有囫囵吞枣，而是以自身的特色实践为管理理论的研究提供多彩的、颇有深度的素材。众多学者已关注到这一矛盾而有理论张力的事实。

1. 理论假设相悖

发现悖论、解读悖论、解决悖论，往往能推动管理理论的进步。资本主义的宗教激进主义者或自由竞争的膜拜者创建的理论在其情境中是有价值的，但未必适用于中国的政治经济学情境和社会人文环境。比如,李召敏等(2017)基于美西方雇佣关系领域的研究结论并不能解释中国企业雇佣关系模式的形成过程的事实,他们以广东省通信设备行业12家典型民营企业为样本,提炼中国情境下雇佣关系模式的关键影响因素及作用机制,为既有的理论体系注入源头活水。又如,程鹏等(2018)发现已有聚焦于破坏性创新的成果大多基于"破坏性创新已经出现"的假设以及其中存在的悖论,选取三家本土电动汽车企业作为研究对象,依赖严密的逻辑来否定假设、剖析本土需求引发破坏性创新的形成机理。这拓展了后发国家企业实现破坏性创新的基础和条件,描绘了它们基于本土需求实现破坏性创新的路径。

2. 研究结论之间的矛盾

以往关于技术存在"二元论"的观点。马克思认为技术是人与自然的中介;格奥尔格·威廉·弗里德里希·黑格尔(Georg Wilhelm Friedrich Hegel)则把技术看作主体作用于客体的手段,而手段是主体与客体相结合的中介。另一种观点提出,技术是人身体功能的延伸,尤其是在传统手工业。这些相左的观点是导致技术被异化的根源。赵万里和王俊雅(2020)以汾酒酿造技术为例,探讨技能传承过程中身体的嵌入—脱嵌—再嵌入的过程,进而得出结论:技能存在于身体的实践中,具有具身性的特征;身体既是主体又是客体,技能通过"身心合一"的方式得以传承。该案例研究有助于从较深层次解开我国传统产品(如白酒生产)和传统服务(如中医)的传承机制。

四、精细化问题

如果是以拓展现有理论为目的的理论驱动型研究问题(Lee等,1999),研究者就应当在现有理论的框架内设计其研究框架。

(一)界定核心问题

在质性研究中,研究者不仅要明确界定论文所要研究的核心问题,还要借助既有文献和商业事实佐证该问题,进一步理清诸如HOW、WHY以及支持性或有突破性贡献的WHAT。这是当今主流论文在结构方面最基本的要求。

（二）检索关键词

从文献、前期调研资料以及预研究中广泛地扫描，围绕所研究的核心问题，抽取一组或一系列的关键词、范畴或测度变量。

（三）分解问题

将研究缺口精准化的形式之一是以构念、类属或关键词、测度变量为依据，针对 HOW 和 WHY 以及支持性 WHAT 等问题，以清单形式进行严格结构化和详细界定。这经常出现在实证主义论文中，并据此对资料进行验证和筛选，进而提高研究的指向性和效率。比如，李飞等（2018）设计了"小而美"营销理论建构中需要回答的 WHAT、WHY 和 HOW 等六个层面的 18 个问题，随后基于质性数据的频数逐一予以回答。

第三节　典型论文[①]点评

论文一的节选与点评：如何问题化？

在白景坤等（2019）的引言部分：随着网络信息技术的发展，平台作为能够为企业创造价值的资产，日益成为企业获取竞争优势的重要资源。（**点评1：**这是热点问题的泛泛描述，能否举例或展示统计数据以抵近实践。）平台不仅通过向买卖双方提供服务而为企业带来租金，而且……基于平台的开放式创新逐渐成为企业技术和产品创新的主要组织方式。（**点评2：**文献引领。）然而，现有文献……对以平台为基础的创新活动的组织机制问题关注甚少，并且仅停留在概念描述层面，目前已成为组织理论和创新管理研究亟待解决的重要议题。（**点评3：**是否研究缺口？**点评4：**哪个是主语？）

与 Chandler（1967）倡导的公司制企业中以内部研发部门为主的创新活动

---

① 在节选时，尊重原刊的排版格式要求。原文中作者引用的参考文献已略。若读者感兴趣，则可按文索骥。

不同，基于平台的创新活动突破了企业的组织边界，创新参与主体已从组织内部员工扩展到顾客乃至社会公众，创新活动呈现跨组织的特征。(**点评5**：如果这是事实，那么其说服力比较弱。)同时……究竟如何理解这种基于平台的企业创新活动的组织特性和机制？(**点评6**：发现典型而广泛的问题，试图超越单纯的概念描述。)针对理论困境，Miller 等(2009)也呼吁……Ciborra (1996)则在《组织科学》中建议……重新定义组织。(**点评7**：借力于经典文献，指明解决核心问题的路径。)

Scott(2007)认为……沿着这一思路，本文参照 Leavitt 等(1973)……提炼和剖析基于平台的企业创新活动的组织要素特性以及各要素交互作用所形成的组织机制。(**点评8**：遵循所在学术领域的研究传统。)本文选取"天生的"互联网平台企业——韩都衣舍进行案例研究，对基于互联网平台的企业创新活动的组织机制进行探索。(**点评9**："天生的"是在暗示什么？)本研究能够丰富组织理论的研究视角，拓展组织理论的解释范围，对于推动国家双创战略的具体实施具有启示作用。

在文章的文献回顾部分：本文不预设……(**点评10**：无"先见"，不受"前见"的影响。)本文旨在探究高不确定环境下和网络信息技术背景下基于平台的企业创新活动的组织机制问题。(**点评11**：点明情境。)因而拟从组织目标、参与主体、结构和规则等要素入手……提炼和判别组织特性，并阐释互联网情境下基于平台的企业创新活动的组织机制。(**点评12**：这是"小题大做"。)

论文二的节选与点评：否定既有假设

在程鹏等(2018)的引言部分：破坏性创新通过……(**点评1**：关键词引领。)然而，一个不容忽视的事实是，已有研究大多在"破坏性创新已经出现"这个假设下探讨企业如何应对破坏性创新的挑战，较少涉及破坏性创新的前因和过程，导致现有企业对如何借助需求特征预测创新作用认知甚少。(**点评2**：深探假设。**点评3**：如果能进一步思考哈佛学派田野研究中"破坏性创新已经出现"假设的不足就更理想了。)中国已经涌现出丰富的破坏性创新案例，如淘宝网等基于新市场的破坏性创新创造了新价值,中科院推出的低成本医疗设备基于金字塔底层市场(BoP)的破坏性创新正在改变农村医疗设备市场。(**点评4**:通过其他企业的商业现实批驳或否定原创者和追随者理论的不足。**点评5**:"新市场"和"金字塔底层市场"对应上述概念中的"非主流市场"。)这些单位和企业基于本土边缘市场需求整合新技术,通过破坏性创新成为新领域的引领者。(**点评6**:"边缘市场"也对应上述概念中的"非主流市场",这些是否接下来要研究的核心目标域?)因此,从需求视角探究破坏性创新背后的创造过程,有助于我们更深入地解析破坏性创新的前因及其产生过程的微观机理。(**点评7**:还是难以引出"本土需求"这一关键词。)

本研究在技术管理理论和实践研究的基础上,提取本土需求形成的影响因素,构建本土需求引发企业破坏性创新形成过程的概念模型。(**点评8**:承上启下,结构严谨。)

在文章的研究评述部分:……已有研究在应用以破坏性创新为代表的不连续性创新时,出现多种相悖的观点,(**点评9**:这应该是完整的句子。**点评10**:"不连续性创新"将关键词"破坏性创新"的外延扩大了?两者是一致的吗?)按照GANS的观点……但是,后发企业对本土需求的路径依赖能够产生破坏性创新机会的原因,以及后发企业基于自身知识基础和异质、多层次的本土需求特点开发出具有破坏性意义的产品或服务的过程尚不清晰。(**点评11**:引入的"自身知识基础和异质性"是研究缺口之一吗?)更为重要的是,学术界越来越意识到,知识本身并不必然产生创新绩效……(**点评12**:排除"知识本身"引致的破坏性创新。)本研究认为,造成上述困惑的一个主要原因是已有的破坏性创新研究大多聚焦于成熟企业,往往将"破坏性创新的形成过程"视为一个黑箱。(**点评13**:开始反思假设。)需求往往被看作一个整体变量,缺乏在进一步分类的基础上对其内部结构的分析,导致研究视角的单一化,进而无法完整描述需求引发企业创新的过程。(**点评14**:开始向"本土需求"聚焦。)因此,现有基于美西方情景得出的新兴客户市场定位会正面影响破坏性创新的结论,在中国情景下可能并不会得出相同的结论。(**点评15**:否定既有假设。)……提出需求的重构才能推动破坏性创新发展的观点,但是并没有回答本土需求的哪些构成要素能够促进破坏性创新的形成。(**点评16**:点明研究缺口。)对上述理论问题的回答将有助于丰富需求与破坏性创新关系的研究。(**点评17**:该部分环环相扣,有效地识别既有假设在现实中的不合理性,有效地破解悖论,堪称范例。)

论文三的节选与点评:在链条中层层递进

在王淑娟等(2015)的引言部分:并购是企业成长和获取资源的重要机制,也是公司发展战略中的核心内容。(**点评1**:学理+事理,暗示研究方法。)近年来,随着中国经济实力的不断增强以及中国企业转型升级和国际化经营意识的不断提高,越来越多的中国企业开始涉足跨国投资。然而,跨国并购交易只是海外经营的第一步,交易过后的整合是一个漫长而艰难的过程。(**点评2**:抵近实践,夹叙夹议,引出主题。)从国际经验来看,海外并购的成功率很低。根据全球知名管理咨询公司A. T. Kearney的调查,跨国并购的整个过程中充斥着风险,其中高达53%的管理者表示最大的风险存在于整合阶段。(**点评3**:引入统计数据进行佐证。)……文化背景上的差异对整合失败负有主要责任,并购双方的文化整合是决定整合能否从根本上获得成功的最关键因素。(**点评4**:文中引入文献进行佐证。)只有通过文化整合才能在并购双方之间以及被并购企业内部营造一种积极的氛围,淡化企业文化差异的消极影响,有效实现核心能力在并购双方间的单向或双向转移。(**点评5**:有意识地突出"文化整合"的核心价值。)在这种背景下,研究跨国并购中的文化整合成功机理就具有重要的实践意义。(**点评6**:沿着并购→跨国投资→跨国并购→整合→文化整合的链条,层层递进,提出问题。**点评7**:逻辑非常清晰。)

……已有文献主要聚焦于两方面:一是探讨影响跨国并购文化整合的关键成功因素……二是探讨跨国并购文化整合的模式和方式……另外,还有研究从制度、愿景、利益和宣传教育等视角分析文化整合的方法。(**点评8**:以"文化整合"为关键词,拓宽视野展开文献综述,丰富而匮乏。)这些研究……并没有深入跨国并购文化整合的过程,探讨每一种模式下究竟如何才能成功实现文化整合。(**点评9**:研究缺口,提出"文化整合"的过程机制仍然匮乏。)此外,由于随着整合程度的改变,并购和被并购双方会调整文化渗透模式,因此有必要基于文化整合的动态过程,深入探讨文化整合的过程、模式及其适用条件。(**点评10**:初步确定文章的理论视角和研究内容。)

现实中,由于中国企业与被并购企业之间的文化和企业能力存在差异,许多中国企业采用隔离式的文化整合模式,即保持双方文化上的独立。然而,这种隔离式的模式并没有实现真正意义上的文化整合。近年来,一些中国企业成功地采用渗透式的模式完成文化整合。(**点评11**:再一次抵近实践,用失败和成功的事实引导主题,奠定事理基础。**点评12**:尽管缺少统计数据的支撑,但用"一些"显得不当、笼统。)文化渗透不仅是决定整合成败的关键要素,还有助于观察文化整合的过程。但相关研究才刚刚起步,尚没有揭示如何才能通过文化渗透成功实现文化整合。(**点评13**:HOW 仅仅是路径问题吗?)为此,本文从文化渗透视角,通过对联想与 IBM PC 事业部文化整合案例的分析,构建文化环境、员工接纳和文化渗透模式的匹配模型……(**点评14**:确定文章的理论视角和研究内容。)在此基础上……就海尔与三洋家电文化整合案例进行分析。(**点评15**:新的洞见、理论全部用案例研究方法,进而执行"构建+检验"。)

论文四的节选与点评:研究缺口与问题的对应

在程宣梅等(2018)的引言部分:……由于制度逻辑对场域中行为范式的巨大形塑作用,主导制度逻辑的变革必然昭示着场域中行动者行为方式的重构及其带来的利益分配方式的改变。(**点评1**:关键词引领。)随着市场结构多层次性和行动主体行为多样化的持续深入,多种制度逻辑并存的现象将日益凸显,并且更加强调制度逻辑的动态化过程。(**点评2**:是要启动下文吗?)

制度逻辑带来的行为范式及其利益分配合法化诉求,导致场域中的不同行动主体总是竭尽全力推动符合自身利益的制度逻辑体系的构建。例如,组织与个体的行动会影响制度逻辑的塑造和演变。(**点评3**:"个体"是哪个组织中的个体?其属性与文章所研究的政府监管部门、专车平台司机或出租车司机和专车乘客等样本是否一致?与下文的"行动主体"是否一致?)……近期的研究已开始探索制度变革中可能存在的集体行动层面,即不同类型、不同数量的制度变革的参与者以协调或非协调的方式进行活动的行动集合。(**点评4**:从多个视角,证明文章题的正当性。)……指出,制度理论研究未来的一个非常重要的方向是……(**点评5**:证明文章选题的正当性。)

现有的制度变革理论在制度逻辑和集体行动研究上的理论缺口启发了基于集体行动的视角来探讨制度逻辑的演化过程.(**点评6**:承上启下。)具体来说,本文通过我国专车服务行业变革的纵向案例研究,希望回答以下问题:(1)制度逻辑的动态演化过程是怎样的?多种竞争性制度逻辑之间是如何互动和相互作用的?(2)制度变革过程中多主体如何开展集体行动?分别具有哪些不同的集体行动模式和特征?(3)在制度逻辑动态演化过程中,不同集体行动模式的作用机制是否相同?集体行动如何推动多种制度逻辑的演化?(**点评7**:文献引领的三个问题的界定非常明确。但是,事理基础在哪里?**点评8**:最后的"实践启示"对行业管理者创新性行为的启发在哪里?**点评9**:文章的理论边界、应用场景在哪里?)

在文章的研究述评与理论缺口部分:尽管……但仍存在一些研究缺口。首先,现有关于多重制度逻辑及其演化过程的研究……较少涉及竞争性制度逻辑间存在的兼容性和互补性状态,目前鲜有影响制度逻辑演化条件的研究……其次……但制度变革过程中有哪些类型的集体行动模式,不同类型的集体行动模式如何形成,现有的相关研究却鲜有涉及。最后……现有研究对于集体行动如何影响多种制度逻辑的演化,尤其是不同的集体行动模式对于驱动竞争性制度逻辑的冲突、兼容或互补等多种互动关系的作用机制的研究还未进行整合。(**点评10**:三个研究缺口是否对应文章的三个问题?**点评11**:三个研究缺口与三个问题是可逆的吗?)

论文五的节选与点评:子问题是什么

在成瑾等(2017)的引言部分:变革是21世纪的主题。(**点评1**:如何启发下文?)要有效应对复杂多变的环境,高管团队(top management team, TMT)作为知识、技能、信息、专长互补的决策单位成为企业的必然选择。(**点评2**:"必然选择"前应该有定语。)但如何使TMT成为真正共享知识信息、实现技能专长互补的团队,而不只是散沙式的个体集合、争夺资源的团队小帮派组合或者群体思考盛行的弱团队?(**点评3**:*第二个"团队"是多余的*。)……行为整合是Hambrick(1994)引入的一个表征综合高管团队形成过程的概念……相对于社会整合和团队聚合等强调团队成员情感上互相依赖的概念,行为整合更强调团队成员基于任务的交流和合作……(**点评4**:*普及、导入概念*。)

有研究表明,行为整合与很多组织和个体层面的变量正相关。(**点评5**:*文献引领*。)诸如……并且发展出全球战略(Hambrick,1998)。(**点评6**:*下文涉及"全球战略"吗?*)同时,TMT的行为整合有助于TMT行为复杂性的形成,最终有助于组织的双元能力(Carmeli & Halevi,2009)。(**点评7**:*下文涉及"双元能力"吗?*)

鉴于行为整合对组织和个体层面的重要影响,学者们对探索TMT行为整合的前因变量也表现出浓厚兴趣,但这些研究大多仍停留在验证人口统计特征与行为整合的关系上……然而,行为整合作为一个反映过程的概念,仅仅通过统计方法来检验一些变量和行为整合之间的关系会简化对TMT行为整合的理解,难以对TMT合作动机、互动过程等内部运作过程提供深层次的解释(Hambrick,2007)。(**点评8**:*研究缺口*。**点评9**:*没有质性研究的成果?已有研究做到何种程度?*)

在TMT行为整合中,CEO和TMT的结构是两个关键要素。(**点评10**:*承上启下*。)CEO作为TMT中最有权力和最有影响力的个体(Vancil,1987),对TMT行为整合有着最重要和最直接的影响。TMT的行为是一定团队结构下的行为,其行为受价值体系、行为规则、权力分布、资源分布等团队结构因素的影响。(**点评11**:*这是先入为主的操作性界定?*)CEO作为组织的设计师,其最重要的职能之一是设计、建立能够使组织有尽可能多的机会获得创造力、适应性和响应度的制度体系结构,包括构建TMT的团队结构。(**点评12**:*这是开展研究的依托?*)因此,为了能深入理解TMT行为整合,本文试图回答如下问题:CEO如何构建团队结构才能有益于TMT行为整合?(**点评13**:*这是核心问题。* **点评14**:*是不是需要进一步明示子问题?*)本文通过对比8家公司案例,开发出基于结构化理论的……从根基上奠定组织竞争优势,确保组织长治久安。(**点评15**:*"长治久安",用词不当*。)

论文六的节选与点评：问题有多少维度？

在王节祥等(2018)的引言部分：集群是支撑中国经济发展的重要产业组织形式(王缉慈等,2001)，江浙沿海地区正是依靠"星罗密布"的纺织服装和家电五金等产业集群实现了区域经济的快速发展。(**点评1**：开篇就将学理、事理和地域或案例来源相结合，隐喻问题的来源和商业基础，但缺少统计数据的支撑。)随着中国经济由高速增长阶段转向高质量发展阶段，面对劳动力成本上涨、全球经济低迷和资源环境约束加强的多重挤压，中国传统产业集群衰退现象日益凸显，地方政府处于"腾笼换鸟"和产业空心化风险加剧的两难困境(吴波和肖迪,2011)。(**点评2**：这是对策中的问题，并没有指出学理中的问题。)在此背景下，党的十九大报告明确指出，现代化经济体系建设必须把发展经济的着力点放在实体经济上，推动实体经济转型发展需要实现与互联网、大数据和人工智能的深度融合，培育新增长点，形成新动能。(**点评3**：这是施政中的问题；将文章置于国家的大政方针之下，保证论文的高远立意，延续期刊的特色。)然而，互联网等新兴技术改造传统产业的成功样本更多涌现在接近终端用户的消费市场……实体制造业集群如何依靠"互联网+"转型实现升级，尚缺乏深入的案例剖析和模式提炼。(**点评4**：其一，在对比中，把握微观传统企业实践中的问题；其二，当试图将问题一般化时，需要基础统计数据的支撑；其三，论文的殷鉴意义需要进一步思考，是从微观组织到宏观政府，还是由宏观政府到微观组织。)

在文章的分析框架部分：综合理论研究的争议和缺口，立足"龙头企业跨界创业推动集群生态升级过程机理剖析"这一关键，(**点评5**：问题来自对现实和文献的提炼。)本文尝试回答三个逻辑上一以贯之的问题："环境医院"模式内涵(是什么，WHAT)、(**点评6**：提出并回答WHAT是文章的价值所在。)微观行为基础(从何而来，WHERE)(**点评7**：WHERE并不是传统案例研究关注的焦点问题，未来可能有助于拓展质性研究的空间，但有待证明。)和推动集群生态升级的机理(如何起作用，HOW)(**点评8**：对HOW的研究有待深度挖掘和把握构念之间的关系。)

第四节 追问与改进建议

问题一：WHAT 是不是质性研究关注的重点问题？

随着质性研究方法的逐渐成熟，主流的案例研究已经转向重点关注事理中隐含的 WHY 和 HOW 两类学理问题，工商管理学的中层理论也由此得以快速充实，这为建立新的理论解释和归纳奠定了坚实的基础。就全球而言，最近几年管理学的理论创新步伐有所延缓，尤其是原创性的新构念、新概念凤毛麟角，划时代新理论的建构举步维艰，商业实践的迷雾有待从更深层次揭开，这样就势必会降低理论的影响力和学术价值。显然，这有悖于管理学者的初衷，也使一线管理者失望。

概念是人类知识体系最基本的单位，是科学理论大厦的基石。黑格尔（1977）认为，只有概念才能产生知识的普遍性。事物的本质要通过概念的认识、抽象的理论思维来把握（杨寿堪，1987）。习近平（2016）指出，要善于提炼标识性概念，打造易为国际社会所理解和接受的新概念、新范畴、新表述，引导国际学术界展开研究和讨论。管理学理论，本质上是组织现象的一般规律，表现为概念及其之间的关系与解释（毛基业，2021）。从管理学史的演变中，我们可以看出新构念、新概念在理论界往往具有里程碑式意义，具有灯塔价值。

"大抵西人之著述，必先就其主题立一界说，下一定义，然后循定义以纵说之，横说之。"（梁启超，2006）众所周知，哈佛学派的田野研究不仅分析案例中的机制/路径问题，还常常致力于提出新概念（或新构念）、新分类。这已经成为哈佛学派的一大特色之一，也是该学派的主要贡献之一。比如，Prahalad 和 Hamel（1990）提出核心竞争力的概念，奠定了资源论的基础，三十多年来一直启发和引领着竞争优势相关研究。再如，Hwang 和 Horowitt（2012）发现了硅谷生态圈的"雨林经济公理"，解释了网络节点，区分了系统的资源硬件与文化软件，提出了企业领军人物（组织者）、关键物种等一系列具有启发意义的概念，从而卓有成效地推动了创新生态系统研究的发展。

Colquitt等(2011)指出,一篇学术论文的理论贡献最明显的一种情形就是文章中的某个句子界定了新的术语,但没有引用过去的文献。也就是说,提出新构念是重要的理论贡献之一。它刻画的或许是对新商业事实的深度解读,如成长品(肖静华等,2020)、匠心租金(郭会斌等,2023),抑或支撑新机制与新关系的揭示,如工匠精神资本化(郭会斌等,2018)。两者具有异曲同工之妙。

另一种对概念的界定建立在已有知识的基础之上,是继承性发展。比如,林海芬和尚任(2017)具体化了组织惯例概念的构成,进一步构建了概念模型,验证了启示面和执行面的互动关系,从而将Feldman和Pentland(2003)的组织惯例学说向前推进了一大步。

为此,我们提出以下建议:

第一,认知WHAT的学术地位。质性研究后现代范式的构建,不仅要继续关注WHY和HOW两类主要问题,还要积极推进新构念(WHAT)的提炼。充分认识到WHAT的里程碑式意义、灯塔价值,推进构念、概念或范畴的新发展,启发和推进理论的建构,使得新理论更趋完整。

第二,摆正构念的意义。构念WHAT,不能仅仅作为结构化模型中的一种嵌入式洞见、理念,而应根据研究HOW和WHY的需要进行界定或重新界定。但是在研究实践中,它已经或多或少地成为先入为主的预设。而预设理论在质性研究中是违反自下而上逻辑的。

第三,防止构念离散。新构念的添加会使得原本支离破碎的文献更加离散(Barley,2006;Pfeffer,1993)。当然,这只是一个可能。为了避免这种可能的发生并使构念更有生命力,构念的选取与诊断应该立足狭窄的学科领域,经得起本土"历史之光"(符合情境)与本土"实践之光"(贴近并回应实践诉求)的考问,并且善用"构念+结构化模型",使得WHY和HOW具备更坚实的立论基础,进而稳定整个研究领域的根基。

第四,防止构念冗余。在倡导和追求质性研究的故事性、趣味性和新颖性时,确保新构念或者重新概念化的构念确实能为现有文献提供增量价值、边际贡献,不成为"斯科特连锁店"(赵鼎新,2015)就显得尤为重要。为此,学者们应该立足本土的史实和真实,从更深的层面、更一般化的视角思辨商业事实中的内在学理,思考"新"构念是"嵌入本土"还是"扎根本土"(李培挺和李道涵,2023)?实际上还是旧构念的翻版,只不过贴上了新的标签?要真正做到"文以辨洁为能,不以繁缛为巧;事以明核为美,不以深隐为奇"(南朝·梁·刘勰·《文心雕龙·议对》)。

问题二:能否给一线管理实践带来实质性启发?

管理学不同于数学、逻辑学,从它成为显学的那一天,就滋生于管理实践,服务于管理实践。"道者器之道,器者不可谓之道之器也。无其道,则无其器。"(清·王夫之·《周易外传》卷五)管理理论始终是在立足实践、超越实践、反躬实践的闭环中不断发展创新的(王永贵等,2021)。实际上,管理理论和管理实践分别有其学理与事理,这是两个截然不同的"场域",然而两者统一在哲理之下。因此,如何认识管理学理论与管理实践的关系,成为辨识"一流理论成果"的根本问题所在(白长虹,2020)。

"反躬以践其实"(宋·黄干·《朱文公行状》)。工商管理学的研究是面向实践、抵近实践的,是为了解决企业中的问题而开展的。如何提高论文的实践启发意义,成为评判"一流理论成果"的核心指向(白长虹,2019)。研究的启示要让实践者觉得对他们的组织现实有用,研究的变量要让管理者可以控制(Vermeulen,2007)。远离或疏离一线实践(企业和政府)、纯粹学理推导和演绎的理论生命力微乎其微;不能指导组织管理实践的研究是无用的,"不结果实的智慧之花"凋谢得更快,"象牙塔式研究"或"摇椅上的研究"的价值正在缩水。此即,"非辩也,理当然耳"(隋·王通·《文中子·魏相篇》)。

"为学当有实功,有实用"(清·梁启超)。事实上,一段时间以来,现实中相当数量论文的学术价值和实践意义难以兼顾,管理学的理论创新与企业界日新月异的实践之间的差距越来越大,理论界和实践界之间的鸿沟越发扩大,实践者对理论界的不认同正成为常态。学者们拟实现科学研究、课堂教学、商业咨询和案例编撰的"四位一体",还有很长的路要走。

为此,我们提出以下建议:

第一，尝试编写教学案例。这些案例要与研究者的研究方向和研究主题有紧密的相关关系。在完成教学案例编写的过程中，将活生生的实践与教材中的特定知识点建立关联。此时，我们应经常自问：管理者会不会对我的研究主题感兴趣？

第二，将案例带到课堂。研究者尝试把所考察的案例对象放在课堂上，尤其是 MBA 的课堂上，以进行交流和讨论。此时，我们应经常自问：课堂上的学员对我的研究主题是否感兴趣？

第三，杜绝闭门造车，积极邀请一线管理者、利益相关者介入研究。管理学者可以在不影响学术研究独立性和自主性的同时，邀请研究成果的应用者参与科学研究过程，共同推进负责任的研究、产学研共识性研究。这样既能推动研究成果被快速接受和使用，还能增强企业提供质量可靠数据的意愿，从而保障研究的严谨性和实践价值。

第四，撰写对策应用类论文。学者不能仅仅躲在书斋里进行"摇椅上的研究"。当然，这是富有挑战性的。

第五，到企业中兼职。学者应与管理者共同推进研究成果的落地，在此过程中实践检验研究成果。

问题三：如何从典型案例中发现有推广价值的一般性问题？

质性研究所聚焦的相关问题的主要研究方法适合分析情境、过程和关系等问题（Dobusch 和 Kapeller，2013；Tiberius，2011；Elsbach 和 Kramer，2016）。反之，在回答有关"频率""次数"和不同构念的相对实证重要性等问题时，这些方法的效果往往不佳。

质性研究和对策研究是不同的轨道。质性研究属于基础应用研究范畴，其目的首要是建构理论，然后才是检验理论；而破解现实中的实践难题则是对策研究的要义。对于研究者来讲，深入企业，了解企业环境变化的原因、脉络和经营中所面对的突出问题，在与企业家沟通的过程中帮助企业发现存在的问题并找出解决问题的方法，再将这些方法升华为管理理论，进一步提供殷鉴或启发乃至指导企业的管理工作，才是案例研究者的初衷和责任。

"科学的根本精神,全在养成观察力"(清·梁启超)。关于世界的最重要的信息源就是观察和实验(费策尔,2014)。Colquitt和George(2011)进一步要求质性研究聚焦于五个方面,即重要、新颖、有趣、泛在、可实施。其中,前三项是"好故事"的标准,提炼自观察。围绕如何确定研究现象,质性研究泰斗陈向明先生提醒研究者要自问:①我对什么现象感兴趣?我希望探究什么方面的问题?②这是一种什么现象?其范围和边界在哪里?③如何表述这种现象?④研究这种现象是否可行?

如果一种现象或事实目前还没有理论可以解释,那么不论它多么重要,管理学者也不会深入分析种种有趣的细节。但这种透析现实现象或事实的文章一经发表,就很有可能激发学者寻求解释的研究热情(Hambrick,2007),进而生产规范的学术论文。

为此,我们提出以下建议:

第一,创造可靠的知识,保有"脚踏三条船"的责任意识。"天地人,万物之本也。天生之,地养之,人成之……三者相为手足,合以成体,不可一无也。"(汉·董仲舒·《春秋繁露·立元神》)这就要求研究者懂得时事变革,追踪乃至引领研究思潮和理论脉搏,脚踏在经济社会里,脚踏在企业实践里,脚踏在象牙塔里。这更要求研究者承担对社会的责任,提供有效的、对经济社会发展有帮助的管理知识;承担促进管理进步的责任,即使不能立即用于企业实践,也应该前瞻性地面对挑战;承担新知识生产的责任,贡献于学科。在此过程中,推进个人职业发展目标的自我实现。

第二,对商业实践敏感,修炼理论问题的意识。"先天而天弗违,后天而奉天时"(《周易·文言传》)。社会科学的研究对象是有推广价值的实践经验,这是基本的信念,而锁定有趣且重要的问题是第一步,因此我们必须修炼发现理论问题的意识。其一,研究者在商业实践中应敏感地发现和剖析有理论潜力的、有趣的、有重大价值的商业问题,直击问题的内在本质,并且致力于解决"不容易看清其中的深层次原因,更不容易搞清楚其中的机制原理"等问题,而不能熟视无睹。其二,"新"不是赶潮,而是尚未被解释的、有启发性的、让人耳目一新的有趣商业现象。曾有一些论文关注最新的、不成熟的乃至可能昙花一现的商业实践和现象,尚未从时空的维度加以思考,缺乏厚重的历史洞察

（即商业现象本身能否经受时间的检验），问题的真伪尚难以确定，所提出的学说能否在时空中穿梭就值得商榷。由此也导致理论建构的概推性和强健性受到质疑。

第三，抽象情境，思考问题的学术空间。研究问题的意义在很大程度上取决于其在理论上的重要性（毛基业和李晓燕，2010）。与理论缺口的有机结合可以被视为寻找确定意义重大研究问题的最佳视角，其原因在于：这样可以取得一石二鸟的独特效果，既能解决现实难题，又能弥补理论缺口。借此可以诠释"仰以观于天文，俯以察于地理，是故知幽明之故"（《易经·系辞上传》）。为此，我们需要思考：

① 选题本身是不是一个有趣的、实在的学理性问题？
② 是否适合用质性研究方法，能不能推动新理论的建构？
③ 能否充分包含所需的构念和关系，能否为现有的理论对话注入新鲜话题？
④ 是否有足够或充分的数据支持，研究内容是否与之匹配？
⑤ 能否为理论提供可扩展的空间，能否为理论检验提供理论支撑？

为此，我们应当将所发现和界定的问题置于学科理论体系中，用理论的视域、视角和视线去把握、重新设定甚至重新修正最初的研究问题，并多次往返或迭代。

第四，把握实践的未来，提供理论支撑。选题必须抵近实践，有一定的实践价值，结论必须能回到商业实践中，进而物化为生产力。需要注意的是，碎片化不是精准化。如果所提出的研究问题与实践问题之间的纽带被割断，研究者就难以把握企业运行机制的枢纽。如果只是聚焦于多彩斑斓的个别现象而忽视其整体性和内外关联性，问题情境的抽象性、典型性和普遍性就值得商榷。"朴素经验论"是要不得的，同时要避免"商学院研究泰勒化"、论文GDP现象，以重新联结缤纷而多彩的商业世界来提高问题的深度和广度。

第五，借助相关期刊，深挖问题。《清华管理评论》《中欧商业评论》《企业管理》以及《麦肯锡季刊》等杂志，旨在发现有启发性的管理现象和案例，所刊发的论文已经在实践和理论之间建立了桥梁。它们的刊文作者已经在理论开发的道路上进行了初步探索，但相比于学术类期刊，其理论建构仍有一定的空间。

问题四：如何从文献中发现有学术价值的案例问题？

无论是呈现文献中的悖论，还是指出现有理论不能解释的现象，都是为了找出研究缺口，进而创造研究机会（Locke 和 Golden-Biddle，1997）。这说明，问题本身能驱动理论的发展，文献中只能折射出有学术价值的问题，但不一定是有实践意义的问题。因此，仅仅立足既有文献或从文献出发是难以发现有学术价值和实践意义的案例问题的，这种选题违背质性研究的初衷。

重要的是，来自商业实践的问题必须和既有理论对接，才能提炼出有意义的研究问题；同样，来自既有理论匮乏或悖论而产生理论发展空间的问题，如果没有商业实践的依托和支撑，也难以成为一个有趣的学理问题。因此，两者之间的联系不能割裂和缺失；否则，就会导致研究缺口的把握不当。事实上，在研究过程中，原始资料、研究者个人的前理解（指理论预测、先见）以及前人的研究成果（指前见）之间实际上是一种三角互动关系（陈向明，2008）。

Gephart（2004）主张，论文的研究问题应反映文献或现有理论中的重要研究缺口，因此研究问题的重要程度决定研究成果可能的贡献。进一步地，毛基业和陈诚（2017）指出六种适合案例研究的问题：①缺乏已有理论的问题；②现有理论不能充分回答的问题；③现有理论存在研究缺口、缺陷的问题；④对特定的研究问题不能给出有意义的解释、关注建构过程理论的研究问题；⑤探讨复杂的管理过程、核心构念难以测量的问题；⑥需要深入挖掘异象的研究问题。此六种问题，实质上建立在对商业现象已经熟知的基础之上，而不是单纯的文献基础之上。

理论思维的起点决定着理论创新的结果（习近平，2016）。研究实践中一种比较普遍的现象是，将文献梳理仅仅立足于中层理论或迷你理论，并据此去把握研究缺口，在无意中将其集合视为工具箱，为了开展经验研究进行挑选；对于经典思想和学说、经典理论以及理论体系、视域和脉络，则没有精力、能力或兴趣去触摸，其结果是在中层理论层面打转，而且忽略其情境和边界。由此，研究的旨趣将大打折扣，研究成果也就难以成为上乘之作，更不能"为往圣继绝学"（宋·张载），正因应了"学其上，仅得其中；学其中，斯为下矣"（南宋·严羽·《沧浪诗话》)的道理。事实上,如今中层理论泛滥成灾,使理论成为剪裁现实、切割生活、包装学术八股文的工具(应星,2016)。这种现象要求我们予以警惕。

为此,我们提出以下建议:

第一,把握研究思潮,提高理论素养。宏大理论和形式理论具有强加性的特征,而中层理论具有引领性的特性。对于质性研究而言,现有理论文献本身并不能自动提出有趣且重要的研究问题(毛基业和李晓燕,2010),削足(指原始资料)适履(指前人文献)(陈向明,2008)也不可取。将既有文献作为理论线索或背景来引导研究进程,也作为进行替代性解释或竞争性解释的参照较为合适。在进行文献述评时,研究者应当具有"进攻性",重点围绕既有质性研究或实证研究的情境、问题、方法、变量、结论等进行梳理,在"述"与"评"的过程中发现和确认研究缺口以及所要研究的具体问题,如构念和要素、图示/惯例、各种范畴/变量、单一/多元路径、机理和机制,以及实践手段等。这就要求研究者在洞悉理论发展的脉络中提高理论素养,把握富有研究价值的实在问题,以此增强研究结论的强健性和概推性。

第二,搭建桥梁,在学科视域内为后人打开研究的新视野、开拓研究的新空间。我们需要思考:研究问题是否仅仅是融入当前理论界的潮流,还是因为把主题带入一个崭新的研究方向而获得学术界的关注与认可?有时,这个新方向是在理论对话中加入新术语,体现在新构念和概念中;有时,这个新方向源于前人缄默或模糊的新见解。

新颖的主题常常导致知识的重组或重构,通过在不同观点或原理之间搭建新桥梁进行破解。尤为重要的是,即便从文献中能发现有学术价值的案例问题,我们也需要商业实践的佐证或印证,理论和实践的结合才能使得所研究的问题更坚实。

第三,在继承学术传统、理清自己学术主线的同时,提高理论问题的洞察力和强度。"将赡才力,务在博见"(南朝·梁·刘勰·《文心雕龙·事类》)。这就要求:①一个笃志从事管理学经验研究的学者,应该系统地学习经典理论,拓宽理论视野而不是作茧自缚于自己的兴趣点,进而夯实理论功底。②触摸学术大师的博大胸怀与远见卓识,培养自己把握科学问题或经验问题的深邃感与洞察力,尤其是从管理学伟大思想的开发过程中获得认知与感悟,以增强质性研究的方向感和理论建构的生命力。③跳出中层理论的浸染和包围,进入宏大理论(陈昭全等,2012)、形式理论的天地与时空。毫无疑问,正是中层理论的砖瓦,才构成了形式理论和宏大理论的大厦;反过来,如果繁茂的中层理论遮蔽了人们的双眼,我们就难以看到理论体系所支撑的参天大树。④根植性体察进入研究视野的美西方管理理论,深入理解其产生的理论情境,政治、经济和社会基础,以及基本架构和基本演变脉络,尤其应对中层理论进行精细的辨识和梳理。比如,陈诚和毛基业(2017)的问题选定立足于组织战略决策以及动态能力开发等过程的微观基础—心理基础—情绪基础。

第四,结合理论发展的脉络和脉搏,把握当事人的实践理性,洞察实践进步的趋势和方向。这要求提出进一步的改进措施或建议,从而推动案例实践的完善,而不是流于结构范式的要求而草草了之。

第二章 理论抽样的新准则

第一节 要义诠释

一、情境

(一) 情境的价值

质性研究的前提是本地/本土知识,这使研究者在实践中深入探究被研究者嵌入地方历史情境中的意义与行为模式(Richard,1990)。应星(2016)指出,研究方法有两个面向:一是超越特定时空情境的技术性面向,二是嵌入特定文化和时空的根植性面向。其中的核心是:情境为理解和解释独特、复杂而有趣的管理现象,进而建构理论提供重要的契机和视角。

疏于或缺失情境的厘清不能精准界定所要研究的问题。肯·史密斯(Ken Smith)和迈克尔·希特(Micheal Hitt)(2016)总结32位现代和当代最有影响力的管理学家的理论研究过程,发现高质量、高影响力的研究是学者们对所研究现象和现象所处情境进行深入理解及剖析的结果。Whetten(2002)曾断言,将特定情境的新现象和现有的学术知识联系起来的模式,促成了过去二十多年里组织研究领域的大部分发展。如果情境界定不清楚,就不能与现有知识体系对接,就不能与现有知识体系展开理论对话并进而发展理论。

质性研究,包括案例研究、扎根理论研究和民族志考察等,要厘清情境和展示过程,讲有趣的故事,说明相关关系。通过案例研究建构理论,是指选取一个或多个案例,根据案例中的经验数据创建理论构念、命题或中层理论的一种研究策略(Eisenhardt,2012)。程序型扎根理论路径要求研究者深入理解研究背景和研究情境——两者要求在理论产生之前明确一致的研究情境和数据分析单元。

(二) 情境的哲学基础

对事件性质以及人们对其做出反应的哲学信念源于实用主义和符号互动论。

实用主义哲学认为,人们的内在活动和智识过程是对环境、结构和条件不断做出适应性调整的过程。其主要特征之一就是,通过对环境中任何客体的本质进行定义,去理解与确定自己的内在行动和路线。虽然情境或问题本质构成信息行为发生的环境背景,或者构成信息行为发展的问题和环境,或者构成信息行为发生和发展的条件,但情境并不直接决定个体是否经历既定的问题和行动。但是,它又确实为个体提供各种各样的条件,问题/情境都在其中发生和出现,而环境中的个体则通过某种形式的个体行动/互动和情感对结构条件做出反应。在环境中,当个体这样做时,所带来的可能和后果反过来可能会直接影响其他个体。

根据符号互动论,社会中的事物对个体行为的影响往往不在于事物本身的内容与功用,而在于它们对个体的象征意义。象征意义源于个体与社会中他人(包括言语、文化、制度等媒介)的互动,个体面对自身遇到的事物,总是通过自己的解释去运用和修改该事物对自身的意义(车文博,2001)。因此,个体的主观性在应对事物时则是客观的。

(三) 情境的内涵

情境是因研究目的和目标而界定的研究范围,是对复杂的经济社会现象的剥离和抽离,由此形成研究的边界,即理论的边界。

事实上,情境不只是外部环境,还包括相关行为主体的内部环境。Polanyi(1967)首创性地对此进行了宏观、中观和微观三个层面的划分。Cappelli 和 Sherer(1991)将它界定为:与现象相关且有助于解释现象的周边环境。进一步地,他们将情境划分为个人所处的情境与组织所处的情境。Mowday 和 Sherer(1993)认为,情境是周围的刺激与现象;对个人来说,它存在于外部环境,并且存在于不同层次的分析中。Johns(2016)将情境定义为能够影响组织行为的发生和意义以及变量之间功能关系的促进因素与制约因素。谢宇(2024)从更宏大的层面指出,社会情境既可以指空间维度上的情境差异,比如不同的国家或地区有不同的经济体制、政治制度和文化环境;也包括时间维度上的情境差异,比如同一个国家或地区在不同历史时期展现出来的差异。

(四) 情境的特征

1. 根植性

情境一定是扎根于社会经济环境、人文实践基础之上的,天然地带有"乡土气息"。尤其是在社会学、心理学和管理学等领域,它的根植性更强;相比之下,在经济学领域它的根植性就比较弱。

2. 立体性

从情境的哲学基础和界定可以判断,它需要呈现被研究者所生活世界中的立体维度,如文化、历史、经济、制度、资源约束等,因而是多面立体的。

3. 层次性

情境是一个跨层次的概念,至少包括三重含义:①在这个地区(国家、领域等)有,而在另一个地区(国家、领域等)没有,比如面子、交情、关系、做人、过日子等或者转型时期、国有企业改革、战略性新兴产业、未来产业等;②不同地区(国家、领域等)都有,但不同地区(国家、领域等)各有侧重,研究者需要识别和抽象不同的侧重,比如政府与市场的功能定位等;③某一个现象在形式、来源、角色、功能等方面的特殊性,比如数字化转型中制造与服务的不同。

4. 局限性

不同情境各具典型特征和资源约束,由此刻画出情境的局限性,进而立足某一情境的结论,其概推会受到限制,即理论具有局限性。

二、理论抽样的三个传统准则

(一) 理论抽样①

质性研究遵循理论抽样(theoretical sampling)逻辑(Eisenhardt, 2012),抑或立意抽样(Lincoln 和 Guba, 1985)、目的性抽样(purposive sampling)(陈向明,1996,2008),在大样本假设检验中数据的获取不采用随机抽样和分层抽样原则。也就是说,选用案例基于理论建构的需要,从能够提供理论见解的可能案例中选取,根据它们是否特别适合发现和扩展构念之间的关系和逻辑来决定(毛基业和李晓燕,2010)。

理论抽样是一种建立在概念/主题研究基础之上、分析和收集资料的方法,旨在根据研究主题与目的,选择有可能提供最大信息量的样本案例。对这些案例的研究能阐明所研究的问题。

尤为重要的是,理论抽样是为了理论构建目的而进行的抽样,而不是根据人口、区域等的代表性进行抽样。也就是说,抽样的对象是概念,而不是具体的人和事;根据初步分析结果,决定后面的理论抽样。比如,陈诚和毛基业(2017)立足定义并运用情绪基础这一概念,从所调研的七家供应商中选择符合抽样准则的四家公司,并挑选每个供应商的两项典型业务展开研究。

(二) 三个传统准则

1. 典型性

案例的典型性而非代表性,是质性研究固有的基本属性。它体现了某一类别的现象或共有的性质,而不论其覆盖的范围大小。王冰等(2018)尊重和倡导 AMJ 主编 Bansal 选择案例的考虑:①选择稀缺、有趣的现象;②研究重要的现象,即对组织、社会均有重要影响的现象;③对所选现象的研究能够推动理论的发展。陈宏权等(2019,2020)进行了理想的诠释和实践,两篇论文均以港珠澳大桥工程为例。前者揭示重大工程创新生态系统的动态演化规律,探

---

① 理论抽样、立意抽样、目的性抽样,三者的本意没有区别,是各流派学者的不同表述,本书予以保留。

讨创新场对提升创新力的影响机理;后者从全方位创新、全过程创新和全主体创新三个维度进行分析,揭示重大工程全景式创新的治理逻辑。

在各种质疑与批评中,案例企业的代表性问题成为案例研究方法遭受最多批评的问题之一。即使是质性研究的"老兵",也经常在典型性与代表性之间纠结、徘徊。

来自不同行业、不同规模、不同生命周期的企业,要有值得反思的业内绩效和典型的运营特征,这是刻画管理情境的依托,也是划定理论边界的依据之一。

2. 信息丰富性

它决定如何采用数据采集以及不同的编撰、分析方法和技术,也直接影响理论建构的效度以及理论的稳健性和普适性。如果数据匮乏或者价值密度低,就不是有效的个案。这可以分为两个层次,一是个案数量,二是每个个案数据的价值密度,两者共同构成数据分析单元的不同维度。

(1) 单案例研究。这要求案例能带来不寻常启示的极端典范或不寻常的研究机会。殷(2010)重点关注一家颇具启发性企业的纵向演变和经营过程,基于一定长度的历史,观察企业在不同阶段的决策选择和发展动态,采集企业在不同阶段的时间序列数据乃至细节,试图围绕研究主题书写一个完整的故事。因此,要求个案的数据非常丰富,而且价值密度非常高。张默和任声策(2018)选择校园O2O服务平台"俺来也"CEO孙绍瑞先生这一持续10年的创业者为研究对象,揭示经由创业活动塑造创业能力的过程中所能提供的足够而理想的信息。[①]

此外,单案例研究通常是高度情境化的,其解释和结论需要纳入特定的情境。

(2) 双案例研究。这更适合进行比较分析,在样本企业数据的验证与否证中得出富有启发性的结论,即构念、命题和假设构型。其中,Collins和Hansen(2011)开发了经验研究的"配对案例研究法",它对于双案例研究既具

[①] 该文中设定三个标准选择案例,是否符合理论抽样原则尚有待商榷。

独特性又颇具成效。理想的情况是：根据案例的生产要素、运行过程、外部环境、经营业绩等几个维度或者某个突出的方面，构成配对。比如，李显君等（2018）将"绿控"和"一汽"作为样本，两者在全面掌握电控机械式自动变速器（AMT）核心技术、完全处于技术劣势等方面相同，同时在细分市场、技术方案、企业规模和所有权结构等维度又有差异，由此构成比较样本。

当然，也有特例。比如，彭长桂和吕源（2016）选择2010年谷歌公司退出中国市场的声明和2013年苹果公司中国维修保修问题的道歉这两起引起全球热议的商业话语权事件，从两家公司的业内地位、地理区域、案例文本获得渠道以及我国政府的回应四方面进行配对。

(3) 多案例(≥3个)研究。多案例研究追求形成一致的结论，它更能构建坚实的理论基础（Yin，1994）。在多案例研究中，案例数量的多少以数据饱和为标准。在抽样时，以形成极化类型为主导要求，可以采取两两配对的方式，以案例数据之间的逐项复制和验证形成相同的结果，或者以形成竞争性解释和反证为结果，其实质是双案例研究模式的扩展。比如，彼得斯和沃特曼（2012）追求理论的普适性，所研究的产业包括但不限于高科技公司、消费品公司、一般的工业产品公司等，所选取的50家样本企业大多是世界级"航母"，年营业额基本上都超过10亿美元、经营历史超过20年。这些卓越企业的规模都很大，成长和创新纪录令人羡慕，并且由此累积了庞大的财富……兼具大企业的规模和小企业的行动力。该项研究用复合资产增长率、复合净值增长率、股票市值和面值比、平均总资本回报率、平均资产回报率和平均销售收入等六项指标进行遴选。

至少有一家企业的数据很丰富、翔实，它是进行逐项复制、差别复制和（或）扩展复制的蓝本，也是进行显性分析或提炼场景的依据。此时，案例的数量并不十分重要，重要的是研究的性质，以及研究者挖掘复杂现象的深入程度（Lichtman，2017）。比如，靳代平等（2016）列举苹果和小米两个手机品牌，关注品牌粉丝这一新群体的狂热消费行为。他们不仅用理论描述事实和相关数据，更借助文化产品粉丝、体育粉丝、名人偶像粉丝和品牌粉丝四个视角的学理来探究现象，由此实现学理与事理的交互、数据和文献的对接；进而，他们以哈雷、苹果、小米和耐克四个热销品牌粉丝的在线帖子作为数据源,采用扎根理论路径构建品牌粉丝的作用机制模型。

3. 信息可得性

案例研究遵循的是"自下而上"的逻辑,是以今天的结果去还原往日的历史,再从往日的历史中归纳富有启发性的学说,即采用归纳模式的论文通常从观察结果出发,通过归纳推理导出理论(Chalmers,1999)。案例研究则通常基于多途径数据来源、针对某种现象的具体表现进行丰富的、实证性的描述(殷,2010)。因此,其信息和数据的准确性、可靠性、可追溯性、可考证性,获取渠道的稳定性、可信性就非常关键。

三、后现代范式中两个新准则的旨趣

(一)提炼新准则的意义

1. 三个既有准则的缺陷

它们均为前置性质,难以保证事理和学理的全过程交织。无论是范例取径还是扎根理论的案例研究,它们或明示或隐喻着信息的获取途径,但缄默着田野数据的多重获取和反复迭代等后续环节,而这又是必需的。

2. 研究过程需要全程啮合

数据获取和数据处理的同步是质性研究的天然要求。在事理的延续中产生理论,在理论的建构中不断环视和更替案例、继续获取和迭代数据,即理论抽样和理论建构需要全程啮合。这就要求视域融合和假设轮回两个新准则的过程性嵌入。

3. 两个新准则的价值

视域融合旨在解决研究者、受访者和实践者三个主体对于某一商业事实(即客体)的认知并达成理解的共识,保证信息的客观性。

研究者应该不断地基于田野数据建立假设,通过数据和假设之间的多重比较产生新的理论雏形,以此循环往复、形成假设轮回,以保证信息的丰富性。

(二) 两个新准则

1. 视域融合

每个人都有自己的视域,对某一事件、某一事物有各自的理解,抱有对某一事实的主张,乃至用语言表达的独特观点。① 特别是,质性研究进行的是回溯性研究,是基于历史数据的提炼与分析。由于每个主体对历史事件、历史语言的分析角度和偏好各有不同,因此认知差异、判断差异和语言表达差异的存在是必然的。反过来,如果允许差异泛滥,人们就难以达成共识,难以形成洞见或理论。

首先,视域融合是基于某一个确定的问题,并深度研究这个问题,做到"论也者,弥纶群言,而研精一理者也"(南朝·梁·刘勰·《文心雕龙·论说》)。其次,它并不追求绝对的完全相同,而是各种异质性因素的融合,与先秦的"和而不同"思想有异曲同工之妙。它以达成参与研究的多主体(尤其是研究者和受访者)"理解"的"融合"为目标,以实现:我与他人交换位置,我们便会对世界有共同的经验和看法,总是遍历和分享共同的世界(Schutz,1973)。

参与主体是多元和多维的,随之主体间的视域融合分为五个角度。①研究者自身的。每种新知识的获取都是过去的知识与一种新的且扩展的环境的调解或重新汇合。这个过程是开放的,是一种历史的参与和对自己视域的超越。②研究者之间的。研究过程自然需要团队成员时时、处处达成共识。③研究者与实践者之间的。即便是在同一个时间节点、面对同一个商业事件(客体),研究者和实践者(主体)的理解也存在明显的差异,此时也要求两个主体达到视域融合,而且这类视域融合比研究者之间的视域融合更为重要。比如,王玮和徐梦熙(2020)特别提出,"与五个信息贡献率最高的受访者讨论副范畴、主范畴的归类结果,征询其意见和建议"。④全过程的。质性研究结果是研究者对社会规则和意义的解释性理解,以及研究者和所研究现象之间的互

---

① 在传播与沟通中有几种语言,其风格差异比较大,价值密度不一。①政治法务语言,常见于领导讲话、官方文件或法律条款,它非常正式,信息量大;②学术语言,常见于文献,逻辑缜密,追求严谨;③行政公务语言,常见于官方文本;④商务语言,常见于商务活动;⑤口语或俚语,比较随便,信息量比较小。

动（与资料之间的互动，而不是介入实际运行）而达成的视域融合（陈向明，2008）。⑤研究者与阅读者的。伽达默尔（Gadamer，2010）指出，蕴含于文本研究者的"初始视域"与对文本阅读者的"现今视域"存在多种差异，这种由时间间隔和历史情境的变化所造成的差异是无法消除的，因此理解的过程必然要求将两种视域交融，以达到视域融合。

2. 假设轮回

研究者收集数据是为了让来自被研究世界的理论范畴得以更清晰地发展。理论抽样开始于第一次理论分析之后，并且一直贯穿于整个分析和研究的过程，甚至在撰写论文或研究报告时乃至修改论文的最后环节，研究者又有了新的洞见，或者发现了一些类属比其他类属发展得更加充分，或者发现整体逻辑关系产生断裂，需要进一步收集资料。这些都是很常见的。所以，研究者在实践中应该不断就田野资料的类型和内容建立自己的假设，通过对洞见、资料和实践假设之间的关系进行轮回比较，进而形成理论。例如在李飞等（2018）的论文中，他们根据匹配的数据筐，逐句分析语句的结构，重点分析与假设构念相关的词语，如果相同或相近的词语达到95%以上就确定该词语为构念内容。

（1）形成假设。形成假设是提炼构念的过程，这个过程一般包括两个步骤：

第一步，通过数据与构念间的反复比较，使多来源的累积证据形成单一的构念定义，并进行完善和明晰。例如谢康等（2016）在研究组织变革中的战略风险控制时，提出企业互联网转型的"组织-迭代"战略控制框架。研究者通过多案例数据的反复比较，提炼出形成新惯例过程的战略适应风险主要来自模式适应、能力适应和资源适应三个核心构念。

第二步，检验构念间的关系是否与案例中的证据相符合，以此建立证据在每个案例中的可度量的构念。这个检验过程需要通过单一案例逐次检验，查看每个案例是否支持假设的成立，同时也提升研究结果的可信度。

（2）在过程中证实。这个过程类似于假设检验指标中多个构念的反复测量，在反复比较多案例或多数据来源的过程中使得构念、洞见或理论逐渐清晰。

(3) 在过程中证伪。 当发现案例数据证明假设不成立时,需要进行深入的分析、多轮迭代。例如,当 Eisenhardt 和 Bourgeois(1988)发现案例与"政治联盟具有稳定的成员构成"这个假设不吻合时,通过深入调查发现案例团队在调研时刚刚成立不久(即不稳定),由此产生结果差异。

(三) 一条红线

"两个健康"[①]指企业的健康发展和高管团队的健康成长。健康是抽样案例的红线。在研究实践中,如果没有对企业的深度了解、洞察和理解,就会产生抽样风险。如果研究团队与高层管理者建立深厚的个人友谊,或者邀请实践者加入研究团队,共同开展研究,就有助于降低抽样风险。例如陈宏权等(2020)的作者之一苏权科就是港珠澳大桥管理局的工作人员,他在研究过程中不仅提供田野数据,更深地介入理论建构。

四、数据分析单元

(一) 数据分析单元及其解释性

数据隐含在实践中,需要研究者采集。事实与数据是客观的、特定的、具体的,也是经由特定的研究技术或手段被发现的、被建构的,但不是自明的。黄群慧等(2017)在开放性编码阶段建立了"企业—情境—贴标签—定义现象—概念化—范畴化"的证据链。此处的情境就是数据分析单元,是对四家跨国企业的田野数据经过加工的片段性结果。所谓数据分析单元,就是由田野数据经格式化后形成的最小的数据单位,如图 2-1 所示。

数据处理中的必要环节就是田野数据格式化,形成数据分析单元。每一个数据分析单元都有其管理学含义,或独立或与其他数据分析单元联合解释一个商业事件,为"回顾性"的意义建构和认知建构奠定基础。

---

① 原指非公经济健康发展和非公经济人士健康成长,是新时代民营经济政策的出发点,写入党的十九大报告,出自《中国共产党统一战线工作条例》(2020)。

田野数据格式化（数据分析单元）

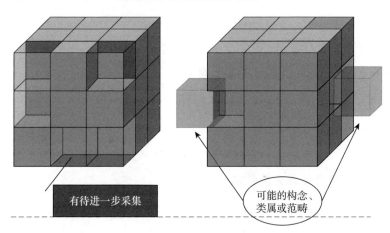

图 2-1　数据分析单元

（二）数据分析单元的时间维度

从方法论的视角看，时间是一种重要的信息；从理论建构的视角看，时间是研究对象之一。

纵向时间性分析有利于推导因果关系。因为研究者会从中比较清楚地看到事情发生的先后顺序。从逻辑上看，往往先发生的是原因，后发生的是结果。如果要研究一家企业，就有必要从纵向时间性分析开始，尤其是在单一案例研究中，这往往是最基本的分析方法。

横向时间性分析是对一个时间点的截面分析，是企业发展中某一时刻的"快照定格"。想要研究一个或一组企业就有必要从横向时间性分析开始，尤其是在多案例研究中，这往往是基本的分析方法。虽然横向时间性分析的数据信息是有限的，但这些信息数据对于分析特定时刻企业的状况还是很有用的。

（三）数据分析单元的标准

1. 单个数据分析单元的标准

每一个数据分析单元，都是一个独立的情节、片段或事件，也是关键词、类属（概念或范畴）、构念的来源，它应达到以下标准：

（1）单一的，即特定而明确的。

(2) 行为导向,即集中描述资料所展现的、可观察的行为,而非心理活动或疏漏之处。

(3) 背景描述,简单描述行为发生的背景原因,追求"以少总多,情貌无遗"(南朝·梁·刘勰·《文心雕龙·物色》)。

(4) 工作结果,即能够说明行为的结果。

(5) 字数控制,最好在 30—50 个字,做到"意少一字则义阙,句长一言则辞妨"(南朝·梁·刘勰·《文心雕龙·书记》)。

2. 一组数据分析单元的标准

每一组数据分析单元,隐含的是情节、片段或事件之间的事理关系,也是新洞见、新理论的来源,它应达到以下标准:

(1) 体现足够强的理论张力。

(2) 容纳足够复杂的多种互变、共变关系。

(3) 展示足够丰富的细节。

第二节　关键程序与环节

一、研究情境的展现

(一) 特定的中国情境

中国情境暗示着社会、政治和经济变革的制度情境,而这些变革会影响商业体系的演化、社会分层、劳动力市场、雇佣结构、收入情况和社会公平(Li 和 Yang,2006)。学者们可以结合文化维度①,在中国情境下开发出新概念、重新

---

① 其中,荷兰心理学家吉尔特·霍夫斯泰德(Geert Hofstede)1980 年出版了《文化的后果》(*Culture's Consequences*),提出了"文化维度"的概念,认为文化是在一个环境下人们共同拥有的心理程序,能将一群人与其他人区分开。起初有四个维度,包括权利距离(power distance)、个人主义与集体主义(individualism & collectivism)、男性化与女性化(masculinity & femininity)、不确定性的规避(uncertainty avoidance);后来出于对质疑的回应,Hofstede 和 Bond(1988)补充了第五个维度——长期取向与短期取向(long term orientation & short term orientation)。

定义旧概念、改变测量方式、重构变量间关系、找到现象后的新逻辑(Jia等，2012；任兵和楚耀，2014)。例如黄群慧等(2017)界定了"一流企业"这一中国官方文件中的术语，并提出了可殷鉴的举措。

以下几方面基本上囊括了基于特定中国情境相关研究的方向和选题，乃至抽样：

1. 文化底蕴

管理研究的一个重要情境是文化(曾荣光，2020)。中华文化颇富特色，源远流长，这影响着经济运行和社会建构，也深度影响着企业的管理举措以及管理者的行为。企业领导者继任、领导者管理思想、"老字号"和各级"非遗"的赓续与创新等主题，已经受到学者们的关注。

2. 大市场与大政府

建设中国特色社会主义，就需要发挥市场在资源配置中的基础性和决定性作用，以及更好地发挥政府的引导作用。这就决定了大市场与大政府并存的制度安排以及相应的宏观经济运行模式，比如国有企业改革、重大基础设施、国家级科技奖项等研究主题正在急剧升温。

3. 新兴经济体与制度的转型期

改革开放四十多年来，我国从计划经济向社会主义市场经济转型，成为新兴经济体的领头羊。与此相伴的是，社会制度处于转型期，政策法规制度处于完善期，数字经济、创新创业等成为当前比较活跃的领域。

4. 二元经济与区域经济

由于地区资源充沛程度存在差异，城乡二元经济特征并未消失，而且城乡差距仍在扩大；同时，乡村振兴、城镇化、城市化、都市化、都市圈等政策和理念正在深刻影响所涉主体。农民工返乡创业、新集体所有制、数据创新创业生态系统、区域生态系统等，成为新兴的研究领域或热点。

5. 本土化与国际化

改革开放四十多年来，一则，本土企业，如家族企业、集体所有制企业、股份制企业快速崛起和成长；二则，跨国企业进入中国市场后积极推广本土化战略,从而得以迅速扩张;三则,在我国本土成功运营的各类企业,也在积极地融入国际市场。由此,呈现出本土化与国际化相互交织的市场态势。

(二)展现特定中国情境

致力于以新理论为导向的中国式工商管理学理论研究,对世界管理学领域研究的贡献将是毋庸置疑的。基于中国情境的新洞见、新理论提供了与世界管理学知识对话和互动的内容与空间。

1. 研究者的突破

研究者对于所研究的对象,可以采取两种对立的取向或立场。①用全新的理论视角,更妥帖的是用陌生人、局外人的眼光,从对实践的洞察中,分析和把握情境的本质与要义。此时,需要研究者涤荡头脑,重塑认知,去除根深蒂固的、林林总总的选择性知觉、思维图示、经验法则或感觉模式等,以便看清楚这个案例是如何运作的,进而思考如何建构理论。②相对地,研究者将自己更深入地融入案例,以便让独具特色的情境,通过数据的支撑和分析能够直接且强有力地将新洞见、新理论展现出来。安娜等(2020)从华润集团管理体系的变革过程入手,没有进行共识性的时间序列研究,而是用严密的扎根编码程序去分析因素间关系。

2. 研究者的功用

关于在本土研究和世界管理学研究互动过程中如何构建东美西方情境下的对话,Whetten等(2009)提出两种方式:①使用熟悉的概念和方法来描述新现象;②使用新的观察和新的研究机会来通告当前的观点。这两种方式都强调从已有研究出发,从而将新情境下的研究与现有文献置于同一话语体系之下。在此,祝继高等(2019)的论文值得品味。

二、价值无涉

(一)韦伯的方法论原则

1. 论战中的价值无涉

科学事实与价值的关系是科学的社会研究的一条主线(陈强强,2021)。

在美西方世界,人文社科的研究正在遭遇价值有涉或价值涉入的困境。其一,无论是理论经济学还是工商管理学,效用最大化、理性经济人等已经是先入为主的基本假设,研究者拟摆脱"价值有涉"的魔障就非常困难。其二,作为经济管理理论的基石,这些价值理念又与中国传统的哲学思想(如富民厚生、义利兼顾等)经济伦理格格不入,进而给研究者带来困惑与焦虑。

在社会学和社会心理学的研究中,"价值无涉"这一方法论原则的本源在于美西方哲学中的"主客二分"思想。在勒内·笛卡尔(René Descartes)之后,"主客二分"思想成为美西方科学研究中被普遍遵循的原则和规制。简单来说,它强调的是主体与客体的对立,这里的主体是指人或人的思想,客体是人们认知的对象(贾利军等,2021)。近现代以来,随着实证主义的泛滥,它越来越被信奉。

最早的倡导者埃米尔·迪尔凯姆(Emile Durkheim,1995)认为,只有放下个人的主观偏见,挣脱价值判断,社会学才能成为真正的科学。但他的言论招来很多反对者的批判和讨伐,如托马斯·库恩(Thomas Kuhn,2022)。直到今天,有关价值无涉这一方法论的论战也没有停息。质性研究的支持者和践行者,虽然不刻意强调"主客二分",如倡导主体间性和视域融合,但基本上认可和遵循价值中立、价值无涉等原则。

2. 价值无涉的"两段论"

卡尔·波普尔(Karl Popper)先验地判定科学事实的价值无涉,认为科学事实与价值是二分的,即科学事实与价值无涉,可称之为"先验二分说"(陈强强,2021)。韦伯受苏格兰启蒙运动的影响,强调个人的自主和责任(郁喆隽,2020)。1917 年,他发表了《社会学和经济科学"价值无涉"的意义》一文,在论战中找到了平衡。他认为价值无涉的含义不是单一的,而是有两层含义:①在选择研究主题时,按照自己的偏好确定研究内容,即价值有涉。②在研究过程中,遵循科学的原则,基于自己发现的资料进行逻辑判断,即客观地揭示"事实是什么"、阐释"事物是如何变化的",即价值无涉。①

---

① 实质上,实践启示部分是价值有涉的,也理应是价值有涉的。

(二) 中国优秀传统哲学思想与价值无涉

在商业实践和理论研究中,任何一个价值体系均有可能凌驾于其他价值体系之上,或者超出本体系的范围对其他体系进行多种多样的渗透并发挥作用,乃至武断性的作用。亦即,价值判断始终且持续地存在。正因为如此,价值无涉才是进行科学研究要过的第一个关口。

先秦诸子非常看重修身、治学中的"静",即心无旁骛,没有杂念。"圣人之心静乎!天地之鉴也;万物之镜也。"(庄子·《天道》)"致虚极,守静笃,万物并作,吾以观复。"(老子·《道德经》)"故治之要在于知道。人何以知道?曰:心。心何以知?曰:虚壹而静。"(荀子·《解蔽》)我国传统哲学巨著《礼记·中庸》中的相关论述,如:"不偏之谓中,不易之谓庸。中者,天下之正道。庸者,天下之定理。""中庸者,不偏不倚,无过不及,而平常之理,乃天命所当然。""万物并育而不相害,道并行而不相悖。"将它们引申至工商管理学的质性研究,就是价值无涉。因此,这些也是建立工商管理学质性研究后现代范式的哲学基础。

这些论断指导着研究者开展质性研究,就要悬置假设、旁置经验,做到道德中立、价值无涉,而应以研究者个人的敏感作为工具来有效洞察和分析研究对象、商业事实、田野数据。

东方古老的哲学与美西方近现代哲学,在价值无涉这一侧面是通约的。价值无涉,并不是把世界看作独立于人之外的纯粹个体。在认识世界的过程中,我们不应抛弃对象的感性、个别存在,也不应停留或执着于感性存在,而应将理智、情感、意志等多种心理或机制合为一体地体验世界——这种体验是客观与主观的有机融合,从而使质性研究达到从本体论到方法论,再到具体研究方法的自洽。

(三) 辩证地落地"价值无涉"

1. 偏好内选题

一则,研究者对社会事实的接受、选择、描述、综合总是存在特定的重点和方向,很难排除自己的旨趣以及其他主观因素的影响。二则,当今来自政府方面的问题导向、有组织的科研压力等,也要求研究者将问题和偏好相结合。因此,研究者在选题时可以有自己的价值判断,可以在偏好内确定选题,即价值有涉,因为此时正式的研究还未开始。

2. 实然地抽样

在韦伯看来,各种价值之间存在不可逾越的鸿沟,不可彼此通约、还原,也不存在一套元价值或者一个绝对的价值序列(郁喆隽,2020)。但是,如果以某种价值左右理论抽样,就难以实现理论研究的目的。抽样应把握的基本出发点为:"是什么"与"应该是什么"截然不同,商业现象的实然与应然之间不存在相互的推导。

3. 客观地处理数据

任何一种历史性的质性研究都是对过去事件有选择地整理,这就要求多主体在视域融合中秉持客观立场,尤其是在数据分析单元的形成中力求原汁原味,进行商业事实的"实然陈述",而不是"应然陈述"、添油加醋。

4. 以绩效为主导的追求

价值无涉已经超越理论抽样的视域,更是进行科学研究的基本原则。研究者不能有任何偏见和成见等价值判断,而应就研究对象的本来面目进行探索,将纯粹的、可逻辑推导的、对经验事实的断定,与实际得到的或者哲学的价值判断相区分。

不论企业的所在国度、所有制结构和法人治理结构,管理实践所追求的终极目标是卓越的绩效;学术研究直接或间接的追求也是促进卓越绩效的获得。当然,在不同的语境中,对绩效的解读和定义有所不同,但运营的效率和效果以及组织效能是其基本的含义。比如沈红波等(2019)探究为何要混改、和谁混改、是否转让控制权、如何定价、改革后绩效等结构化问题,这些是国有企业混合所有制改革中的核心问题,是面向市场化决策、治理机制、管理效率等一般化的实践和科学问题,而这些并不涉及价值评判和道德评判。

三、案例数据与洞见的匹配

(一) 开始抽样之前必须考虑的事项

首先要思考四个问题:①如何获得数据,获得数据的渠道是否稳定?②为何需要这些数据,其目的是什么?③如何分析这些数据,擅长或准备采用哪种方法?④期望从数据中发现什么?亦即,一篇论文的最初思考和决定赋予研究者特定的方向感和收集资料的地方,其前提是案例数据与洞见的匹配。马赛和李晨溪(2020)对以上四个问题进行了回应,进一步明示了四个需要做出的决定。

(1)针对拟研究的情境做出决定。在纷繁复杂的商业现象中,研究者为了确定研究对象,不得不在自己的视域内做出选择,即存在价值关联。当然,这是以主要的研究问题为导向的,尤其是来自实践的问题。

(2)针对拟研究的场所或案例主体做出决定。关于场所或案例主体的决定可能在调查研究阶段的开始就确定,或者作为在概念基础上的研究过程而被选择。只要这个场所或案例主体可以提供研究者正在寻找的资料,就应被纳入研究范围,关键在于研究的不是场所或案例主体抑或实践者本身,而是概念或洞见、理论。

理论抽样不仅仅是抽样案例,尤为重要的是锁定拟研究群体或个体等主体,它们才是案例数据的直接来源。

(3)针对拟使用的资料做出决定。研究者可以设想:可以使用诸如观察、访谈、文件、回忆录、传记、音频或视频等资料或方法吗?或者,可以使用它们的组合吗?确定这个选择应该基于哪些资料?只有这些问题得到肯定的回答,研究者才能最大限度地捕获所需信息,为实现案例数据和洞见的匹配打下基础。在实践中的场所或案例主体,研究者经常会改变资料收集方法并覆盖既有数据。

(4)针对场所、案例企业应该要研究多长时间做出决定。最初,有关场所和观察或访谈数量的决定取决于是否可以进入、可获得的资源、研究目的,以及研究者合理的时间安排和精力等。后续的研究者通常通过场所去收集或补充正在跟踪的那些构念的资料,以便继续深度了解什么人、什么事、什么时候、怎么样、在哪里发生等。当然,这些都建立在源于资料的构念基础之上,也需要进行合理的时间分配。

(二)理论抽样的可行性

理论抽样是生成性的,同时要建构尝试性的类属。亦即,抽样和归纳是同时进行的,其中存在多轮的迭代与复制。基于我们提出的理论抽样的五个准则(三个传统准则和两个新准则)。[①] 研究者也就无可避免地考虑研究能否顺利进行下去。围绕研究的可行性,马歇尔和罗斯曼(2015)提示要思考四个问题:①有足够的资源支持这项研究吗? ②有可能在研究场所接近并找到愿意参与的研究对象吗? ③这项研究关注的问题是否足够聚焦并表明这项研究能够完成吗? ④研究者是否提供可以证明其研究方法和研究能力的证据?余义勇和杨忠(2020)对中车青岛四方机车车辆股份有限公司的单案例研究呈现的三个原因,基本满足以上五个准则中的典型性、信息丰富性、可得性与视域融合,但没有呈现假设轮回;同时,他们关注以上四个问题中的三个。

(三)扎根"田野"

社会科学哲学家 Schutz(1973)[②]认为,社会学研究的重点是社会成员所经历的生活世界,即每个个体所经历的世界的样式;进而,他提出"对个人观点的保护能充分地保证社会现实的世界不会被科学观察者虚构的、不存在的世界取代"。

理论建构需要丰富的描述,而这种丰富来自细节、"奇闻轶事"等。费孝通

[①] 在研究实践中应遵循全部的准则。但在论文呈现中,我们可以从中选择几个落实,并进行比较扎实的说明。

[②] 他关注社会学研究中的主观因素,认为社会学研究的出发点不是实证主义所说的"社会事实",而是社会事实的"意义",反对实证主义社会学将"社会世界"等同于"自然世界"和按照自然科学模式研究社会现象及其演化过程的做法。在他看来,人类知识和社会实在(即现实)都是通过主观经验构成的,社会学必须重新建构能使人们共同感知的知识赖以建立的概念和类型化手段;人们不能找到任何关于知识或意识的抽象规律,社会学应该对互为主体性的创造和保持进行经验研究(Schutz,1973)。

(1996)曾指出:"人文世界,无处不是田野。"今天,在人类学的认知中,"田野"已经不只是一个空间或地理上的概念,也不再是一个"地点"(site),而是一种"方位"(location),它既有空间的维度,也有时间和历史的维度。企业管理者质性研究的进展也移植和遵循"田野"理念的变革与演化。

在工商管理学领域,亨利·明茨伯格(Henry Mintzberg)对管理工作的观察与研究是开拓性的,也是标杆性的。他在写作《管理工作的本质》(*The Nature of Managerial Work*)之前,并没有预先设定假设前提,也没有明确地厘清和区隔各种研究"情境",更没有界定各种情境性"变量",而是深度融入经理人的工作与生活中,仔细分析他们的管理行为及其依托的情境。他的研究结论至今仍具有重大的启示与应用价值,直接奠定了他作为极具影响力的管理大师的地位。再如,郭会斌等(2018)利用多种渠道获得八家"百年老店"中有关工匠精神资本化的一手和二手数据。

第三节 典型论文点评

论文一的节选与点评:厘清研究情境和理论边界

在陈宏权等(2020)的引言部分:重大基础设施工程(简称"重大工程")已成为我国技术创新的重要平台,例如……(***点评1:***从国家层面,举例说明"重大工程"。)本文所研究的重大工程是指投资规模巨大、实施周期长、技术异常复杂,对社会、经济及生态环境等影响深远的大型公共工程(Flyvbjerg, 2014;盛昭瀚等,2019)。(***点评2:***界定文章的"重大工程",同时确定理论边界。)重大工程具有显著的独特性和一次性特点,其创新亦具有多主体、非线性、动态性、集成性的复杂创新系统特征(Lehtinen et al., 2019;曾赛星等,2019)。(***点评3:***从创新的视角,刻画"重大工程"的特征,紧扣选题和主题。)厘清重大工程创新活动的内在规律并揭示其治理逻辑,对推动我国重大工程高质量发展具有重要的理论和现实意义。(***点评4:***昭示理论边界。)

在文章的研究结论与贡献部分:本文围绕适用于重大工程创新范式这一个核心问题展开,聚焦港珠澳大桥工程的技术创新活动,探索适用于新技术和新环境下的重大工程创新新范式的核心要素构成,(**点评5**:回到所界定的研究情境。)通过分析重大工程创新资源、创新过程和创新主体,提出重大工程全景式创新概念模型;(**点评6**:文章的理论贡献之一。)并从重大工程业主(系统集成者)视角,进一步分析重大工程全景式创新的治理逻辑,(**点评7**:文章的理论贡献之二。)从而回应文献中关于构建中国特色重大工程管理理论的问题。(**点评8**:回到文章的原点。)本研究明晰了重大工程创新范式与传统企业创新范式的典型差异,发展了重大工程创新管理理论,对进一步完善重大工程创新管理理论体系具有重要的借鉴价值。(**点评9**:明确具体、学科视域之内的理论贡献。)

论文二的节选与点评:贯彻价值无涉

在黄群慧等(2017)的问题提出部分:对于什么是世界一流企业,依然存在不同的理解和认知。(**点评1**:一流企业来自中国语境,突出根植性。)美国《财富》杂志每年都要发布"全球财富500强"(以下简称"世界500强")。(**点评2**:价值无涉的、"纯粹"的商业行为。)根据2017年世界500强排名,中国企业上榜数量达到115家,仅次于美国,其中有48家中央企业上榜,国家电网、中国石油和中国石化分别居第二、三、四名(国务院国有资产监督管理委员会,2017)。(**点评3**:市场无国界,对企业的评价应超越国界、超越经济制度。)然而,入榜"世界500强"是否就一定意味着该企业已经属于"世界一流企业"?答案必然是否定的。(**点评4**:采用的价值观、价值标准是普适的。)现实情况是,在反映企业发展质量的主要经济指标(如资产收益率、劳动生产率、技术创新、国际化程度等)上,(**点评5**:指标与标准是评判的逻辑需要,遵循价值无涉。)同美、德、日等发达国家的入榜企业相比,中国入榜企业还存在很大差距,尤其是在品牌价值、公司社会声誉与业界影响力等方面,更是存在明显的短板和不足。(**点评6**:价值无涉背景下的比较。)当然,我们也要看到,中国大企业的成长速度正在加快,已经具备成为世界一流企业的基础和潜质,甚至在一些方面开始成为相关产业和业务领域的领先者,这也倒逼研究者对它们生动与鲜活的实践活动予以关注。(**点评7**:回到中国情境。)

为了更好地理解和认知世界一流企业,探索和挖掘世界一流企业的成长历程和内在基因,本文采用案例研究方法。(**点评 8**:基因、研究方法属于科学范畴,能跨越国界。)通过选择以 Shell、Toyota、GE 和 IBM 为典型代表的四家世界一流企业作为研究对象,构建有关世界一流企业内在关键要素和持续动态发展的理论框架。(**点评 9**:国度不同,但科学精神一致。)

在文章的文献综述与概念界定部分:在美西方管理学的语境里,"世界一流"并不是一个规范的学术概念……在学术研究中,与这一定义接近的概念是"卓越企业"。有关卓越企业的研究成果比较丰富,但对卓越企业的界定却存在不同的观点。(**点评 10**:"一流"和"卓越"均属于学术术语,超越价值评判。)

从直接的语义角度分析,"世界一流企业"中的"世界"是对处于领先状态所比较的对象范围的界定,"一流"是相比其他企业处于领先状态的表述,意味着如果一家企业进入世界上其他企业难以超越的领先状态,它就是"世界一流企业"。(**点评 11**:回到中国视域、中国语境。)本文认为,关于世界一流企业成长规律的认识需要结合系统性和动态性的视角,不仅要注重其中的关键要素,还要从系统性的角度来认识不同要素间的组合可能产生的综合效益,以及从动态性的角度来理解世界一流企业如何跨越时空情境实现可持续发展。(**点评 12**:立足中国情境,追求普适性、话语权。)

论文三的节选与点评:数据与洞见啮合中的视域融合

在江鸿和吕铁(2019)的研究设计与方法部分:本研究覆盖了 1997—2017 年中国高速列车产业技术追赶的全过程。(**点评 1**:质性研究进行的是回溯性研究,洞见涌现需要全过程的视域融合。)为便利交叉验证(Campbell,1975),(**点评 2**:即三角互证。)本文收集了四类数据:一是 37 次焦点小组访谈,受访主体包括高速列车集成商、用户、配套企业、高铁建设企业、高校和科研院所,(**点评 3**:异质性的多主体。)受访对象包括管理人员和技术人员。(**点评 4**:两类主体有各自的视域,自然会产生不同的洞见。)二是为保证数据真实性和完整性进行的数据校验,主要借助电话、微信或邮件进行。(**点评 5**:即时沟通和交互有助于增进研究者与实践者的视域融合,纯文本可能会扩大双方视域的隔阂。)三是有关铁道部和焦点企业的公开资料,借助外生的二手数据还原事实(Gioia et al., 2010)。(**点评6**:*二手数据与事实存在距离。*)四是企业年鉴、厂志、公告和年报、行业年鉴、技术文件、宣传手册、内部刊物等资料。(**点评7**:*洞见涌现中,需要在文章作者的"原初视域"与文章解读者的"现今视域"之间消灭各种差距。*)这些资料成文于事件发生当时,有助于降低后视偏差。(**点评8**:*视域融合的作用。*)

……

本文通过数据编码和归类,识别政企系统集成能力在产业技术追赶过程中的共演化规律。(**点评9**:*唯有视域融合,才可能推进新洞见、新理论的涌现。*)第一步,对数据进行交叉验证(Campbell, 1975),根据系统集成能力、产业技术进步和政企关系三条线索(**点评10**:*确立研究情境。*)来梳理关键事件。(**点评11**:*数据分析单元的雏形。*)由于共演化研究要求足够长而完整的考察期以审视历史环境(Lewin and Volberda, 1999),因此本文根据关键事件,将整个考察期分为三个阶段。第二步,对数据进行格式化整理和叙述性精简(Langley, 1999),为案例主体建立数据库并形成完整的描述文件。(**点评12**:*形成数据分析单元,丰富洞见的来源。*)第三步,根据前述的系统集成能力分析框架,(**点评13**:*理论视角的引导,融合文章作者的"原初视域"与文章解读者的"现今视域"。*)遵循显著性和适当性原则,归纳分析(Cuba and Lincoln, 1994)各主体的能力结构与水平,刻画各阶段集成能力的形成与提升现象。(**点评14**:*以系列的新构念支持新洞见。*)运用"变异—选择—复制"的演化分析思路,(**点评15**:*理论线索的引导,融合文章作者的"原初视域"与文章解读者的"现今视域"。*)刻画各阶段政企能力的双向作用路径和作用方式。(**点评16**:*新洞见,HOW 或 WHY。*)第四步,比较分析不同阶段的政企互动,识别出双方能力共演化模式转换及其对产业技术追赶成就的影响。(**点评17**:*新洞见、新理论。*)数据分析在案例数据和理论构念间不断穿梭,使政企能力共演化框架得以涌现和完善,达到理论饱和(Glaser and Strauss, 2009)。(**点评18**:*视域融合保证理论化。*)

论文四的节选与点评：数据与洞见啮合中的假设轮回

在沈红波等（2019）的控制权变更后的市场反应和财务绩效部分：在评估云南白药控制权变更后的经营绩效时，需要采用相对业绩评价，不仅要考虑其相对自身业绩的变化，还要考虑同行业其他类似公司的变化情况。（**点评1：**假设之一，混改后企业绩效得到明显而理想的提升。）这一研究方法在经济学属于事件研究的倾向匹配法和双重差分模型（PSM+DID）。但是，由于混合所有制改革的样本量还不够大，并不适合采用大样本的实证分析。（**点评2：**质疑人们对"实证"或"实证主义范式"的理解。）但是，我们可以采用其研究框架，将云南白药作为实验组，将与云南白药类似的公司作为控制组。（**点评3：**纵向的案例研究是回溯性的，实验研究是即时性的，此"马"非马。）比较两者在混改前后的差异变化。（**点评4：**假设之二，实验研究法适用于研究"混改"前后业绩差异的来源。）

控制样本的选择按照四个标准：一是同行业；二是国有企业；三是大股东持股比例较高；四是与云南白药业绩接近。（**点评5：**厘清情境。**点评6：**假设之三，建立标准就可以选择理想的研究样本。**点评7：**理论抽样是起始于过程中的，而不是后置的。）由于云南白药在A股市场上市，本文选取在上交所和深交所上市的中药企业作为同行业样本。（**点评8：**漏斗法，第一次扫描目标域。）选择标准为：按"申万中药Ⅱ级行业"得到71个样本，（**点评9：**漏斗法，第二次扫描目标域。）由于本文研究的是国有企业大股东降低其持股比例后带来的经济后果，因此选择实际控制人为国有且大股东持股比例高于30%的国企，（**点评10：**漏斗法，第三次扫描目标域。**点评11：**假设之四，持股比例等于或低于30%的，若再降低持股比例值，则实际控制人对业绩的影响不显著，因此予以剔除，第一轮假设轮回得以完成。）进一步选择净资产收益率（ROE）高于10%的公司，（**点评12：**漏斗法，第四次扫描目标域。**点评13：**假设之五，ROE等于或低于30%的，若再降低ROE值，则难以分析实际控制人变化对业绩的影响，因此予以剔除，第二轮假设轮回得以完成。）最后得到7家配对样本。鉴于两家公司出现极端值，剔除一家收入负增长10%的公司、一家收入增长超过50%的公司,(**点评14**:假设之六,业绩出现极端值可能难以归因于混改。**点评15**:第三轮假设轮回得以完成。**点评16**:这才是理想的配对研究。如果进行双案例、多案例研究,那么其结论岂不更具概推性、可转移性?)最终得到5个配对样本作为控制组。(**点评17**:第四轮假设轮回得以完成。**点评18**:下文中没有控制组样本的分析,仍是单一案例研究。)所有财务数据和日收益率数据均来自Wind金融终端数据库。

论文五的节选与点评:暗示数据分析单元与数据匹配

在陈逢文等(2020)的案例选择部分:本文在案例选择方面,主要遵循典型性原则(Patton,1987),以重庆领导科技有限公司(以下简称"领导科技")2009—2019年创业经历为研究素材,该公司是基于移动互联网发展起来的典型案例。(**点评1**:突出和解释案例的典型性。)在新兴产业背景下,企业经历了多次包括核心业务转换、发展策略调整、创业者个体与团队学习以及新机会与新市场搜寻等关键事件;(**点评2**:以关键事件暗示数据分析单元。)同时,创始人……在创业各个不同阶段的决策过程中,无论是创业者个体将经验转化为知识引导团队决策,还是创业团队通过分享、提炼以及集体式反思形成问题解决对策,抑或个体与团队交互作用协同实施决策方案,案例资料均显示经由知识的转化、运用,结合组织在解决特定问题与建构心智地图时的行为模式选择,能够较好地反映案例企业得以发展至今的关键特征。(**点评3**:数据分析单元的纵向时间分析。**点评4**:数据与洞见相匹配。)此外,案例公司的创业过程具有极强的纵贯性,深耕于"微商"渠道经营和自有美妆品牌打造,是当前重庆本土最大的移动互联网美妆品牌,也是全国领先的微信品牌运营商。(**点评5**:用"极强""最"等浓重的定语,值得商榷。)

此外,本文所选案例素材的特殊性还体现在以下三个方面:(**点评6**:从三个方面突出数据匹配。)(1)学习情境丰富。一方面,案例企业具备与一般互联网公司关注端口引流、技术快速迭代以及强调顾客需求匹配等相同的特征;另一方面,案例企业的互联网属性还聚焦于渠道优势打造,行业趋势的快速响应以及对顾客间接服务的关注等。(**点评7**:暗示一系列数据分析单元,数据分析单元的横向时间分析。)(2)创新焦点多元。案例企业在创业过程中经历了从模仿跟随到探索创新、从外部引入到自主研发的多维度创新转变,内容上横贯产品服务、渠道以及商业模式等多个方面。(**点评8**:*暗示一系列数据分析单元,数据分析单元的纵向时间分析。*)(3)创业波动性更强。与一般互联网创业企业不同,案例企业的业务模式经历了从非核心代理商到自主品牌商,而后又转为核心代理商,最后形成强势品牌商的高频交互变迁,涵盖了企业主动转型、被动转型以及裂变创业等独特情境,为研究与之相关联的外部环境与资源复杂性提供了契机。(**点评9**:*数据匹配*。**点评10**:*暗示文章的研究情境与理论边界*。)

第四节 追问与改进建议

问题一:如何将传统文化语境中的术语对接到现代管理学的话语体系中?

中国经济社会发展历经五千多年沉浮、轮回,优秀的典籍版本、文化宝藏汗牛充栋。在以"辨章学术,考镜源流"(清·章学诚·《校雠通义》)为责任的传统经学范式续写中,海量文献得以留存至今,成为中华文明延续的证据和证明。从春秋战国儒家、法家、道家和兵家等诸子的思想争鸣,到后世的传诵、译注和诠释;从丝绸之路、京杭大运河、茶马古道等商路的披荆斩棘,到民族市场经济框架的构建;从明清时期市镇经济的崛起,到各具特色与地域信仰的晋商、徽商、潮汕商等商帮、会馆、准企业组织的潮起潮落;从各级"非遗""百年老店""中华老字号"的创业和演变,再到当今国内的知名企业、世界500强等的称雄。其中,我国传统的优秀文化、商业伦理和优秀商业实践在与历史演变的交讼中,商业文化与商业思想在历史的潮流中或快或慢地纠缠前行。

中国很早就形成对人类社会的认识,但受农耕文明的经验思维影响,缺乏一门由清晰的概念和知识体系构成的社会科学,许多论断只可意会而不可言传(徐勇,2019)。仁、义、礼、智、信、忠、孝、廉、耻、福、恩等,这些高度抽象的伦理道德词汇,以及留面子、丢面子、掉价、有来有往、有准备、看着办、含蓄、体谅、公事公办、铁哥们儿、涌泉相报、游离在外、圈子、不安定、不安分、不知所措、大孩子、低人一等、自在等现代生活中的习语已经浸润在企业的管理实践中,成为竞争优势的重要支撑或构成。事实上,许多领导者、管理者深受儒家和道家、法家等治道的影响,但学界对这些传统如何具体化于管理实践仍然知之甚少,更不用说这些实践的有效性和可复制性(Ma 和 Tsui,2015)。这些概念在资本主义价值取向下很难立足,在美西方的管理论中更找不到对应位置。

中国与美西方在文明、文化和价值观,社会发展的历史阶段,政治法律制度,经济政策等诸多维度上,都存在根源性和现实性的巨大差异。亦即,管理问题的研究情境有着独立性与特色性,比如中国情理社会中的"报恩"与美西方心理学中的"感激"就有很大的差别。中国企业在创业、发展和演变中,面临复杂而迥异的本土化环境,包括文明传统、哲学信仰和文化传承与重塑,东方特殊的政治经济脉络和背景,社会观念多元化,我国转型中的市场环境和消费者需求的多层次,等等。这些本土化的经营环境和经营假设是美西方资本主义世界的企业从未经历过的。在蓬勃发展的今日,中国又拥有充足的、卓有成效的实践基础,只要潜心研究,我们完全可以催生出全新的管理理论和话语体系。

"蒙以养正,圣功也。"(《易经·大畜·象》)当下,共同体首先需要的是在"美西方遇到东方""东升西降"、平眼看世界中的学术自信,而不是"美西方领导东方"中的妄自菲薄,还需要在理论发展的趋势和脉络中探求实现学术自信的路径;需要的是"立足现实、开发传统、借鉴国外、创造特色";需要的是扎企业之"根"、融文化之"魂"、牢管理之"基"、立模式之"形"、传中国之"体"(王方华,2022);需要的是秉持辩证的认识论与本体论,逐步实现对传统文化独特基因的现代化解读,择取独特的研究视角(刘人怀和姚作为,2013);需要的是在与主流管理理论的对话中,将传统文化语境中的术语对接到现代管理学的话语体系中。唯如此,我国学界才能在管理理论的丛林中占据一席之地。

为此,我们提出以下建议:

(1)关注、追踪和挖掘传统的哲学理念、伦理观念在企业管理实践中的具象化事实,并娓娓道来。立足于当代中国企业多彩的商业实践本身,发现中国企业运行和组织管理过程中有弘扬意义的真问题,从中浓缩"中国故事"的要义。进而,用美西方的方法和语言,讲他们听得懂的"中国故事"。譬如,潘安成等(2016)取材于央视纪录片《记住乡愁》中的乡村故事,并用"叙事"手法进行质性分析,构建"施恩—知恩—报恩"的自组织机制,形成在解决组织危机过程中发挥作用的理论模型。因而,潘安成等(2016)具有了与美西方主流文献、主流理论对话的潜力。

(2) **巧用中西对比,提出有中国特色、符合时代特征的构念**。"非精不能明其理,非博不能至于约"(清·梁启超·《新民说》);以构念显其精,以事实彰其博。创新不离宗,我们应当尊重传统文化的渊源和语境;同时,识别中国文化的精华与糟粕,进行时代性、发展性的扬弃。对商业事实和组织文化现象进行当代解读,用中国传统的管理智慧解释当代本土组织的现象。植入当代的理论话语体系中,并与美西方主流的管理基础理论适当隔离;使用当地的语言、当地的事物和富有当地意义的构念来科学地构建本土理论(Tsui,2004)。研究者需要做到:理论研究在概念构建上做好中西文法规则下恰当的互诠互释,让大众读来不以为雅、学者读来不以为俗(吴照云等,2022)。

(3) **融通美西方科学哲学,植入传统的方法论和研究技术与方法**。Marshall等(1996)指出,美西方的社会科学概念与模型植根于美西方独特的宇宙观,非美西方社会完全可能存在另一套不同的概念与模型,就像美西方社会中加糖的茶和咖啡在原产地不加糖一样。哲学有门派之别,方法论存在于不同的土壤。实证主义(或后实证主义)、诠释主义、思辨研究和批判理论等社会科学研究范式,都是人为的划分,它们并非泾渭分明,其间也没有楚河汉界。尊重与敬畏国人的思维方式和文化基因,如兼收并蓄、体用辩证等,构建更具影响力的中国本土管理哲学方法体系,正当时。

(4) **寻找优秀企业管理实践的共同点**。以此为基础,进一步提炼适合中国政策环境、制度环境和文化环境的组织管理策略,让理论开发看得见、过程摸得着、结论用得上,进而建构中国特色与本土的管理逻辑。

问题二:如何满足理论抽样的典型性而非代表性?

理论抽样的研究目的之一是获取有效的、支持性的数据资源,从而可以帮助研究者更加准确地分析和澄清自己的知识框架、分类与归属。简言之,理论抽样只是为了发展概念和理论,而不是检验理论。

质性研究的对象,尤其是案例企业,不是研究样本在统计学意义上的代表性,而是自身必须具备的独特的、典型的特征。王宁(2002)认为,关于个案研究的代表性问题是"虚假问题"。吴毅(2007)也主张,期望以个案研究来追求代表性和普遍性的努力都未有成功过的,而且好像也看不到成功的可能。如果带着演绎逻辑的束缚,把统计性的代表性问题强加到某一个或某几个案例身上,就是错乱案例研究方法的逻辑基础。① 既然不能以样本数量的标准来规范质性研究,取而代之的是用样本质量的标准和样本所含信息量的标准,也不能以代表性和普遍性来问责个案,那样会南辕北辙;否则,不仅无助于推动质性研究的深入和细化,反而会损害定量实证研究业已取得且还将继续取得的显著性成就。

实践中,对理论抽样的误解有以下四种类型:一是处理初始研究问题的理论抽样;二是准确反映研究人口分布的理论抽样;三是善于寻找相反研究案例的抽样;四是直到不再有新数据出现的抽样。当然,任何拟定了选题、撰写了研究方案的人都要进行抽样和寻找数据来解决研究问题,但是这种抽样仅仅是过程的开始,而不是结束;人口分布或许是样本的外生变量与特征,而不是理论本身所需要的;相反的案例,只能提供相左的数据与信息,而不能完善理论本身;数据饱和是抽样的本质要求,来自个案的数据饱和不能等同于案例饱和。

为此,我们提出以下建议:

(1)认识到案例研究的局限,进行个案的非概率抽样。案例的选择遵循的不是大样本的概率抽样,而是小样本的非概率抽样,此时不能苛求样本的代表性。试图把个案田野调查中得出的结论推广到个案之外就是以偏概全,无效推广的问题也会随之产生。

(2)区分个案的典型性与代表性。在案例研究中,典型性和统计学意义的代表性不可混为一谈。Yin(2017)区分了"统计意义上的普遍性"(statistical

---

① 根据统计意义的普遍性来普遍化案例研究结果是一个致命的错误。

generalization)和"分析意义上的普遍性"(analytical generalization)。前者即代表性,是根据样本对母体的推论,并不适合案例研究;而后者即典型性,适合案例研究,指的是运用先前已有理论作为模板与案例研究的结果进行比较。正因为如此,基于典型性的理论抽样是一个过程。

(3) 不再纠结代表性,致力于追求典型性。 案例研究排斥从样本与总体关系上认识个案的代表性,主张案例研究者专注于个案内部及其附带的信息丰富性和价值密度。

问题三：理论抽样中如何控制情境中的外生变量？

管理实践和管理现象都有外生变量与内生变量,都对企业绩效产生直接或间接的影响。其中,**外生变量**①(exogenous variables)是指由模型以外的诸多因素决定的变量。它是模型据以建立的外部条件,刻画了情境的关键特征,决定或影响着内生变量。它不受模型以内的自变量和因变量(两者被称为内生变量)的影响,而受外部条件(如政治制度、经济波动、汇率等)的影响。

在质性研究的过程中,内生变量(即类属、概念或范畴、构念等)理应且可以在理论或模型内得到界定、说明、印证或测量,而外生变量本身不能也没有必要在模型内得到说明和检验。

但在厘清研究情境的过程中,研究者经常难以有效区分外生变量和内生变量,由此也难以剥离外生变量。尤其是在抽样过程中,两者经常杂糅在一体,由此导致囫囵吞枣式的数据分析,从而影响质性研究的效度和信度,研究质量也就难以得到保证。

为此,我们提出以下建议：

(1) 梳理情境中的外生变量。 在落实理论抽样的典型性原则时,紧密围绕所选定的主题、所思考的创意、预研究中所涌现的构念和机制,从田野数据和先前文献中筛选关键词。

(2) 建立相对严格的"假设",剥离外生变量。 一则,研究主体将内生变量

---

① 外生变量是计量经济学术语,是计量经济模型中的自变量之一,是指在经济机制中受外部因素影响而非由经济体系内部因素决定的变量。

和外生变量进行视域融合,充分认知各自对洞见、理论和假设构型的贡献,重点关注商业实践中的变异;二则,在理论抽样的假设轮回中,发现外生变量的干扰作用,剥离无关的外生变量,只保留内生变量。

(3) 在数据分析单元中,规避外生变量。在建立数据分析单元这一环节,理清变异的外部诱发根源,有意识地规避外生变量。

问题四:理论抽样中如何实现视域融合?

传统的理论抽样三个原则是质性研究的先导程序之一。诠释主义范式倡导和关注视域融合;实证主义范式也不能有意识地回避视域融合,在研究者、受访者、实践者的自我与他我之间形成隔阂和壁垒;批判理论范式也不能规避假设轮回。亦即,研究者需要体悟"水静则明烛须眉,平中准,大匠取法焉。水静犹明,而况精神!"(庄子·《天道》),而体会思辨的过程已经将抽样、视域融合与假设轮回捆绑在一体。这也是质性研究后现代范式呼之欲出的原因和背景之一。

质性研究中处处存在研究者和实践者的视域融合,其中的媒介和工具就是彼此的语言。研究者是从事研究的主体,商业事实和语言是客体。Gadamer(2004)指出,语言是理解的共同媒介,理解本质上是基于语言的,即语言是一切诠释的结构性因素。因此,研究者和实践者所认识、所接触的世界是语言的世界,这个世界是借由理性的语言来建构的。而质性研究的后现代范式要想分析和洞察这个由理性、结构性语言组成的体系,就必须在语言的理解和建构上寻求一种突破与创新。

理论抽样所依赖的不论是一手资料还是二手资料,文字和语言都是呈现形式。人们不仅在语言中思考,还沿着语言的方向思考(Heidegger,2004)。在质性访谈中,东方人在交流时对情境和线索的依赖性往往很高,以此传达一些较为隐晦的信息,以避免直接冲突和尴尬的情况。此时,研究者或解释者必须进行"深度情境化",使自己融入受访者、实践者或被解释者所生活的世界,学会移情、用"同理心"去倾听,使自己的认知和判断与他人的认知和判断处于同一层次、同一语境,并在情感上积极回应受访者和实践者,在理智上深入地追问,才有可能形成对问题的新认识;而不是以旁观者的视角进行所谓"客观"的解释,更不是"添油加醋式"的过分解读。其中,最有效的方式是不再存有主体与客体的隔阂,要理解双方的语言。

质性研究是一门关于"反思"与"追问"的研究范式和方法,是对研究主体与客体生命历程的反思,并通过探寻其生命历程中的规律获得洞见、理论与现实感悟。哈登(Haddon)强调,进行田野调查必要的不仅仅是付出资料的"收集标本",而在于研究者通过长时间、耐心的移情与理解,从本土人那里发掘出资料中蕴含的更深层次的关联和意义。[①] 其实,理论抽样莫不如此。

在实际调研中,研究者常常还没有锁定自己的理论视角,有时很难及时、明确地感知到自己的立场和角色,即处于混沌状态。这既受到研究者本人理论积累、研究经验和洞察力的制约,也可能是研究主体与研究客体之间信息不对称的结果。这就要求研究者时时或适时进行反思与追问。

为此,我们提出以下建议:

(1)力所能及地复原场景。商业事件发生时的环境已不复存在,但研究情境又是根据研究目的和理论构建所界定的。因此,质性研究是在回顾中推行的,研究者和实践者交流的都是历史。在马克斯·韦伯(2020)看来,将各种社会现象还原为可理解的个体行动是社会学的首要任务。为了理解个体行动,研究者应当深入行动者的意义世界,把握行动者在行动时赋予行动之上的主观意义来达到对个体行动的理解(谢立中,2018)。

(2)种植透支意义的抗体。历史既不是绝对主观的,也不是绝对客观的,而是自身与他人的统一,是一种关系,它包括历史的真实以及对历史理解的真实(伽达默尔,2004)。质性研究者研究的就是企业的历史、企业家的历史,因此不能透支实践者的意义,也不能对实践者的行为和语言做过分解读,更要谨防"速效收集资料方法",而要全力进入他们的生活与工作场景,观察他们在处理企业经营问题时对细节的把握,或者沟通的语气语调、表情集合、所在场合

---

① 1930年,哈登首次提出"田野调查"(field work)的概念。这意味着从事自然历史的研究,其研究对象是聚居于某个具体区域的、尚处于"自然原始状态的原始人类"。事实上,田野工作之于人类学来说已经远远超出研究方法甚至方法论的意义,而成为从业者构建学科认同的重要依托。

及措辞等,而不是使用预先设计的结构化的、标准化的语句对所有研究对象都询问同样的、往往又是臆想出来的问题,借此实现历史的真实与对历史理解的真实的统一。

(3) 商业语言和学术语言在区隔中实现交融。两种语言各具适用的情境和特色。研究者只有进入抽样的案例企业,至少被案例企业部分同化后,直至成为"专业的陌生人",才能感悟商业语言和学术语言的差异,也才能实现两者的交融,借此消除研究者与实践者两个主体之间的隔阂。亦即,"知止而后有定,定而后能静,静而后能安,安而后能虑,虑而后能得"。(老子·《大学》)

问题五：理论抽样中如何实现假设轮回？

理论抽样技术有助于更准确地检验、限定和详细地阐述生成类属的边界,有助于说明如何使这些生成类属的关系更加具体化。初始的理论抽样提供了一个理论的出发点或支点,而不是理论的加工和完善。研究者不能认为可以提前知道类属及其结构,不可能一开始就把它们包括进研究问题中,事实上也做不到。比如扎根理论的逻辑假设:研究者会用比较的方法来分析数据,据此建构类属和范畴。只有在理论抽样的假设轮回中,才能进行理论的加工和完善,才能建立类属或范畴的结构。

研究者在研究过程中处于"自我"与"他者"连续体(self-other continuum)上的不同位置,其立场和看法或者更接近"自我",或者更接近"他者"(Bogdan 和 Biklen, 2003)。研究者必须不断地审视与反思(而非彻底摒除)自己的角色和立场以及自身在与被研究者互动时对其施加的影响,而非如定量研究那样将"价值中立"奉为始终如一的行为守则(Michel, 1994)。更进一步地,在质性研究中,构念、范畴、类属和洞见实质上是基于研究者可得数据及其数据分析单元的假设。即便是刻画 HOW 的命题和刻画 WHY 的构型,也都是假设,因为没有经过大样本检验。因此,质性研究既是理论抽样的过程,也是假设轮回的过程。正是在此过程中,案例与洞见实现了啮合。如果理论抽样中没有假设轮回,研究过程就变得难以想象;如果假设轮回的次数稀少,就会导致质性研究者无法收集到必要的且基本概念仍然非常单薄的支持性系列数据分析单元。

在进一步收集和分析下一步资料的过程中,研究者还应当不断地基于初步资料验证的理论和假设进行资料检验。研究者应当保证资料是初步的、过程性的、贯穿于下一步研究过程的每一步骤和始终,而不只是在最后。经过初步资料验证的理论资料,可以很好地帮助研究者分析下一步的资料和进行下一步的理论抽样,逐步去除那些与理论弱相关或不密切相关的田野数据或数据分析单元,而将注意力更多地放在那些伦理上丰富的、对研究者建构下一步理论假设有直接影响的资料上。

实用主义哲学的创始人查尔斯·皮尔士（Charles Peirce）把溯因法代入现代逻辑,提出了溯因推理（abductive reasoning）。它是指用基于理论所推导的假设与实践经验作比对,以证明理论的正确性。实际上,如果科学的目标在于获得范围广泛并有解释力的假说和理论（由全称定律或概率定律提供）,而不仅仅是对世界过去状况的描述性总结（由恒常关联和相对频率提供）,而且如果范围广泛且有解释力的假说和理论之发展是依靠理论语言（有条件式演绎的观察蕴含）而不是观察语言（没有条件式的理论蕴含）来推动的,那么科学探究的溯因主义模型最基本的优点就是为整个经验科学提供一个极富启发性的范式（费策尔,2014）。此时,理论只是对行为结果的假定总结,是一种工具,至于是否有实践价值则取决于理论能否使行动取得成功。①

为此,我们提出以下建议:

(1) 采纳、灌输和落地还原论②的思想。研究者向实践者坦诚地沟通研究目的,或者详细地解释研究目标、兴趣、步骤和假设。这是必要的,但或许是不可行的。其原因是:研究者和实践者之间存在视域的隔离,尤其是存在由各自的背景、语言和视角等所导致的偏颇。这就需要研究者将数据分析单元带回特定的情境中,从情境的视角,用还原论（reductionism）的方法,递进地思考数据分析单元所刻画的现象、过程的本义及其组成,即"钟表匠范式"。

---

① 从事质性研究的学者,尤其是美国学者,如罗伯特·殷、凯瑟琳·艾森哈特等,大多受到美国主流哲学实用主义的影响,其成果中也无可避免地带有实证主义的烙印。

② 它最早由古希腊哲学家亚里士多德提出,其原词译为还原。古希腊唯物主义哲学家德谟克利特率先提出原子论思想,他指出所有事物的本原都是原子和虚空。

（2）以轮回假设，推动数据分析单元与新洞见的啮合。对于实证主义范式的单案例研究，在做理论抽样时，研究者一次只收集一部分资料，紧跟着就分析；随后，进一步收集资料，直到一种类属达到"饱和"点。早期的类属是建议性的，还不是定义性的，进一步的数据收集会强化这些类属。在一个理论抽样的分析过程中，研究者必须让抽样分析引导研究；同时，还要不断地提问、迭代和更新，然后寻找最好的资料来回答这些问题。对于双案例研究或多案例研究，研究者还要考虑到研究进程中假设的证伪和证实，以此形成相得益彰的形态。对于诠释主义范式的质性研究，数据分析单元的理解、解释、建构等程序，同样是在数据分析单元、洞见理论间迭代、往复进行的，这一过程也难以避免贯穿其中的假设。

（3）加以溯因推理。研究者必须保持理论抽样的前置性、系统性以及过程的一致性且不僵化。理论抽样既需要通常所说的归纳推理，也需要常说的演绎推理，更需要从田野调查所得数据出发，结合已有的洞见和理论文献的观点，推理得出最佳的解读和解释。

第三章 保障研究质量的策略组合

第一节 要义诠释

一、实证主义保障研究质量的策略

(一)实证主义与后实证主义认识论

知识的增长,本质上是不断补充新见解和排除错误假说的累进过程。1829年,法国思想家奥古斯特·孔德(Auguste Comte)在重新讲授《实证哲学教程》(*Introduction to Positive Philosophy*)时,首次明确地将科学研究的方法定义为实证方法。也从此,他主张用实证方法取代形而上学的思辨方法;主张用物理学的方法研究社会,并提出社会静力学、社会动力学等概念。后来,埃米尔·涂尔干(Émile Durkheim)传承了孔德的衣钵、发展了其思想,创立了研究社会的实证主义(positivism)范式。实证研究从20世纪以来逐渐得到学术界的认可,一直盛行将近六十年,直到70年代前后开始遭到主观主义者的责难。但是,这种批驳和批判是以实证研究"过度发展"为背景和诱因的,并没有遭到否定。事实上,以实证主义为基础的研究范式,无论历经多少次的演绎都无法彻底排除异类客体的出现,如"黑天鹅"事件,此时所建构的真理大厦就会轰然倒塌。

真理正是在一次次证伪的过程中得到修正、补充,逐渐接近真正的真实。研究者希望通过严谨、系统的程序和方法,挖到早已"存在在那里"的、宝贵的

"金子"(陈向明,2013)。随之,以建构和诠释为主的后实证主义研究范式逐渐得以确立。20世纪50年代后,后实证主义(post-positivism),也被称为后经验主义(post-empiricism),经由卡尔·雷蒙德·波普尔(Karl Raimund Popper)等的批判理性主义发展而来。它是一种"批判的现实主义",也被称为基于证据的研究(王卫华,2019)。后实证主义研究借助细致而严谨的手段,不断地对一系列不尽精确的表象进行"证伪"和排谬而逐步逼近客观真理。因此,后实证主义者接受研究者的理论、背景、知识和价值观可以影响观察到的事物的观点,并认为定量方法和定性方法都是有效的。

后实证主义是对实证主义的强化和继承,承认和回应托马斯·库恩对逻辑实证主义的批评。无论是实证主义还是后实证主义,都与现代科学和技术的功能在社会生活中的不断提升密不可分,建立在研究对象客观存在且研究对象内部存在不变、稳定的客观规律性的基础之上。然而,社会现象受到多种因素的影响,如权力、文化、人的主观能动性等,同一种社会现象在时间纵向和情境横向的变异下呈现不同的发展状态和趋势。虽然实证主义者也看到社会现象的特殊性,但他们认为这种特殊性不足以影响客观性。实质上,社会现象的研究必须把个体的主观能动性和个体间的相互作用纳入研究视域。

虽然实证研究与思辨研究看起来有所不同,但它们有着相同的设定和本质:强调追求结论的普遍性、一致性、统一性和精确性,宣称从客观、外在的现象入手去揭示规律。

实证主义是一个把社会现实视为客观、自然存在的事物以供验证和检验的思想流派。这也是今天质性研究的主流范式。实证主义研究试图通过寻找规律以及因果关系来解释和预测社会现象(毛基业和苏芳,2019)。它沿袭来自自然科学发展的科学精神,主张由问题入手,提出理论假设,然后用实验或调查等方式予以验证;它的基本研究程序为界定问题、提出命题或假设、进行数据验证、得出结论。因此,实证主义者尊重和强调研究者和研究人员(或客体)之间的独立性,倡导和强调证据、量化和实验等出自自然科学的研究方法(孔德,2011)。陈宏权等(2019)的论文比较典型,首先围绕重大工程技术创新、创新生态系统进行简约的文献综述,确立研究的理论基础,随后结合文献与港珠澳大桥项目的实践界定重大工程创新生态系统的生态势和生态位、社会经济属性和动态性，以及重大工程创新生态系统与创新力提升等一系列有假设性质的概念，然后利用 incoPat 专利数据库和 SIPO 专利数据库、数学模型等进行检验。

（二）实证主义与后实证主义的质性研究

一部分研究者从自己设定的理论假设出发，通过定量实证、实验、经典扎根理论路径等质性研究方法，对研究对象展开分析和探究，成为实证主义的追随者。另一部分研究者则到田野中了解和理解实践者的价值主张、思维方式和运行绩效，然后在这些原始资料的基础上试图建立"扎根理论"，即采用以诠释和建构为导向的案例解析、程序型扎根理论路径、建构型扎根理论路径等质性研究方法，成为后实证主义的追随者。

在理论建构方面，以实证主义为基础的质性研究强调定性数据的客观实在性，强调已存在的客观规律、数据与理论关联的严格匹配和吻合以及量化的可靠性，由此偏好理论抽象性、线性因果性和还原性等。近几年，国内典型的单案例研究论文如李飞等的《中国百货商店如何进行服务创新：基于北京当代商城的案例研究》（2010）和李飞等的《"小而美"的营销神话：基于环意国际旅行社的案例研究》（2018），多案例研究论文如郭会斌的《温和改善的实现：从资源警觉到资源环境建构：基于四家"中华老字号"的经验研究》（2016），它们都是起步于假设（或预测）模型，界定子问题（功用等同于定量实证研究中的测量语句），用定性数据进行检验，然后完善模型、提炼理论。从结构上看，三篇论文与为人熟知的定量实证研究论文是一致的。

以后实证主义为基础的质性研究仍然坚持"例据"导向，强调对真实世界动态情境的整体和全面的了解、解构与建构，并与归纳式思考过程整合在一起。在工商管理学领域，该研究方法对于认知和理解组织的运行、分析和把握战略的形成与变革、探究绩效的形成和延续等各种过程常常是有效的，尤其是当该方法基于长期过程导向的视角时，其研究效果常常因真实、可信且可验证而出人意料。学界较为熟悉的后实证主义传统的质性研究者是艾森哈特及其合作者或弟子们，以及众多的追随者和拥护者。

目前,对于实证主义和后实证主义的区分,国内大多数学者逐渐开始在其研究中有意识地加以嵌入,开始临摹。

(三) 实证主义者保障研究质量的四组合策略

基于对实证主义的信奉,为了保证案例研究结果的真实性和可信性,殷(2010)率先提出保障案例研究质量的四个方面(三个效度和一个信度)。[①] 李飞等(2018)在案例研究过程中控制规范性和严谨性,从这四个方面进行效度和信度的控制与检验。这些,在今天呈现扩展趋势。

1. 结构效度

结构效度(construct validity)指的是对所有要研究的概念形成一套正确的、可操作的测量。提升结构效度的策略有以下五种:

(1) 多源性证据。案例研究通常综合利用线上或线下多元的渠道和多种数据收集方法,如地方志等档案资料、访谈、问卷调查、实地走访和观察等,组合使用定性资料和定量数据并基于综合视角加以审视,因此资料/数据可以是定性的(如文字),也可以是定量的(如数字),或者两者兼有。例如 Eisenhardt 和 Bourgeois(1988)组合使用问卷调查所得的定量数据和访谈观察所得的定性资料。定量数据有助于揭示一些不易观察到的规律和现象,也能使研究者避免被观察到的表面迷惑;定性资料则善于揭示事物背后的未被证明的深层原理。

(2) 三角[②]互证。"今采掇经传,爰及歌谣,询之老成,验之行事"(贾思勰·《齐民要术》)启发着三角互证的生动应用,其主要目的在于控制乃至消除偏见。需要指出的是,为了提高研究的品质,应使得研究过程形成稳定的、有说服力的"三角形"。而"三角形"的稳定性源自多种证据来源对同一现象、

[①] 尽管这些策略源自实证主义传统,但是其中的诸多方法已经具备保障研究质量基本策略的潜力。需要注意的是,对此不同学者的翻译术语有所不同。

[②] Patton(2002)曾经探讨四种类型的三角形:①不同证据来源构成的资料三角形,通过访谈、观察、文档等不同路径获取研究资料;②不同评估人员构成的研究者三角形;③同一资料集合的不同维度构成的理论三角形;④不同方法构成的方法论三角形。

同一商业事实的多重互证、多角度互证,由此才能够在去伪存真中理解现象产生的更深层的原因。

(3) 调研团队成员的异质性。实证主义的质性研究主张调研团队成员的异质性、多样性。首先,多成员的团队可以提升研究的创造性潜力,团队成员的见解通常可以相互补充,使得数据更加丰富,并且不同的观点会增大从数据中捕捉到新颖观点的概率。其次,趋同的观点增强假设的实证根基,而对立的观点能使研究增大创新的可能,避免学术视野的遮蔽和研究思路的单一。最后,从众多研究者中得到的收敛趋同的观察、分析结果与洞见,可以提高结论的可信度。

发挥和利用多名研究者的异质性,可以委派多名研究者进行实地调研、访谈,从不同视角进行观察和访问,或者有分工(访谈者、记录者、观察者)地进行观察和访问,或者组建几个小组、小团队进行分工。若不同的做法都能获得类似的、基本一致的资料与证据时,则可保证案例研究的结构效度。

(4) 建立"案例—数据—洞见—理论"的证据链。它指的是使收集的数据或资料具有连贯性且符合一定的逻辑关系,让阅读者能够建构连贯的逻辑链并能够预测发展。研究者的逻辑越清晰、越连贯,构念效度越高。其中非常重要的一个环节是,研究者必须详述数据分析过程和数据分析模式。

(5) 信息提供者审阅。它要求证据的主要提供者对案例报告或资料进行检查与核对。通过审阅重要信息提供者所给予的报告与资料,确保其能够反映所要探讨的现象而非研究者的个人偏见。这可以避免因研究者个人的选择性知觉而产生不恰当的诠释。

2. 内部效度

内部效度(internal validity)指的是从各种混乱的假象中找出真实的因果关系,从而证明某一种特定的前提将引起另一种特定的结果,且不会受到其他无关因素的影响。提升内部效度的策略有以下四种:

(1) 模式匹配。首先,检验所抽样的案例及其资料与理论是否契合,即理论与案例是否匹配。其次,察看各构念之间的关系,能否与资料之间、数据分析单元之间的关系契合,若契合则能够提供支持性证据。这一过程通常包括运用一系列表格和矩阵来检验案例中出现的构念维度。例如，Galunic 和 Eisenhardt(1996)对比经营范围的概念，在将所形成的构念应用于所有样本之前，他们特意进行了一系列的两个或三个样本间的对比，在对理论进行抽象概括之前始终密切关注数据，只有对比完整个样本以后才将构念提升到一个更抽象的理论层面。最后，进行理论对话，查看学理上是否与既有文献匹配。

(2) 解释的建立。 研究者先基于田野资料提出可能的新洞见、新理论并给出系列命题或陈述，再检视洞见或理论、命题与经验资料是否符合，据此修正洞见与命题或陈述。在假设轮回中重复以上过程，直到理论饱和为止。

(3) 建立逻辑模型。 逻辑模型有三种，它们从不同方面提高内部效度。①作为理论预测的模型。相关论文偶有出现，其作者大多受自然科学实证主义研究范式的影响比较深。②设计研究流程的模型。它的目的是清晰地向读者展示研究过程及证据链的构成。③作为研究结果的假设构型。它先回答"WHY"，再丰富"HOW"。

(4) 采用时间序列的设计。 时间一直是重要的变量。所要观察的变量或事件如果在时间上存在明显的先后顺序，那么或许可推论变量间具有因果关系。此时若能得到经验资料的证实，则可提供内部效度的支持。

3. 外部效度

外部效度(external validity)指的是建立一个范畴，把研究结果归于该类项之下，指明研究结果可以类推的范围。提升外部效度的策略有以下四种：

(1) 用理论线索引导研究。 后现代的质性研究范式承认先前文献，尤其是理论视角的作用，而且它的分量越来越重。既有的理论不是用于构建理论预测模型，也不是用于形成"前见"，从而干扰新洞见的涌现，而是用于引导新洞见的涌现。

(2) 在案例间进行复制。 ①单案例研究，可以对原有结论的必要条件进行否证，但回溯其充分条件则乏力。正是基于这些逻辑方面的先天缺陷，在研究实践中，研究者应依据翔实的数据，进行深入的分析并强化叙事。②多案例(或双案例)研究，有助于挖掘充分条件和必要条件。复制逻辑将案例看作一组实验，多案例就意味着多重平行实验。

（3）优先进行多案例研究。每个案例都是一个独立的实验,每个案例企业都是用来证实或者证伪的,从而得出案例理论的可重复性(Yin,1994)。

（4）在理论贡献部分进行理论对话。这主要有三种方式:一是竞争性解释,二是替代性解释,三是参照理论。

4. 信度

信度(reliability)指的是案例研究的过程及其每个步骤都具有可重复性。信度检验的目的,是确保后来的研究者重复先前案例所叙述的步骤,再次进行相同的案例研究,可以得出同样的结论(吕力,2012)。提升结构效度的策略有以下四种:

（1）编制研究计划书,进行严格的程序设计。研究计划书不仅要说明特定的研究过程、所依循的资料收集与分析原则,至少还要包括以下内容:①研究目标与探讨议题,如研究目的、问题的背景等;②研究场域与研究程序,如研究地点的详细描述、数据来源甚至是研究者的保证书等;③研究问题,如特定而具体的问题、访谈的日程与内容、访谈对象、资料分析方式与过程;④研究报告的结构,如研究结果、如何谋篇布局、对话遵循的理论以及如何获得结果等。

（2）建立资料库。资料库至少包括观察记录、访谈的录音、观察录像、转录的文字稿件、档案资料以及资料分析记录等田野数据,以便后来的研究者能够再检查与再分析。

（3）直接引用访谈原话（引据）。原话是客观实在的,也是质性研究中最为坚实的支持。恰当地使用引据,有助于提高研究的信度。

（4）模型计算。检验和计算编码结果,有助于提高研究的信度。主要计算两个数值:一是内容分析相互同意度,二是分析者信度。

二、诠释主义者保障研究质量的策略

（一）诠释主义认识论

诠释主义是一种将社会现实视为主观的、由研究者共同建构的、旨在通过个人或集体经验来理解世界的思想流派。诠释主义认识论以相对主义的本体论为基础,直接源于诠释学传统,包括从语义解读到心理移情,再到主体间性和视域融合的完整过程。它主张相对性和情境性以及人性的广泛存在,认为现实是流动的,而社会是由个体创造的;认为世界是人们主观建构的结果,是没有脱离人的主观因素的客观世界。既然世界是人们建构的结果,也就无所谓客观规律的说法。由此,最重要的是:理解人们为什么如此建构世界,理解周围世界与人类行为对人们的意义所在。

真理不是对社会现象中客观规律的描述,而诠释是对社会现象(或社会行动)的理解、解释、实践和应用。在诠释主义研究的产生与发展过程中,不同的哲学理念逐渐渗透其中,使得它带有不同的色彩。海德格尔(2016)认为,"理解"不是一套社会科学方法,而是常识世界的本体生活模式,是"此在"本身的存在方式。亦即,"理解"是人存在的先决条件与基本模式,是人之为人的基础,而不是主体认识客体的"方法"。"理解"的意义不是寻求客观知识对象,而是人面对"我是谁"这一终极问题的回答。伽达默尔(2004)则为人的"倾见"(即成见、偏见、先见和前见等)平反,认为任何解释都必然具有再现的结构和表现形式,所有的理解本质上都包含倾见(偏见),人的倾见必须也必然被运用到理解之中。因此,理解中有建构,建构中有理解。

既然世界是建构的,研究者就应该去理解世界的差异性及其背后隐含的意义,进而建构单一情境下的理论。总体而言,诠释主义范式通过对差异性的强调来理解世界,进而建构解释和理论。实证主义范式则不同,它希望通过普适性规律来"解释"因果关系、解释世界。

(二) 诠释主义的质性研究

质性研究的本质仍偏向诠释,质性研究方法不排斥诠释主义,即便是倾向实证主义(或后实证主义)的质性研究方法也不能拒绝诠释主义的存在。诠释主义突出研究者同时作为所研究现象的参与者进行的"有意识"分析,主张研究者将资料以语言的方式展现(包括对原话的引用),并赋予资料意义,使其能被人们理解(Weber, 2004)。此时,研究者个体的因素,包括学历、学术背景、研究经验与实践、理论基础与理论视角的选择、对研究问题的选择与界定、研究流程的设计、研究者与实践者之间的关系等,都会影响到研究的质量、进程和结果。①

诠释主义的质性研究方法的最大优势是,它可以帮助我们揭示社会现实产生和变化的真实原因(Whetten,1989),它也有自己一套相对完整的研究程序,包括研究问题确立、文献初步探索、编码、构念或概念提出等,而"理解—诠释—建构"的逻辑链具有操作价值。例如,陈逢文等(2020)从理解创业者"行动"与研究者的"解释"出发,探究不同创业阶段内跨层次行动主体间的学习互动模型,构建各个阶段"个体—组织"学习互动机制影响创新行为的模型,揭示它们对企业创新的作用路径。

1. 理解

理解指的是研究者与实践者之间直接的互动,或者两者基于田野数据的彼此认知、相通,强调研究者以内在的体验进入研究对象的生命活动甚至精神世界,从中发现"客观的现实"。"理解"也是质性研究的第一个主要目的和功能。在研究实践中,需要研究者认真地对"理解"加以把握和运用。马克斯·韦伯认为理解的途径有两条:一是对人的社会行动进行理论分析,二是研究者以参与者身份感悟社会行动。显然,韦伯既注重分析行动的主观意义,也注重探讨社会行动的客观因果性。

2. 诠释

诠释意味着研究者能够掌握行动者的主观意义或行为动机与他的行动及其后果的联系(谢立中,2018)。数据的"诠释"强调数据的灵活解读、数据与理论关联的开放。诠释分为三种方式:①直接诠释,②模式找寻,③自然类推。

3. 建构

建构是研究的目的,强调构建全新的洞见,以及富有实践启发性的理论或指导原则。

---

① 民族志是诠释主义的重要研究方法之一。研究者注重通过深入的田野调查,对人以及人类的文化进行详细、动态、情境化的描绘,探究一群人的整体性生活、态度和文化行为模式。但在工商管理学领域,民族志方法的运用较少。

(三) 诠释主义者保障研究质量的五组合策略

诠释主义者偏好具体的故事性、非线性的复杂涌现性,以及整体性与动态性(涉及悖论性)等。我们对仅有的、比较纯粹的诠释主义范式取向的论文进行了研读,提炼出以下五个方面,它们对保证和提高研究质量多有裨益。

1. 情境单一

诠释主义导向的案例研究方法强调丰富多彩的现象描述(rich description)、数据多元性、整体情境性、动态过程性(longitudinal,纵向追踪性),因此情境越单一、选题越精准,研究结论的科学性就越充足。[①]

2. 移情

在进行意义建构的过程中,质性研究者应长期在田野、当地或现场与受访者、实践者工作或生活在一起,通过亲身体验乃至形影相随,了解自己与对方如何彼此影响、彼此互动,换位思考自己如何理解和把握对方。只有移情,才能实现主体间性和视域融合,片段的、间歇性的若干次访谈只是隔靴搔痒,不能支持优秀的研究。

3. 尽所能排除"先见"和"前见"的干扰

研究者必须意识到,所谓的基于本人经验和积累的"先见"、基于文献和他人经验的"前见"并不是客观存在、自足的实体,而是透过研究者个人的视镜过滤、构造而形成的,从而难以避免地存在主观性。然而,主观性是科学研究的大敌,这就要求研究者,在认可和利用"本人倾见"的同时,以细节的丰富性和理解的差异性凸显事理与学理兼顾的故事性和研究价值。

4. 理论引导

优先选择成熟的理论视角,站在学术领域的前沿去发展学说。

5. 叙事详尽

诠释主义研究的要义是呈现案例的灵魂。一方面,以情境视野内的、系统

---

① 正因为如此,单案例研究偏好诠释主义范式,但不排除(后)实证主义范式。

的、活生生的现实或经得起考究的历史数据来排除本人"先见"的干扰,才能为呈现案例的灵魂奠定起点;另一方面,如果没有极其丰富的素材,叙事就可能是干巴零碎的,缺乏独特的体验,把故事处理成既不说理又不动情的文字集合,叙事也就可能缺乏灵魂。

三、思辨研究者保障研究质量的策略

(一)思辨研究

思辨是人类理性认知的基本形式,是对世界本源的辩证反思。在理论建构中,思辨优于创造想象,是起主导作用的思维方式,是科学创造的基本思维形式之一(杨耀坤,1998)。给思辨设置障碍就是对未来的背叛(霍尔顿,1983)。今天重视思辨,是强调它具有浓厚的、非经验的抽象思维特征,旨在发挥其理性思维在从现象到本质、从具体到一般的理论升华过程中不可替代的作用。

将思辨思维用于理论构造,既不是从现有理论逻辑地推导出新的理论或原理,也不是从经验事实归纳概括出理论或原理,而是援引经济学、心理学与社会心理学等领域的高阶观念作为理论建构的出发点,从而作出关于对象本质和规律的猜测,并力求逻辑地构造新的学说、建立新的知识体系(杨耀坤,1998)。在"美西方遇到东方""东升西降"等东方自信心增长的时代背景下,我国管理学界的研究在不同层面、不同程度地渗透着"思辨"的概念和理念。尽管张京心等(2017)采用遵循归纳逻辑的程序型扎根理论路径,但其目的在于证明"创始人专用性资产与创始人离任的权力交接的理论分析"演绎逻辑的正当性;尽管理论抽样可以实现信息丰富性和信息可得性,但并没有遵循实证主义传统的现代质性研究范式。

1. 本体论意义的哲学思辨

思辨的目的在于探索本原,是单纯地为了认知,而非功利(祝和军,2012);思辨关注的不是具体的自然现象或者社会现象,而是隐含在具体事物背后的原初"本质"。古希腊哲学在形成初期就开始关注世界的本原问题。从古希腊哲学家以某种具体物质或物质性的东西(如水、气、火)到一种比具体物质更为抽象的原子作为世界本原,从他们以介于具体事物与概念之间的"数"到抽象的概念——"理念"作为世界本原,都说明哲学产生的初期就具有抽象的思辨性质(杨寿堪,1987)。

中华民族有着深厚的文化传统,形成了富有特色的思想体系,体现了中国人几千年积累的知识智慧和理性思辨(习近平,2016)。比较而言,中国传统哲学疏于纯粹理性的思辨哲学研究,更关注实践理性的思辨,正是在实践理性的指引下,走上了人生哲学和政治哲学的实用主义道路。中国先秦诸子及其诠释者创造或传承的"宏大理论",如古代的易学、老子和庄子的学说、墨子的明辨学及惠能的佛学等属于思辨哲学的范畴。但是,由于独特的经济社会背景,中国思辨哲学的演进跌宕起伏[①],终是在变异或湮没的悲剧式道路上蹒跚徘徊(彭池,1988),最终没有蓬勃地发展形成独树一帜的哲学思想流派,却沦为政策的工具。

不过毋庸置疑的是,辩证的理念、实践理性等还是为后人所继承,也为后人打开了思考的向度和空间。由此,一度出现了独具风格的案例研究,如李海舰等的《互联网思维与传统企业再造》(2014),其质性研究现代范式中的构念、定性数据、引据、编码等要素已经具备,但与主流的案例研究范式还是格格不入,即此"案例研究"非彼"案例研究"。

2. 方法论意义的理性思辨

质性研究需要在事理的基础上,抽象学理,迈向哲理。真理需要通过概念的提炼或抽象的思辨而形成,即依靠常识、感性直观得到的只是零碎的粗浅见解,自然也就无法认识事物的"系统""机制"和"过程"(杨寿堪,1987),抑或得到的只是某一部分或个别、狭隘情境中的认识,无法揭示事物的整体。

理性思辨的研究方法是研究者在自己已有知识积累和实践经验的基础上,对现实或历史等问题采用概念、判断和推理等形式进行理性思考而形成思想观点的一种研究方法(栗洪武,2011)。尽管质性研究遵循归纳逻辑,完成从资料到理论的逐渐缩减和提炼,但是在从数据资料到概念、范畴、核心类属、构

[①] 魏晋玄学是中国思辨哲学的一次复兴;宋明理学则是思辨哲学的第二次复兴;17世纪的方以智、王夫之催生了中国思辨哲学的第三次复兴。

念以及最终理论的形成过程中,存在从数据到洞见、从洞见到理论的至少两个跳跃。当然,这些跳跃不是毫无根据的主观臆测,而是对本质的抽象、对商业事实认知的升华,必须借助理性的思辨来完成。

3. 常识意义的思辨

在日常生活中,"思辨"一词常用来表示揣测或悬想的意思,或者指没有田野调查基础,以生活经验或书本知识为依据,提出主观想象的问题解决策略。张新平(2000)把这种在图书馆、书房闭门造车的研究称为"摇椅上的研究",即这种研究从方式看,一个根本的特点就是纯粹的单一思辨。

但长期以来,在我国工商管理学研究领域,常识意义的经验总结式思辨研究较多。如谷方杰和张文锋(2020)以西贝餐饮集团的数字化转型为例,构建数字化转型的价值链模型,实际上就是两种价值链的比较,由此导致研究结论的理论意义和价值匮乏。这种范式正被主流的质性研究抛弃。管理哲学层次的思辨研究刚刚开启,述说新时代"中国故事"的管理学需要科学哲学的指引。

(二)思辨研究者保障研究质量的四组合策略

我们对仅有的思辨研究取向的论文进行了研读,提炼出四方面的要求,它们对保证和提高研究质量多有裨益。

1. 可转移性

追求学术理性。只有理性的知识,才可能进行学术传播,才可能发挥科学的价值。如果感性的田野数据未经过理性处理,那么它们依旧是情境中的"活生生",依旧是"原汁原味"。

2. 可信性

研究者的建构性现实与读者的期望相吻合。这就需要以数据的真实、客观以及逻辑的辨识和运用,求得研究过程的可信。

3. 可靠性

数据、文献等所构成的证据链应完整,逻辑应周延、自洽。

4. 可确认性

从数据到理论、从理论到数据,可以往返穿梭。这就要求田野数据来源清晰,数据分析单元有来源,新洞见有数据分析单元的支撑,新理论有新洞见的组合性呈现。

四、后现代范式保障研究质量的策略

(一) 建立后现代范式评判标准的原则

质性研究的现代范式和后现代范式都是既有范式的演化结果,也是演化进程的一个片段。质性研究后现代范式的主旨应立足于:在既定的情境下,源于和依赖于活生生的商业数据,用实证、思辨与归纳相结合的方法来提炼构念或类属以及创造价值的原理,去接近可普适的真理,进而贡献于商业实践。

1. 价值无涉,回哺实践

韦伯(1999)主张,研究的基本原则是"将纯粹的可逻辑推论的、经验事实的断定与实际得到或者哲学的价值判断相区分",即价值无涉(value neutrality/value free)。它是指科学研究等工作不采用先入为主的价值判断,而采用逻辑判断。唯理的、公式化研究可能会形成对企业家、管理者的一种强制性灌输(当然,如果他们感兴趣),也就直接导致他们对严肃学术研究的冷视,其结果仅仅是研究者向自己的职业目标前进了一步,但对一线管理实践无所裨益。

商业实践以价值规律为基础、以效用最大化为目标,企业家和管理者追求业绩是价值中立的、"纯粹"的商业行为。研究者的学术研究也不应戴着滤镜或有色眼镜等价值关联,而应该秉承价值无涉,从商业实践的事理出发,挖掘学理、迈向哲理。

2. 中西互鉴,演化经验

东方与美西方的哲学思想、方法论各有所长,在真知的发展历程中,东方学者与美西方学者的态度理应是开放的,理应进行"体"与"用"的互换。正如李森(2017)所倡导的,质性研究方法亟待一种"从西向东的翻转",即超越美西方认识论看待世界的方式,发掘东方哲学中的本体论和认识论思想。陈向明(2008)指出,要想参与质性研究的全球对话,中国学者必须努力发掘中华民族几千年来的伟大文化遗产,如全局观(系统思维和普遍联系)、变化观以及对经典文本的诠释等传统。管理学针对复杂世界的研究可以融合美西方科学哲学和东方整体论的优势,从而形成帮助人们处理复杂管理问题的有效理论(席酉民和刘鹏,2019)。如果刻舟求剑美西方的研究范式,就无异于作茧自缚。这也是国内工商管理学研究亦步亦趋,难以产生原创性、引领性成果的重要原因。

质性研究范式和其他研究范式一样,本质上依然是经验研究,只是处理和加工经验数据的程序和方法有所不同而已。东方擅长系统思考、思辨式研究,美西方擅长结构思维、形式逻辑。今天,回到经验研究,只有实现研究方法论和研究方法的中西互鉴才可能贡献人类真知。如沈红波等(2019)探究云南白药的国有企业混改一文看似案例研究,但与今天主流的案例研究论文相比,无论是结构还是理论抽样,乃至案例分析与理论构建的过程均相去甚远;看似采用实证主义范式的实验法,但与经典的实验法相去甚远;看似采用"配对研究",但实质仍是单一案例研究。

3. 范式交互,方法融通

所有的范式界定与划分以及研究方法都是建构的过程与结果。质性研究在形态上是"实征的"(empirical),但在哲学基础上不是"实证的",或者说不完全是实证主义或后实证主义的,也不完全是诠释的,更不完全是思辨的,或许是兼而有之、兼收并蓄的。正如 Rynes 和 Gephart(2004)、Denzin 和 Lincoln(2000)所共同主张的,案例研究也可能基于不同的认识论假定(epistemological assumption),既可以基于实证主义及后实证主义,也可以基于阐释主义或构建主义。潘绵臻和毛基业(2009)发现,即使一些权威期刊上的论文也声称更接近阐释主义,但同时也强调研究的信度、效度。实际上,这些研究的认识论假定更接近 Lee 等(1999)所称的"中间主义道路"。

今天,更多的论文在认识论的假定和选用上强调研究者对现象的理解和阐释;同时,实证主义的客观性原则也在一定程度上为研究者所追求和践行,如经典扎根理论路径。

"舍短取长,则可以通万方之略矣"(《汉书·艺文志》)。实质上,质性研究者在什么才是可取的方法论上并没有清晰一致的认同,不过必须创造性地思考出如何呈现数据(Bansal 和 Corley,2012),即今天盛行的质性研究范式是可以取长补短、相互借鉴的。以某种范式画地为牢,就会阻碍新知的涌现和发展。再如曾燕等(2018)以万科抵御宝能敌意收购事件为例,采用实证主义范式而非诠释主义范式研究单案例,搭建公司控制权防御机制设计的理论框架,并对理论框架进行验证。

4. 循证引领,逻辑闭环

"其持之有故,其言之成理"(《荀子·非十二子》)。首先,质性研究既然是"实证的"、经验的,就要求所有的新洞见应建立在客观、翔实、丰富的例子或数据基础之上。其次,既然基于田野数据,"自下而上"的研究就要依赖"案例—数据—洞见—理论"证据链形成以归纳逻辑为主导的、完整的、自洽的闭环,即理论应该能够自证其理、自圆其说(Siggelkow,2019)。最后,以系统而非片段、以序列的而非支离的数据展开推理,就要求追求研究过程的活力、新构建理论的生命力。基于零碎的、表皮的田野数据而开展的案例研究,往往成为证实或反驳某种总体概括的"个案"或理论分析的"例子",而这会丧失质性研究本身的生命力。

例如,李飞等(2018)选择和建立了一个营销理论框架的基本逻辑:小企业都是创始人主导的,因此创始人的特质决定企业的营销目标,营销目标决定企业的目标市场(行业领域、顾客规模)和营销定位选择,进而决定营销组合模式和实施(流程和资源整合)模式,最终实现设定的营销目标;目标的实现会强化创始人特质,从而引起下次"小而美"的循环。接下来,研究者选用实证主义范式,对这一逻辑链进行逐步的验证,最后形成一个"小而美"企业的营销理论模型。

(二) 后现代范式的基本评判标准组合

1. 主体间性

主体间性(inter-subjectivity)是案例研究的重要认识论基础,由现象学创始人埃德蒙德·胡塞尔(Edmund Husserl)提出。① 它指研究者如何认知、理解研究对象的行动或表达的意义(郑庆杰,2011)。

知识既不存在于个体之内,也不独立于世界之外,而是存在于人与人的关系以及人与世界的关系之中(陈向明,2013)。研究者与被研究者(或案例参与者)双方或多方主体处于一种新的、即时的、可以相互沟通的历史视域之中。两方或多方主体之间的相互理解是共同努力的结果,而不是一方被动地被另一方"认识"和"理解",此时要求研究者与研究对象之间在对商业事实的分析和判断、诠释上的逻辑一致,即逻辑同构(郭会斌等,2023)。

2. 案例饱和

当增加的案例已经不能使理论有所更新时,就达到案例饱和(case saturation),即新案例的"边际"贡献为零,新案例的增加、迭代已经没有意义。因为研究者看到的现象都是以前已经看过的(Glaser 和 Strauss,1967),即"穷于有数,追于无形"(南朝·梁·刘勰·《文心雕龙·论说》)。

需要关注:①资料饱和。所谓的资料饱和是指后面的受访者无法提供比前面的受访者更多或新信息,只是在重复以前的信息,数据的迭代已经没有意义。②资料缺口。如果我们已经从现有属性和维度推论出理论"整体",但是其中的一些维度缺乏经验资料的支撑,这些缺乏的资料就是资料缺口。例如晁罡等(2019)以 ZX 公司为蓝本,对其数据进行编码和提炼,然后在 GD 公司和 TW 公司的数据中进行证实与多种复制,又获得 5 个新的二阶范畴。他们在对 HE 公司的数据进行分析时,再没有发展出新的二阶范畴。他们进一步审视了曾经走访的 13 家企业的调研记录,进行理论饱和度的检验,也没有发现新的知识增量。至此,案例饱和的实现过程才告结束。

---

① 20世纪初,胡塞尔提出一种新的哲学方法——现象学,倡导研究要回归"事物本身",关注直接体验和意识。后来,马丁·海德格尔(Martin Heidegger)等哲学家继续发展这一概念和学说,将其应用于更广泛的人文和社会科学领域。今天,"phenomenological study"(现象学研究)被用作质性研究,以理解与解释人们的生活经验和世界观,特别适用于探索那些需要深入理解人类体验和意识而又难以用量化方法衡量的主观体验和感受。现象学的核心在于:强调从第一人称视角,深入探究与解释个人的感知和体验,以及这些体验如何影响或构成个人的现实、事件或环境。因此,它是一种深入理解复杂、多维的人类体验的方法。

3. 理论饱和

理论饱和与案例饱和往往是相辅相成的。理论饱和就是在某个时点上，从数据中新获得的边际知识量很小，新的知识增量对理论贡献微乎其微，资料中的经验要素能够提炼出属性和维度均完整的理论。理论饱和度影响理论抽样、田野数据的获得、数据对比的数量和程度等，即"钻坚求通，钩深取极"（南朝·梁·刘勰·《文心雕龙·论说》）。

理论饱和的标准：当额外的资料不能进一步提供新的类属、属性和维度时，理论抽样就达到理论饱和，这也意味着可以停止案例抽样。王扬眉等（2020）以六个家族企业的海归继承人为研究对象进行了多案例研究，揭示了家族企业在传承背景下，其海归继承人文化框架转换、创业学习、创业能力三者之间的内在关系和机制。

在理论走向饱和的过程中，我们需要重点把握两个侧面：

（1）理论视角与范畴饱和。 理论视角提供了范畴的方向或范围，理论视角也是后续基于新洞见进行对话的线索。

（2）理论饱和与理论缺口。 如果存在理论缺口，即理论还不完整，还缺乏关联的属性和维度，就意味着需要继续进行理论抽样、数据收集、数据编码（陈向明，2015）。实际中，理论饱和也经常是出于实际情况的约束，例如事先设定案例数量、时间和经费等。

4. 逻辑自洽

逻辑自洽是科学研究的基本遵循。只有自洽的逻辑过程，才可能建树经得起推敲、考验的理论。对于质性研究而言，逻辑自洽就是要求证据链完整，能证明研究者所抽样的案例、所收集和使用的数据与理论视角、理论建构等至少不是矛盾或错误的，以此形成"案例—数据—洞见—理论"四位一体的闭环结构；反之，一个不能满足逻辑自洽的理论构建显然是不攻自破的。

（1）证据链的树状结构。 在任何时候，研究者都应尽力使所获得的数据、研究视角与新洞见乃至所有观点都服从"树状结构"的组织，即从数据到理论是逐步降维、收敛的。

（2）逻辑的完备性。 所谓完备性，就是指在任何时候都要确保数据和理论间不自相矛盾,数据和理论彼此可验证。

（3）逻辑的可信性。研究者在任何时候、证据链的任何环节（如理论抽样、案例分析与数据分析等），都应意图真实地"唯真求实"。

第二节 关键程序与环节

一、诠释中的主体间性

质性研究中研究者面对的世界,是研究者（一方主体）、受访者（一方主体）和实践者（另一方主体）主体间的世界,也即研究者、受访者和实践者之间是人与人的关系。所以,对他们之间的主体间性进行有意识的探究,就成了质性研究的一个重要主题,而不是研究方法上的一个"禁忌"。在实践中,主体间性是质性研究在认识意义层面上的一个困境,是绝对自我和绝对他者两个主体之前的困境,也是论文写作过程中的难点。

（一）认知主体间性的不同级别

自然科学的研究对象具有稳定、不变、客观的样态特征。而在质性研究中,研究者首先面对的是另一个能够理解语言、行动和符号的意义,能够进行符号认知、印象管理和自我呈现的主体——实践者。这就要求研究者把握主体间性的不同级别:①一级主体间性,即一个人对另一个人意图的判断与推测。在以访谈形式获取田野数据的过程中,常常是研究者对于受访者、实践者的认知与体悟。②二级主体间性,即一个人对另一个人关于其他人意图的判断与推测的认知。在访谈过程中,常常是研究者、受访者和实践者对于一个商业实践的认识与诠释。③三级主体间性,即相关人群对商业实践的判断与推测的认知。在论文阅读和评阅的过程中,常常是读者、评阅者对于一个商业案例的认识与诠释。

（二）对实践者所处环境做足功课

研究者如何正确理解和解释实践者的所言所行,就成为写作的关键。为此,研究者要跳出自己的世界,站在价值中立的立场,力求用客观、中立的态度面对研究对象的世界,包括周围的人、事物、制度、关系构成和文化等。这就要求研究者在前期的准备过程中收集大量的资料,对研究对象做充分的了解,并与材料进行对话。

在调研过程中,研究者也要保持逻辑连贯的一致性和自洽性。此时,研究者应该悬置或旁置自己的立场,到实践者的世界中。研究者有责任和义务追问自己的表述是否为研究对象的真实意愿,是否为实践者内心表达的真实阐释,实践者的阐释是否"别有用心"。

(三) 进行多角度、多层面的沟通与对话

这包括与实践者、其他研究者、社会文化背景资料、企业经营历史与现状等,通过多角度的审视,客观地阐释研究内容。所以,研究者在做质性研究时,研究成员应有不同背景以及不同研究对象的构成,以降低主体间性的影响。如李显君等(2018)在调研和分析的过程中,一则从"绿控"和"一汽"两家企业及其各自合作方获取大量的一手数据,二则与参与 AMT 项目的工程师、教授联合研究。

二、理论抽样中的案例饱和

(一) 单案例研究的案例饱和

所有的学术研究都必须讲述有说服力的故事,质性研究尤其如此(Bansal 和 Corley,2012)。单案例往往选择与日常观点或主流观点有冲突的典型案例,并且在经过假设轮回后能够说明其内在、深层的原理。因此,单案例研究往往能够充分描述一种特殊现象(Siggelkow,2007)。如 Lipset 和 Zetterberg (1956)讨论了国际印刷工会内的民主问题,因为当时大部分工会组织是寡头政治的管理模式,但国际印刷工会保持了独特的民主治理模式,因此它可以与寡头多方管理的民主模式形成对比。研究者通过数据展示了一个相对完整的、事理与学理兼容的故事描述。

1. 以假设轮回能否进行为基本标准

案例饱和不在于选取的案例数量,而在于假设轮回能否进行——这是基本的判据。此时应重点关注:既有信息多少是已知的?其支持并推进研究的价值密度是多大?多少新信息可以从增加的案例中获得?随着研究的进行,又有多少信息能够支持假设轮回,其证伪或证实的支持度如何?

2. 重视"故事"长度,追求"故事"完整

单案例研究可以是一般叙述性的,分门别类地引用关键受访者的言论和其他支持性证据,描述和凸显故事与理论的相互交融,由此揭示实证证据和新理论之间的紧密联系(Eisenhardt 和 Graebner,2007)。如王宏起等(2016)在研究新能源汽车生态演进机理时,选取比亚迪汽车作为研究对象,按时间顺序对于比亚迪新能源汽车的发展史进行梳理,通过多重数据收集、分析、处理得出新能源汽车生态系统的三阶段演进路径。

3. 注重深度观察,增加结论"厚度"

在论文写作过程中如何凸显单案例的优势?如何保证类属饱和与理论饱和?白景坤等(2019)对韩都衣舍公司不同时期基于平台的产品创新组织特征进行叙事分析,通过一手数据和二手数据的收集,采取文献综述、档案取证、访谈等方式,以案例故事描述与理论交融的方式提炼出基于平台的企业创新组织机制模型,实现了深度与厚度的兼备。

4. 注重多角度观察,适时、适当地增加归纳"宽度"

从归纳逻辑的角度分析,理论推演是常用的方式,单案例研究的归纳宽度肯定是不够的。事实上,单案例研究并非真正的"单个"案例(Eisenhardt,2019),而经常是嵌套式研究,进行单一案例内不同场景下或不同业务单元之间的比较,体现出多案例研究的特点,也借此扩大了归纳宽度。如 Gouldner(1954)在《工业官僚的形式》(*Patterns of Industrial Bureaucracy*)中以美国中西部的一家制造工厂为背景,研究官僚制的演化过程。尽管只选择了一个案例,但是他的理论见解依然建立在多案例研究的基础之上。他从禁烟、安全、竞标三类规则的比较中总结出官僚制的不同形式,巧妙地运用多案例研究方法,通过对比来发现其中的异同。

嵌套式案例研究包括主分析单元和多个子分析单元(Scholz 和 Tietje, 2002),从主分析单元出发提出研究问题,但不局限于对主分析单元整体性质的考察,而是通过对子分析单元的研究,最终回归主分析单元并得出研究结论,非常适合探讨异质性主体互动,从而影响主分析单元的现象。如沈昊和杨梅英(2019)选取中央企业混改的典型案例——招商局集团(主分析单元),考察混改时点、混改原因、混改模式的路径选择以及公司治理演进等一系列问题。研究者选取了三家不同权属的典型企业(子分析单元):第一个是招商蛇口工业区控股股份有限公司,代表众多二、三级上市公司,如招商港口、招商公路、招商轮船等,且招商蛇口高管跟投机制对员工持股研究也很有帮助;第二个是中国国际海运集装箱(集团)股份有限公司,代表招商局集团参股管理的公司,如南山集团、招商银行、招商证券,同时也存在高管持股形式;第三个是国务院国资委员工持股试点单位的中外运化工,代表集团内的交科院云途公司、环保公司等,是有员工持股的单位。

(二) 双案例研究的案例饱和

对于双案例的选择,关键是配对,这一定是在业内、规模、业绩、战略和模式等多方面、多维度显性指标的取舍中完成的;而且,这些不同方面、维度和指标应能构成鲜明的对比,若业绩方面能形成鲜明的对比则更理想。

这就需要两个案例所提供的、所呈现的数据是丰富且源源不断的,以此为揭示"殊途同归"或"同途异归"提供坚实的数据和案例支撑。如柯林斯和波勒斯(2002)选择了18家"高瞻远瞩公司"(visionary company)及相应的18家对照公司,选择的两个标准是"广受企业人士崇敬"和"对世界有着不可磨灭的影响"。再如柯林斯(2002)考察了28家企业,其中11家是实现从优秀到卓越的公司、11家是其直接对照公司,另外6家是未能保持卓越的对照公司(间接对照公司)作为补充案例。又如苏芳和毛基业(2019)在某软件园区深入调研了H和S两家离岸IT外包企业,尽管两家企业的创建年份不同、业务不同,但在经历环境变化后,都实现了战略路径的转换。

(三) 多案例研究的案例饱和

多案例研究的饱和与理论抽样过程通常更加复杂。目前,尚没有案例数量限制的成熟方案。当然,案例也不是越多越好,案例过多会导致理论过于复杂而难以提炼。Eisenhardt 和 Graebner(2007)建议,案例数量一般控制在 4—8 个为宜。其理由是:少于 4 个案例很难产生理想、预期和复杂的理论,并且实证的根基也不牢靠,除非这些案例嵌套了若干子案例;10 个案例以上的,数据量又庞大,研究者易困在其中,如 Mintzberg 和 McHugh(1985)针对加拿大国际电影节的研究。

在此,研究者应把握以下程序:

第一步,围绕论文的立意和问题,初步设定案例环视的目标域。多案例研究的设计方法通常采用可复制的逻辑原则(Yin,1984),多案例可以当作一个平行的实验过程,进入视野的案例数量为 8—10 个。例如,一项关于英国公司的战略变化和竞争力的研究事先设定了 8 家企业(Pettigrew,1990)。

第二步,回顾研究缺口,落地理论抽样的五个准则。每个案例都是一个独立的实验,都为证实或证伪先前个案所得出的假设性结论服务。王扬眉(2019)与 7 家企业取得联系并抽样为样本,重点分析其中的 5 家;为提高理论饱和度,选取剩下的 2 家企业进行理论检验。

第三步,检视与核对备选案例,调整标准和替换案例。在此过程中,需要考察新加入的案例对数据提供和理论建构的"双重边际"贡献。多案例论文在选取案例企业时,应采用逐一新增对比的方法考察案例饱和度。也就是案例的选择阶段也是筛选阶段,当新增的个案无法提供更多的新数据、新知识时就可以结束增加案例,终止抽样。例如 Eisenhardt 和 Bourgeois(1988)首先选取 12 家企业,根据新增案例无法更新新知识的原则,最终保留其中的 8 家企业展开研究。

第四步,以多维度或多层次的"配对"为目标。首先要确定维度,可以是行业、地域等,层次可以是规模、成功与否等。理想的情况是维度之内形成配对。当然,研究者应把握标准的有限性、维度或层次的完整性,此时可以采用矩阵或九宫格等方法进行配对分析。如郭会斌等(2016)分别在食品制造业和餐饮业各选择两家"中华老字号",使得它们在规模上两两配对。

第五步,争取样本的最大变异组合。它有益于尽快提高数据饱和度。从研究地点、人物和实际事件的角度最大化地收集资料,从属性和变量两个维度上最大化地形成属性和概念、揭示属性和变量,最大化地寻找属性和概念之间的相互关系,挑选那些最有助于回答基本问题和最适合基本研究目的的人和物。为此,研究者应排除不调查的人和物,以便缩小可能的来源库。如郭会斌等(2018)以案例饱和与数据饱和实现类属饱和与理论饱和,采用滚雪球抽样方式,增加数据的覆盖度,并力求在经营业绩方面形成"两极模式",最后选定8家世界级知名制造型"百年老店"——它们有助于实现多案例研究的"复制逻辑"和"模式匹配"。

三、思辨中的理论饱和

理论饱和与案例饱和存在相互依存的关系。研究者要不断地把案例及其数据和新洞见(或新理论)进行比较和适配,在反复迭代的过程中建构高度吻合的理论。研究者可以通过三个步骤完善所建构的理论,达到理论饱和。

(一) 范畴思辨

在厘清和建立数据分析单元之后,需要综合考虑以下两个方面:

第一,关键词的来源。这发生在建构认知阶段,一般有两个来源。①直接源于田野数据。这类关键词最直接、最接近商业实践,凸显质性研究的扎根和"立地"。②源于既有文献。这类关键词和商业实践拉开了一定的距离,但需要把握和凸显研究的根植性、情境性与边界。比如余义勇和杨忠(2020)建立了"构念—测量变量—关键词"的数据结构。再如郭会斌等(2018)的论文通过网络媒体广泛收集各家"百年老店"的二手数据,检索"工匠精神"关键词以既有文献为背景或线索,丰富、筛选和确认关键词。

第二,范畴的取舍。这发生在意义赋予阶段,即在对关键词赋予意义的过程中,一阶概念和二阶范畴向核心范畴、新构念聚焦。此外,范畴的审思、辨识与取舍的过程,既是范畴降维的过程,也是范畴充实的过程。此时,研究的根植性、情境性与边界得以确定。

(二) 范畴饱和

这发生在理论化阶段的早期,需要综合考虑以下两个方面:

第一，范畴间的关系。思考一阶概念之间、二阶范畴之间以及一阶概念和二阶范畴之间的种种关系，如并列关系、替代关系、因果关系等，一旦发现其间的逻辑不完备，就应该再一次查阅、补充和迭代田野数据、提炼范畴、进行补充，以此循环往复。

第二，范畴的迭代。这需要回到数据分析单元、回到文献，在数据分析单元与范畴之间往返穿梭和迭代。一旦发现某一范畴比较"另类"，就应该坚定地予以剔除。

（三）理论完整

这发生在理论化阶段的后期，需要综合考察以下三个方面：

第一，证据链完整。证据链的呈现方式不唯一，但完整是根本要求。在证据链趋向完整的过程中，伴随的是数据饱和与理论饱和。只有证据链完整，才能保证理论的完整。

第二，数据结构完整。历经三角验证、数据分析单元建立、关键词提炼、范畴归纳等处理程序的田野数据，在事理上是一致、通达的。

第三，构念结构完整。一阶概念、二阶范畴等构成构念的维度或组合，经过去芜存菁、抽丝剥茧，经过种种关系链接浑然而又有逻辑结构地成为一个整体，以此才能称得上完整与饱和。

四、证据链中的逻辑自洽

（一）逻辑自洽的层次

案例研究的真正价值并不在于一定要推导出放之四海而皆准的理论，而在于营建一个微型的叙事氛围，从而增强其论述的理论或论点的可信性（王刚，2018）。想要取得阅读者尤其是实践者的信服，就需要围绕证据链的关键组成部分，面向"案例—数据—洞见—理论"的证据链，凸显三个层次的联系，可借鉴杨桂菊等（2017）。

1. 案例之间的自洽

从案例的整体性角度，考察案例之间的逻辑自洽性。杨桂菊等（2017）抽样北京好利阀业、上海岱美、深圳富士康三家代工企业,它们具有持续成长、专注于代工业务、具有清晰的升级过程和升级阶段、构成极化类型、信息获得便利等五个方面的共同特点。

2. 数据之间的自洽

随着网络技术和社交媒介的发展,数据来源愈加丰富,数据类型也变得多样,乃至存在冲突的信息,此时尤其要求研究者更精细地辨识、选取和进行多次三角验证,同时保有对客观性的追求。三角验证仅仅是确保各方面来源的数据一致、不矛盾的方法,而前后数据之间的逻辑关系更需要契合,以此形成纽带和链条。除此之外,研究者还应关注这些数据所还原的情境是一致的。杨桂菊等(2017)先纵向研究单个案例,然后进行跨案例研究,同时最大限度地避免主观认知因素所导致的偏差。

3. 数据与洞见之间的自洽

研究者要向读者展示他们的新理论或者其中部分新洞见是得到数据支持的,这些新洞见也更容易体现研究者的认真与否,而是否认真又会直接影响审稿人对于选取稿件的判断(Eisenhardt 和 Graebner,2007)。这就要求研究者所提炼的新范畴、新洞见、新理论和所收集或观察到的证据之间相互契合。

虽然系统性的硬数据是建构理论的基础,但真正帮助研究者建构理论的往往是那些"奇特有趣"或"不经意"的软数据。研究者会揭示硬数据中的各种关系,但是只有使用软数据人们才能解释数据间关系(明茨伯格,2018)。杨桂菊等(2017)采用程序型扎根理论路径的三级编码,发现客户需求和核心能力并不是直线上升的,而是从产品和服务两个维度展开的。这真是"有趣"的商业现象!

(二)数据之间的自洽

1. 单案例研究的逻辑自洽

一方面,从归纳逻辑的角度看,单案例研究的归纳宽度是不理想,但从归纳推理中使用逆向契合法的角度看,使用单一案例对结论的必要条件进行否证也是可行的(吕力,2012)。另一方面,从单一案例推测充分条件尽管不严谨,但有可能给予理论研究以有益的启示。安娜等(2020)从华润集团管理体系的变革过程入手,考察管理控制系统中各要素之间的关系以及这些要素对管理控制系统实施效果的影响,进一步提出四个推论。

在科学史上,自然科学领域中的很多科学发现就源于偶然的个案。总的来说,单案例研究受数据来源的约束,既然不能加大归纳宽度,就应该加大归纳深度,否则单案例研究的整体质量很低。同时,演绎逻辑也未必不可取,不应该完全加以排除,而应该由此形成"案例—数据—洞见—理论"的闭环结构。

2. 双案例或多案例研究的逻辑自洽

后现代范式倡导通过反复、多轮的配对,在确保案例可比的同时,从以下三个方面加以保证:

(1)在广度和深度之间进行平衡。与单案例研究不同,这类研究着重归纳广度,同时兼顾归纳深度。多维度、放射性的数据结构有助于提高和保证归纳广度,而对数据的深度分析、情境还原则有助于加大归纳深度。

(2)在实证、诠释和思辨之间进行平衡。实证的诠释和思辨三种范式各有千秋,都追求逻辑自洽。无论研究者如何宣称与标榜,实质上在质性研究中三者是共存的,只是不同范式的信仰者和追随者各有倾向而已。

(3)在归纳和演绎之间适时取舍。在科学研究的闭环中,归纳逻辑和演绎逻辑相得益彰。质性研究论文的形式与结构是演绎的,其理论建构过程则是归纳的。

第三节　典型论文点评

论文一的节选与点评:主体间性与研究质量

在孙新波和苏钟海(2018)的研究方法部分:*数据收集主要在2017年6月至2017年10月共计5个月内完成,参照Pan et al.提出的理论构建过程设计和开展研究……*(**点评1:***刻画证据链的存在和运行。*)*研究团队中有一位成员……已经在酷特智能开展了多年的跟踪调研,*(**点评2:***异质性的团队成员*

有可能在主体间性中实现视域融合。)因而为本研究提供了丰富的早期调研材料。(***点评3***:*资料的"真"*。***点评4***:*目标域的锁定*。)

……

本研究采用多级编码的方法对资料进行分析和整理。从大量的定性资料中提炼主题,论证理论研究部分提出的问题。(***点评5***:*扎根理论路径本身是逻辑自洽的*。)依据资料的来源对一手、二手资料进行编码,把董事长、副总裁和接待办经理分别编码为 M1、M2、M3。(***点评6***:*数据饱和*。)由于二手资料获取渠道宽泛,这里采用 SH 统一编码标识。

……④邀请同一研究领域的研究者讨论模型,并按建议修改。(***点评7***:*在主体间性中进行理论建构*。)例如,原本没有单独列出企业资源的数据化,同一领域的研究者指出企业的资源联网化不能很好地涵盖资源数据化,经过论证,将这个概念单独列出来进行探讨。(***点评8***:*以数据饱和保证理论的建构*。)理论框架的论证循环(如图2中的步骤7—步骤9)持续近2个月,将第3时段获得的数据加入模型,(***点评9***:*数据饱和是理论建构的第一支持*。)结合相关研究进行验证,直至模型能够完全解释研究的现象,认为达到理论饱和。(***点评10***:*这是单案例研究,作者却采用实证主义范式?*)

论文二的节选与点评:以抽样保证案例饱和

在晁罡等(2019)的案例样本选择和依据部分:案例构建理论遵循理论抽样的原则(埃森哈特等,2010)。选择某一案例企业开展研究的原因可能是它具有非同寻常的启发性,或是极端的范例,或是难得的研究机会(Yin, 1994)。(***点评1***:*引用这两篇文献原话的关键考虑点:是否适当?*)在对十余家传统文化践履型企业进行多次走访调研后,(***点评2***:*设定环视的目标域*。)本文依据三个标准进行理论抽样,包括:①企业对传统文化的运用比较突出,经营稳健;②企业具有典型的"企业—员工—社会"之间的多边交换行为,在行为动机、核心理念、交换层次等方面具有有别于传统社会交换理论的特征;(***点评3***:*结合概念和研究缺口确定抽样标准,堪称落实传统抽样三准则的优秀范例*。)③选择的企业在管理实践活动和具体的交换行为方面具有差异性,以实现类别内的逐项复制和类别间的差别复制(Yin,1994),或扩展的差别复制(李平和曹仰峰,2012)。(**点评4**:*以复制逻辑推动案例饱和。*)本文选定了4个"会说话的猪"(Suddaby,2006)为研究样本,其基本信息如表2所示。(**点评5**:*检视备选的10个案例,从中选定4个。*)传统文化践履型企业大多集中在制造业,所选的这4家企业中,GD是"幸福企业联盟"的典范企业,ZX借鉴了GD的幸福企业的建设模式,并加入该联盟,为本文研究案例的共性提供了方便。(**点评6**:*以独立的实验来证实。*)TW和HE均自成一体,前者在践行中华传统文化方面更为执着精进,后者是一家美方独资企业,在践行中华传统文化方面更为从容平和,这为本文观察差异性提供了方便。(**点评7**:*"精进"与"从容平和"形成配对,争取变异。*)本研究团队对此类传统文化践履型企业的关注已有近十年,积累了丰富的一手数据资料,并与多家企业建立了深度的联系,这为本文的样本选择提供了较大空间。(**点评8**:*从案例选择的标准、案例的选择与复制到案例基本信息的提供,展示了完整的抽样过程,为案例饱和的实现打下了基础。*)

论文三的节选与点评:以抽样保证理论饱和

在李倩倩和崔翠翠(2018)的研究方法部分:本研究采用诠释主义研究范式,(**点评1**:*在比较不同研究范式的适用性以后进行选定,有理有据。*)原因如下:①要对消费者购买全球品牌和本土品牌手机的驱动因素进行较为全面的梳理,以发现影响消费者购买全球品牌和本土品牌手机驱动因素的异同和纵向变化,用统计描述或问卷法较难得到完整、真实的结论;(**点评2**:*问题决定方法。点评3:数据分析单元的时间维度。*)②对于情景化问题(本土品牌逆袭中的偏好逆转)最有效的研究方法不是数学方法,而是历史分析,是对深层结构和机理的洞察、诠释、建构。(**点评4**:*理解是某一情境中的理解,诠释存在于某一情境。*)

具体地,本研究采用扎根理论的方法。(**点评5**:*诠释主义研究范式→建构型扎根理论路径,层次递进。*)……之所以选择手机品牌作为研究对象,首先,……其次,……最后,……(**点评6**:*研究对象的选定,意味着研究情境的选定。*)

在文章的数据收集部分：本研究在数据收集时选用网络讨论,有以下原因。①已有文本的优势(与较新生成文本比较)……②已有文本的可获得性和丰富性。互联网社交平台的兴起为本研究提供了丰富的已有文本——网络讨论……(**点评 7**:*传统理论抽样的三个准则。*)人们更习惯和依赖通过网络发表自己对事物的看法和感受,消费者也更愿意在网络上交流自己的购物体验。网络文本作为一种数据来源,在已有研究中已有较多应用。(**点评 8**:*回应质疑。*)

在文章的抽样和筛选部分：本研究借助互联网数据的可记录性和分析性的特点,通过搜寻尽可能多的网络评论增加研究的信度和效度。(**点评 9**:*方法融通,信度和效度并不专属于实证主义范式。*)……2011 年 7 月小米手机的出现带动本土手机向品牌化发展,且 2011 年以前关于本土品牌的相关帖子数量较少,统计意义有限。所以,本研究以 2011 年为起点,探索消费者态度的纵向变化。(**点评 10**:*数据分析单元的纵向维度。*)为将本土手机品牌与全球手机品牌作比较,本研究选取智能手机全球领导品牌 iPhone 作为参照。(**点评 11**:*多案例？*)本研究运用站点和时间框的界定进行初始抽样,标准是较为全面地收集不同种类关于国产手机和 iPhone 的相关资料。对于站点选择,本研究选取百度知道、天涯论坛、知乎、新浪微博等主流 SNS 网站,这些网站的日常访问人数多、活跃度高且风格各异,收集到的资料较为全面。(**点评 12**:*目标域环视。*)本研究以网络站点为基础,分别以国产手机、华为、OPPO、小米、iPhone 等为关键词进行搜索,收集关于国产手机和 iPhone 消费的相关帖子和评论,作为理论抽样的资料库。(**点评 13**:*数据分析单元的横向维度。*)经过初始抽样,本研究获得 1 758 条帖子,时间跨度为 2011 年 1 月 11 日至 2016 年 12 月 27 日……对初始抽样中获得的 1 758 条帖子进行理论抽样,抽样标准如下……(**点评 14**:*价值无涉,建立抽样标准。*)最终本研究获得有效样本帖子 1 343 条,含 320 条原帖和 1 023 条跟帖。(**点评 15**:*抽样准则→抽样标准→数据分析单元→案例饱和。*)之后进行数据编码,对有效数据逐条编码以做文本分析。抽样结果见表 1,原始数据示例见表 2。

在文章的理论饱和部分：已有研究通常使用理论抽样判定理论类属是否饱和……在研究中,若理论抽样分析的结果显示没有新属性出现,(**点评 16**:

构念结构完整。)则被认为理论饱和。(**点评17**:案例饱和与理论饱和存在相互依赖关系。)然而,由于理论饱和是被判定而非证明的,此概念受到学者的质疑。扎根研究收集到的数据有限,不能全部覆盖,因此,理论饱和是被判断而非被证明的。(**点评18**:如何判断?)本研究认同并采用此观点,在初始的抽样阶段就较为广泛和全面地收集关于国产品牌手机和iPhone的观点的数据,(**点评19**:先确保数据结构完整。)对其进行初始编码、聚焦编码和理论编码,并保证理论编码能够准确代表数据的类属,(**点评20**:后确保构念结构完整。)以此保证本研究理论的充分性。(**点评21**:再确保证据链完整。**点评22**:数据饱和、案例饱和、范畴饱和与理论饱和之间存在相互依赖的关系。)

论文四的节选与点评:理论化中的逻辑自洽

在张镒等(2020)的范畴提炼与模型构建部分:……在进行范畴化的过程中,仅保留重复频次在三次及以上的初始概念,(**点评1**:做到研究者的视域融合。)剔除个别前后矛盾的初始概念,(**点评2**:做到假设轮回、逻辑完备。)我们从初始概念中抽取了19个范畴。(**点评3**:归纳、降维,获得范畴和洞见。**点评4**:正向的证据链。)表2列出了初始概念和范畴内容。[**点评5**:以原始语句(初始概念)—范畴,构成"案例—数据—洞见—理论"证据链。]

……研究最终归纳出四个主范畴,(**点评6**:归纳、降维,获得构念和洞见。**点评7**:正向的证据链。)各个主范畴及其对应的开放式编码范畴如表3所示。(**点评8**:以范畴—主范畴形成洞见收敛的树状结构,构成"案例—数据—洞见—理论"证据链。)

架构基础的证据链(如图2a)为:(1)平台架构是架构基础形成的基础条件。(**点评9**:总结性陈述。)平台企业要构建平台生态系统,首先就要构建平台架构,让多边市场参与主体进入平台生态系统。(**点评10**:夹议。)……可以看出架构基础的这四个子范畴关系到平台企业在生态系统中扮演的缔造者角色,关系到平台领导力的大小。

……

选择性编码是从主范畴中挖掘核心范畴……(**点评11**:主范畴—核心范

畴,洞见的数据结构。)基于范畴之间的内在关系和逻辑,将平台企业在生态系统中发挥的作用(生态位)作为"故事线"串联主范畴,构建平台领导力影响因素模型(如图3所示),(**点评12**:*洞见的数据结构。*)平台领导力影响因素可以分为四个因子,即架构基础、连接协调、创新引领和整合扩展。(**点评13**:*理论化逻辑完备。*)

第四节 追问与改进建议

问题一: 如何落地后现代范式的研究伦理?

商业事实是人为建构的,研究范式或研究方法是建构与选择的,理论又是在此基础上进行解释、建构的。因此,研究伦理就成为质性研究过程中的一个非常重要的问题,其核心是研究主体间的适配与融合。

自然需要说明,而人需要理解(陈向明,2008),更需要诠释。实践者既不是一个"实物",也不是一个苛求中的"概念",因此对实践者的研究不能使用实证主义范式的"证实"的手段,也不能采用后实证主义范式的"证伪"方法,而只能通过理解、阐释和建构。理解,不是对某一个"客观实在"的直接观察或即时辨认,而是通过研究者的认知和分析来确定其间的因与果。阐释,则受到研究者的历史、文化和语言等各方面的制约。研究者自己的"前设"和"倾见"是"理解"和"阐释"的基础,但也会诱导不当。建构,是在研究者的阐释意图与解释对象之间的一个循环互动。因此,理解、阐释和建构是辩证循环的过程。

尽管"道德本质上是保守的"(费策尔,2014),研究伦理的进化是缓慢的。但半个多世纪来,从事质性研究的学者们的态度是开放的,对于有助于提高研究质量的措施兼收并蓄、甄选并改进,而又自成体系。学者们践行着主观意义的理解是社会学知识的根本特质(韦伯,1993)。

"穷理以致其知"(宋·黄干·《朱文公行状》)。今天的研究实践强调对商业事实进行解释性理解,追求范畴饱和、理论饱和。一些文献实现了研究者与实践者之间的主体间性与视域融合;另一些文献采用了严谨的实证研究方法,从对商业事实和意义解释中获得了真实与可靠的了解;还有一些文献则思辨了研究过程中的政治、权力因素对知识建构和社会进步的作用。

为此,我们提出以下建议:

(1) 从开放式理解开始。研究者自己关心的问题,而且这个问题应当聚焦,但在聚焦的同时应当保证足够开放,让受访者的关切和声音能够被听到。

(2) 以诠释贯穿"案例—数据—洞见—理论"证据链。在理解中不存在"主观"与"客观"的截然区分,这是一种既非主观也非客观的东西,同时又是一种既主观也客观的东西。这就需要处处进行阐释。

(3) 以实证数据为佐证。"跳出三界外,不在五行中"(吴承恩·《西游记》)。资料是客观存在的,是组织昨天(或正在发生)留下的痕迹和记忆。实证数据构成证据链的主导内容,实证数据的运用是证据链存在的价值。无论信仰或选用哪种范式,证据链(如流程图、数据结构图、假设模型)都必须是明晰的、可追溯的、完整的,防止出现"解释的断桥"(郑庆杰,2015);同时,以接受和通过读者的质疑、验证或讨论为目标之一,在数据与数据、数据与洞见、洞见与洞见的多重而往复的迭代中,追求实现理论饱和与结论收敛。

(4) 在理解与诠释中,建构高质量新知。Weick(1989)很早就倡导:在做理论建构时,对于任何解释,我们都应该持有一种诚实的企图和态度。基于现有数据,从文献中探索与现有理论一致或矛盾之处,通过既有理论解释数据,发现其中的发展变化规律和演化趋势。

问题二:传统思维如何与归纳逻辑相融?

理论思维的起点决定着理论创新的结果(习近平,2016)。整体思维、辩证思维、直觉思维是中华民族传统思维的三大特征。

发轫于《周易》的"推天道以明人事"及"天人合一"等思想奠定了整体思维的立论基础,并启发了后续的百家学派。"我认为'天人合一',是中国古代文化最古老、最有贡献的一种主张"(钱穆,1991)。这就要求研究者将自己作为整体的一部分来认知整体、解读整体。

普遍联系和对立统一的思想构成中国辩证思维的主流。"有无相生,难易相成,长短相形,高下相倾,音声相和,前后相随。"(《老子》)中国先哲们以追求和谐、协调、互济、统一为目标,崇尚矛盾的调和统一,从而通过动态运动至达"和合"的和谐状态;先哲们对矛盾对立面之间的差异、排斥、斗争基本上保持缄默,尤其不提倡矛盾对立面之间的水火不容、你死我活、零和博弈。

直觉思维则是一种创造性的思维,能有效地突破导致认识局限的程式化,为新知识的生产提供灵活的空间。"置心在物中,究见其理"(南宋·朱熹)。但是,直觉思维重灵感、轻逻辑,重体验、轻思辨,重直觉、轻论证,容易导致思维的模糊和不严密,不利于思维向形式化、定量化的方向发展;容易导致经验主义、教条主义,若过度采用则会妨碍科学的发展。亦即,"中国的直觉思维恰恰缺少逻辑思维作为前提条件,因而具有整体的模糊性和神秘性"(蒙培元,1993)。基于此,经由直觉思维获得的新认识,还必须经过逻辑的深加工,接受实践的检验,如此知识的毛坯方能升华为科学的成品。

在科学哲学日臻成熟的今天,中国的传统思维正与主导美西方的逻辑思维快速融合,其生命力也正为越来越多的科学研究所证实。

为此,我们提出以下建议:

(1)厘清和界定合法的情境。情境既是立论的基础或依托,也是现实中的、合乎经济发展规律的高度浓缩和抽象。为此,研究者应当将企业运行实践的"人"置于规律、道理的"天"之中,进一步追求情境的概化,追求"天人合一"①(宋·张载)的境界。

(2)重视数据分析单元之间的普遍关系。思考数据分析单元之间的种种关系,"形而上者谓之道"(《周易·系辞》),从中精选主导关系,为归纳确立方向直至真理。

(3)新构念、新洞见的涌现,需要凭借研究者的自觉、敏感或感悟。直觉思维可以在瞬间直接把握事物的本质,这是其优势所在;但直觉"必须同逻辑思维相结合,以逻辑思维为前提,才能发挥其创造性作用"(蒙培元,1993)。亦即,直觉思维和归纳逻辑有助于提高质性研究的敏感性与创造性。

---

① 张载的"天人合一"说是宋明道学的开端,他从"诚"和"明"讲天人合一,认为"儒者则因明致诚,因诚致明,故天人合一"(张载·《正蒙·乾称篇》)。

问题三：不同的方法论如何交融？

世界上没有纯而又纯的哲学社会科学（习近平，2016）。学做质性研究需要一种比传统学习模式更加开放的态度、灵活的心态，以及回应性的行动（陈向明，2013）。亦即，理论有边界，方法可融通。

要想在那些已经硕果累累的领域脱颖而出，取得全新的成果，就更需要学会寻找"自己的声音"，偶尔偏离"正轨"，敢于选择"人迹罕至的那条路"，让被过多条条框框束缚住的思想自由驰骋（谭劲松，2008）。在科学发展史上，不乏大师、知名学者鼓励研究者进行方法论和研究方法的创新。

定量研究和质性研究本身也有着不可分割的联系，同为经验研究。质性研究有着不同的方法体系，也有着不同的方法论支撑；既存在人文主义的质化研究范式，也存在实证主义的质化研究范式（谢宇，2024）。[①] 韦伯倡导的理解社会学，试图将实证性量化研究和诠释性质化研究的优点结合起来。这为社会学研究提供了一种相对可靠的因果分析模式（谢立中，2018），也为我们今天理解实证性量化研究和诠释性质性研究的结合提供了一条值得参考的思路。

Bansal 和 Corley（2012）指出，质性研究者在什么才是可取的方法论上并没有清晰、一致的认知。方法论天生是一个创造性的过程，而执行方法论需要良好的想象力（Weick，1989）。今天，方法论的选用趋向多元化并强调精确地运用，已经成为研究和解读复杂的中国情境中商业问题的共识；根据资料结构和理论指向，灵活乃至融合地选择方法论和研究范式，正成为研究的新路径。至于研究技巧，则由研究者根据自己的偏好和所选定的问题灵活使用。

近几年六家代表性期刊陆续刊发了几篇具有"灯塔"价值的论文。它们建立了让人一目了然的"理论预测模型"[如李飞等（2018）]、"理论框架"或"研究框架"[如吕一博等（2015）]等[②]，这类似于定量实证研究中用数据加以检验

[①] 此处的人文主义指诠释主义。

[②] 该结构具有定量实证研究的"形"，但具有质性研究的"神"；它不是在预设理论框架，因为这不是质性研究的主旨。

的理论假设模型,恰是接下来进行质性研究的跳板和新理论的导引,以前后呼应与进行印证。而列表"研究问题的详细界定"[如李飞等(2009)]或"具体分析的问题"[如郭会斌(2016)]①等,使用嫁接后的规律性方法(nomothetic),类似于自然科学的系统性标准步骤和技术,聚焦于依据科学严谨性的准则进行假设检验的过程(毛基业和苏芳,2019)。在接下来的数据收集与编撰、分析中去确认和印证,进而界定现象、构建理论——这是又一个进步。这两方面的细节创新,在定量实证研究占据国内学术主流地位的今天,有助于读者的理解与接受,也是对美西方质性研究实证主义范式的有益补充。

为此,我们提出以下建议:

(1) 进行适合国人学术习惯的微创新。"非新无以为进,非旧无以为守"(清·严复)。学者们在进行研究方法或技术的微创新、准备涉猎研究方法体系的变革时,需要思考如下问题:个人的哲学偏好、假设或信仰在哪里?哪位科学哲学大师或哪个学派给自己的学术生涯恪下了深刻的印迹?自己在方法论上的素养如何?自己对方法论的流派是否熟悉?自己能否沿着某一方法论的范式进行学术研究?对于当前国人的学术习惯有没有比较深刻的感知,其可能的取向是什么?

(2) 规划交融的路径。我们建议沿着哲学偏好(如美西方科学哲学、中国诸子百家学说)→认识论(如诠释主义范式)→方法论(如解释学传统)→研究策略(如建构型扎根理论路径)→研究方法(如模式匹配)→研究技术(如多重迭代)逐步进行梳理。

(3) 回到证据链,检视交融。重点关注理论取样、研究伦理实现、资料获取、多重复制、多重迭代和三角验证等证据链的关键环节是否环环相扣,数据和洞见能否交融。

问题四:如何保证诠释中的主体间性?

理论一定涉及因果关系,因为这是理论的一部分;理论或许也涉及相关关系,因为这也是理论的一部分。亦即,理论涉及的是抽象层面的、重要的因果

---

① 这不同于定量实证研究中的问卷题项,是获得原始数据的导引,一般采用开放式问卷。

关系或相关关系。当然,因果关系始终是研究者的重要关注点之一。保证诠释中的主体间性,就是在抽象层面揭示关系的策略之一。

主体间性的判断要依据两个标准进行。一个标准是"意义的适当性",是指诠释能否将某一个人(或者某一群人)的某项行动及其结果与这个人(或这些人)从事这项行动所赋予行动之上的主观意义(或行为动机)之间的因果关系或相关关系揭示出来。另一个标准是"因果的适当性",是指诠释所揭示的主观意义(或行为动机)与行动及其后果之间的因果联系能否在不同的时间、空间条件下反复地被观察到,即两者是否存在共变关系(谢立中,2018)。

如果一项诠释主义的质性研究成果能够满足以上两个标准,就可以认定该项成果是适当、正确的因果诠释。正如韦伯(1993)所言:一项具体行动的正确因果诠释意味着行动的外在过程及动机可以被如实地把握,并同时达到对其一切关联的有意义之理解。而对于一项典型行动(可理解之行动类型)所做的因果诠释……既可以在意义上适当地展示出来,又可以因果适当(不论何种程度)地得到确认;相反,对于一项行动的诠释,如果最终不能达到上述两个标准,它就是一种不适当、不太正确的诠释。

为此,我们提出以下建议:

(1) 规避"单一因果关系的误区"。诠释,立足、挖掘的是动机、行为、事件和结果之间的因果关系,而因果关系不是单一的线状。在商业实践中,一因一果、单因多果、多因一果和多因多果都可能存在,也是研究者重点关注的对象。例如,当一组不等同的解释变量均可被预测且得出类似的被解释变量,而未有其他结果时,即可获得较强的因果关系推论;同样,当一组不等同的解释变量均可做相同的预测时,亦可推论其中的因果关系稳定而坚实。因此,若我们收集的各种田野数据都能肯定推论关系,则可接受引申的命题或假设;否则,就需要加以修正。

(2) 规避"典型的误区"。尽管"意义的适当性"要求"典型的",理论抽样的"五个准则"也含有典型性,但是在商业实践和在理论建构中,典型性常常成为操作过程中的难点和争议的焦点。

(3) 规避"正确的误区"。尽管"意义的适当性"也要求"正确的",但是在商业实践在理论建构中,如何判断"正确性"常常成为操作过程中的难点。一则,商业实践的核心是有效;二则,工商管理学理论的研究只能是在特定情境下的结论。因此,所建构的理论是"回顾性"的主观意义建构和认知建构,研究结果不具有完全的"客观性"、可重复性和可预测性(陈向明,2008),其核心是逻辑自洽、证据链完整。

(4) 规避"因果适当性的误区"。 动机(或行为)与结果存在因果适当性,即有一个动机就必然会有一个或几个行为及其相应的后果。如果是这样,我们就说该诠释具有因果适当性。正如韦伯(1993)所言:事情前后序列的诠释,如果我们根据经验法则发现它始终以同样的方式进行,那么它便是因果上适当的。

问题五:如何保证证据链的逻辑自洽?

胡适曾提出,"大胆的假设,小心的求证"。"大胆的假设"只是第一步,还需要随后一系列的"小心的求证"(常常借助归纳逻辑和演绎逻辑),包括否证。没有证据,只可悬而不断;证据不够,只可假设,不可武断;必须等到证实之后,方才奉为定论。如果经得起严格的否证而不倒,结论就站住了。在此过程中,"案例—数据—洞见—理论"证据链的完整是逻辑自洽的前提。

质性研究中的数据和理论贯穿在整个研究过程,从研究情境到研究缺口,从选题到理论抽样,从田野数据到数据分析单元,从数据分析到洞见涌现,从范畴体系到理论建构,我们必须消灭其中的矛盾、不一致。一个完整的证据链,包括数据收集与分析、回顾相关文献、撰写理论笔记这三类工作的反复迭代。

为此,我们提出以下建议:

(1) 回到学术伦理,考察保证研究质量策略组合的新进展。 质性研究的中国化、管理实践的多彩与进步、学术界的学术自信和时代发展的呼唤等,推动着质性研究后现代范式的问世,这已形成趋势,也呼唤研究伦理的多角度介入。

(2) 使得数据与理论均呈现"树的形态"。 整个知识结构,无论是数据分析的升维、降维还是数据和类属、范畴等,均呈现树状结构,其中清晰地反映逻辑的脉络和归纳的线路。

(3) 运用现有理论解释数据，弥合鸿沟乃至冲突。系统性地运用现有理论（包括管理学领域以外，乃至来自自然科学的参照理论）来帮助解释数据（毛基业,2020），这要求基于现有数据，从文献中探索与现有理论一致之处，通过既有理论解释数据，发现其中的发展变化规律和演化趋势，从而提炼新洞见。

(4) 回应数据与理论的矛盾。运用翔实的证据呈现坚实的证据链，使得每个重要发现都扎根于田野数据，给读者以强烈的厚重感。探寻田野数据与现有理论的不一致之处，凸显数据与理论冲突之处，进而发现新构念、新概念或新范畴，以便构建新理论或对现象的新解释。

第四章 数据分析的格式化程序

第一节 要义诠释

一、后现代范式的数据分析要求

工商管理学的案例教学起源于 1908 年的哈佛商学院;案例研究则发轫于 20 世纪 50 年代。随着时代的变迁,主流案例研究范式表征管理实践及理论发展的历史特征;不同范式融合互补,并非简单的存废或单向度的兴替。但在质性研究的后现代范式中,数据分析则明显地呈现一定的主张。

(一) 确保数据客观

在自然科学研究中,数据的客观、真实是最基本的要求,也是研究者最基本的伦理遵循。对于人文科学研究,尤其是工商管理学的质性研究,来自一线的田野数据(如受访者或实践者的原话)是原汁原味、客观的。此时,研究者应秉持价值无涉原则,不论受访者或实践者的态度、价值取向和判断,照单全收这些鲜活的数据,进而区分研究情境加以遴选和采用。

(二) 消灭证据链中三个可能的"断桥"

Eisenhardt(1989)强调,案例研究中数据分析是建构理论的核心,但也是最困难、最难整理的过程。从数据、既有文献到新的洞见、理论,需要应对三个可能的"断桥",它们经常以三种状态出现。

1. 文献之间的"断桥"

它产生于研究者对理论视角内先前文献的了解、检索和掌握不够充足或不透彻,缺乏对前沿文献的跟踪,或者对文献的研究情境、研究样本选择性地忽视,由此直接导致"新瓶装旧酒"、理论对话苍白无力或偏离研究方向。在理论贡献方面,不能和替代性解释、竞争性解释进行有效的对话。

2. 数据之间的"断桥"

它产生于研究者对商业数据的情境、因果关系等事理理解不透,或者三角验证缺失、数据打架,对于理论抽样的五个准则(三个传统的、两个新的)掌握不充足或落地不压实,由此直接影响理论的提炼。

3. 理论与数据之间的"断桥"

毛基业和李高勇(2014)指出,理论与数据之间缺乏联系而造成的鸿沟是国内质性研究常出现的问题,即数据和理论不能实现理想的适配、啮合,表现在研究者在进行数据分析时"只做表面文章""耍花腔",缺少应有的提炼,没有使用具普适意义的构念或类属。而对于归纳出来的一些拓扑图,其中的概念和关系在正文中或者没有定义,或者没有展示支持性的证据,或者兼而有之。这些现象的产生归因于研究者在分析数据时忽略文献作为理论线索的作用。这是最常见的,也是质性研究中的"雷",它考验着研究者的功力,考验着研究者对事理与学理的通晓程度。此时,来自医学的循证理念提供了理想的应对手段。

(三)适时地详细呈现

这是指在读者需要的地方总能见到研究者呈现的完备而富有支持力的商业数据,它建立在研究者对于事理与学理的透彻掌握之上。"无其器,则无其道。"(清·王夫之·《周易外传》卷五)"器",就是案例研究中的数据,这就要求研究者在案例或数据的复制与迭代中仔细遴选数据分析单元,使之到位、不缺位,丰富且有序,而不是滥竽充数。

(四)多主体介入

多主体介入是消灭质性研究主观性的有效手段,也是防止"断桥"卓有成效的策略。一篇质性研究杰作的完成,在分析数据的过程中,至少包括三个主体:研究者、研究者的同行、企业参与者(经常是受访者和实践者)。他们各自承担着不同的角色:研究者承担着理论建构的职能;研究者的同行负责检验理论建构过程,推敲所产生的新洞见、新理论;企业参与者生产数据和事实、认知并提供与分析数据,进而检验新洞见、新理论的商业价值。

二、数据分析格式化的基本程序

质性研究遵循不拘一格的研究和数据分析方法,Bansal 和 Corley(2012)称之为"全面的、个性的,以及显而易见的方法"和"创造性的数据分析"。当前,在管理学质性研究领域,案例研究与扎根理论发挥着重要的作用。以防止"解释的断桥"为主旨,建立结构化的数据分析程序并明晰理论发现的过程,即设置数据分析单元、建构认知、赋予意义和理论化,在延续研究者自由发挥的惯性中实现研究结果收敛。

(一) 数据分析单元

唯格物才能致知,图与骥并存才能勾勒完整的"案例—数据—洞见—理论"证据链。将理论建构的关键程序格式化,有助于从相对独立的数据分析单元中涌现理论,亦有助于按图索骥,溯源数据与文献线索,搭建起连接之"桥",以此保证和增强归纳逻辑。

1. 划分和建立数据分析单元

以独立性和自涵性为标准,深度区分一手数据和二手数据,建立以段落为基础构成的定性数据分析单元。

2. 挖掘内在关联

一个一个的数据分析单元不是散落的珠子,而是富有内在关联的情节与片段的关键事件。即便它们各为独立的音符,也应该是"大珠小珠落玉盘",能奏出和谐的乐章。这就要求对一手、二手资料进行理性加工,探究它们内在的节奏和旋律。

3."五要素"不缺位

Burke(1969)主张,从社会行动五要素角度对语言进行分析,实现场景(scene)、行动(act)、执行者(agent)、方法(agency)、目的(purpose)的五位一体。这一主张同样适合于数据分析单元的建立,使得数据分析单元成为一个一个的"微小说",在故事中内含和渗透商业道理,在事理中隐含学术理性。

(二)建构认知

这是针对数据分析单元,提炼关键词,进一步形成初步的范畴、类属与构念的过程。作为研究者的认知主体与作为研究客体的数据经过相互选择和相互作用,通过同化与顺应机制对材料和数据进行解释或建构,为进一步的新洞见涌现奠定基础。

分析资料就像剥洋葱,每剥去一层你就更接近资料中心。我们需要在资料中沉浸一段时间,资料的意义才能够被发现(科宾和斯特劳斯,2015)。研究者,一方面以自己的认知结构同化数据分析单元中的信息,并在其引领和支持下实现认知结构的细致化、丰富化和显化;另一方面又受到数据异质性的影响,顺应异质性数据的暗示或启示,持续修正原有的认知结构,以认知图式引领进一步的研究行为选择和经验表达。

在这一过程中,如何提高认知建构的敏感性,成为迫切需要解决的问题之一。

(三)赋予意义

意义是研究者基于对商业事实、数据分析单元的认知而进行的符号性界定。在质性研究的数据收集和数据分析的过程中,研究主体和研究客体都在以自己的方式赋予事件或情境以意义,进而使用数据分析单元和认知图示。在此,"情境"和"使用"之间存在必然的"鸿沟",研究者应当以"开放性大脑"收集和分析数据,搭建解释的桥梁(车晨等,2016)。

意义赋予既是数据分析单元、认知图示与理论涌现之间的桥梁,也是一个持续展开的解释活动的集合。它在适当的时间会收敛,形成特定的一致性认知——洞见。企业经营中的历史与现实数据(研究客体),应当被研究者看作持续的"成就",而不是偶然为之、率性的作为。这在研究者试图排列数据分析单元、创造认知的次序,进而显化认知图示,以及对自身所处环境做出回顾性的解释时,会显现一些独特的状态和形式。由此,对数据赋予意义才告一段落。

在这一过程中,如何提高所赋予意义的自涵性,成为迫切需要解决的另一个问题。

(四)理论化

"理,治玉也。从玉,里声。"(东汉·许慎·《说文解字》)"理",原指玉石的条纹,后引申指物体所具有的形式以及物体运动的规律。"论,议也。"(《说文解字》)"凡言语,循其理得其宜谓之论。"(段玉裁·《说文解字注》)理论化帮助我们去思考资源的配置方式,并且被推广、转移到许多类属中,以帮助它们发挥作用。在(质性)研究中,构成两者(理论构建和意义建构)的行动都是解释性的、启发性的、减少多义性的、评释的、短暂的、叙述的、吻合某种范式且有意义的(Weick,1989)。

理论化就是解释和整合前人工作的"中间范畴"的理论(维克,2016)。这一过程是研究者在与数据互动的过程中对规律进行抽象化、条理化、信号化及普适化的建构过程,也是基于数据分析单元并超越数据分析单元、基于认知和意义且超越认知和意义的过程。例如,余同元(2014)曾用"文本化、则例化、数量化、数理化、标准化和学科化"构建了中国明清时期产业技术理论化的过程。这对于如何构建"中国故事"情境效应的管理理论或许有启发(蓝海林等,2012)。在这一过程中,如何提高理论化的创造性,成为迫切需要解决的又一个问题。

三、数据分析的格式化技术

(一)迭代[①]

迭代派生于数学,它在质性研究中被援引、被定义为重复反馈过程的活

[①] 在方法的选择上,质性研究者的态度从来都是开放的。本书提及的也是范例中常用的。

动,目的是逼近理论构建的目标或结果。迭代至少包括两种:①数据收集与数据分析的反复迭代;②数据与理论间关系的反复迭代(潘绵臻和毛基业,2009)。这需要在遵循理论抽样的两个新准则中加以实现。

迭代应当遵循以下顺序或步骤:

第一步,确定与研究主题一致或相关的基本数据分析单元。

第二步,将数据分析单元进行分类。

第三步,分别对各个类别进行频率统计,或者依意义的重要程度排序或遴选。

第四步,检查各个类别数据分析单元并寻找其中有意义的关系模式。

第五步,将关系模式与相应的类属、构念和新洞见挂钩,提出相关命题。

(二) 持续比较

这是指在质性研究中,数据的收集和分析同时进行、往返穿梭,需要在遵循理论抽样的新准则中加以实现。同时,这明显区别于演绎逻辑的定量实证研究,凸显了质性研究的非线性特征,可以有多重起点。按照 Anselm Strauss 和 Barney Glaser(1967) 对扎根理论的描述,持续比较通常有五个步骤:

第一步,根据认知和关键词的类别对数据分析单元进行比较。

第二步,进行意义之间的比较。依据关键词,对资料、数据分析单元赋予意义——提炼概念类属,并进行意义之间的比较,确认最恰当的类属。

第三步,将有关类属与其属性进行整合。对这些类属进行反复比较,探求其中的可能关系,将这些关系以某种方式联系起来。

第四步,勾勒初步的理论轮廓。确定理论的边界,将洞见返回到田野资料和数据分析单元进行验证,同时不断地优化现有洞见,使之变得更加精细,并升华和整合为新理论框架。

第五步,对新理论进行陈述。再一次比较所掌握的田野资料、所提炼的类属,厘清各个类属的属性,描述类属之间的关系和价值创造的机理,作为对研究问题的回答。

(三) 显分析与潜分析

显分析与潜分析是定性数据分析中的两个关键阶段。①显分析(manifest analysis)是对信息表层结构的分析(Berg, 2007),通常从访谈对象的角度出发,以划分数据分析单元为指向,利用词汇重新构建事件过程,是一种认知建构过程。在这一过程中所归纳的概念被称为"一阶概念"(Maanen, 1979)。②潜分析(latent analysis)则是对信息深层结构的分析(Berg, 2007),是研究者对数据加以阐释并进行意义赋予和理论化的过程。研究者在进行阐释时,需要借助自身关于研究主题的知识以及研究情境的知识,通常还需要借助现有研究文献。在这一过程中所归纳的概念被称为"二阶范畴"(Maanen, 1979)。比如肖静华等(2020)在研究目的的指引下,对受访者的语言进行凝练,形成一阶编码;然后对归类后的一阶编码赋予不同的主题,如要素拆分、排列重组、即时反馈、联合分析等,构成二阶编码。通过以上的数据分析之后,海量的原始数据凝练成18个范畴,为成长机制的揭示打下基础。

从显分析到潜分析是一个降维、集成的过程,即由多个一阶概念归纳为一个二阶范畴,由多个二阶范畴归纳为一个或多个主范畴或核心范畴。当然,显分析与潜分析间的顺序并不是线性的,而是一个迭代的过程,即在原始数据、总结和结论之间多次迭代(潘绵臻和毛基业,2009)。

(四) 场景提炼

芝加哥大学社会学家特里·尼科尔斯·克拉克(Terry Nichols Clark)指出,每一种场景都表达出一种生活风格、精神内涵、意义和情绪。在多案例研究中,为了防止研究者陷入质性研究的海量资料中,在聚类比较的基础上,根据研究目的和研究主题考察同行业几家难分伯仲企业的原始数据,运用关键事件技术,截取和加工与研究目的相关的研究资料,进行初步的清洗与凝练,建立跨案例的"解释性真实"(Suddaby, 2006)或"原始数据集",此即场景提炼。比如潘安成等(2016)选取了46个村落的80个典型故事作为研究对象,从原始材料中尽量提炼出情节完整、内容典型、高度还原的知恩图报的故事,并对故事的发生过程进行重新组织和梳理,形成完整的事件链;再通过归纳分析和持续比较,揭示行为发生的情境、时间序列、方式特点,解释行为的发生机制。

场景提炼通常有以下三个步骤:

第一步,建立场景的评判标准。场景提炼的过程要有明确的研究目标以及明确的场景提取标准,即意义单一、表征显著、情境完整。

第二步,区分和遵循三个程序。场景提炼是逐步分析归纳/验证的过程,主要包括数据提炼、数据显示和数据推导三个程序。它们相互交织,在数据收集和数据分析中形成一个小循环。

第三步,多人独立完成提炼。场景将作为赋予意义、概念化的开始,作为下一步研究分析、编码的对象,研究者之间相互印证、达成一致是非常有必要的。

(五)拟剧分析

人生即一场表演,社会则是表演的舞台,表演的最终目的在于塑造一个良好的形象,人际行为发生的过程实际上就是印象管理过程。印象管理分为理想化表演、误解表演、神秘化表演和补救表演,表演框架分为剧本期望、剧情、剧组和表演区域四个环节(陈美奇和崔丽,2022)。

这种舞台的隐喻和人在实际生活中的"表演"行为是一一对应的。1956年,欧文·戈夫曼的著作《日常生活中的自我呈现》(*The Presentation of Self in Everyday Life*)集中于人与人之间面对面的符号互动,着重研究日常生活中人们如何利用符号预先设计或展示在他人面前的形象,即利用符号进行表演并使表演取得良好效果。个体在社会生活中按照角色规范、角色期待进行表演,但在不同的情境下,"前台"和"后台"的行为差别很大。因此,研究者在解读研究对象的行为时要透视角色表演行为,探寻其背后的真实目的及原因,进而给予全方位的准确解释。

(六)模式匹配

实证主义者将案例看作平行的实验,一度将模式匹配置于研究范式中的重要地位。Campbell(1969)倡导,基于商业实践和既有理论提出"假设"——"模式",然后将收集的数据与这些"模式"进行比较和匹配,其中最为契合的一个模式将被认为正确地解释了被研究对象。

模式匹配理念被 Yin(2003)、Eisenhardt(1989)逐步具化为案例研究的复制逻辑。比如王扬眉等(2021)采用模式匹配的分析策略,选取六家家族企业进行案例研究,对继承人创业行为背后的心理和认知机制进行系统分析。

匹配有相互增强和一致性两种含义(Siggelkow,2002)。在双案例和多案例研究中,模式匹配的地位随之上升。它通常有三类,其中研究结论中的匹配是模式匹配的目标,案例匹配和数据分析中的匹配是基础,否则结论中的匹配就难以达成。

第一,案例匹配。这应该在理论抽样这一环节完成并确保。在厘清研究情境之后,可以从备选企业的成长历史、资产规模、所在行业、经营业绩等方面实现适配或对比,尤其是经营业绩的对比极其重要。

第二,数据分析中的匹配。这首先是数据分析方法的一致;其次是在分析中重点关注差异,借此实现案例之间的逐项复制和扩展的差别复制;最后是从差异中进行溯因分析,提炼有价值的洞见。

第三,研究结论中的匹配。首先,如果采用的是实证主义(或后实证主义)范式,新洞见或新理论就要和预设理论进行比较;其次,如果采用的是诠释主义范式,新洞见或新理论在分析中就会重点关注差异;再次,也是尤为重要的,重点关注情境、数据来源等,与替代性解释和竞争性解释进行比较与对话;最后,如果援引参照理论,就要与概念、机理或机制进行映射和比拟。

第二节　关键程序与环节

一、在循证中清晰地勾勒与展示证据链

(一) 证据的种类

证据至少包括两种,第一种是对论文的分析构成重要支持、进行对话的文献,既包括理论视角中的文献,也包括拟援引的参照理论。第二种是田野数据、数据分析单元,通常包括访谈对象的原话、文档(如内部的会议纪要等,外

部评论性、行业主管部门的资料以及统计数据等)、研究者的现场观察记录、研究者与受访者或实践者交互的邮件或微信记录等一手数据,也包括硕博士论文、官方微信微博、地方志、统计数据等二手资料。

证据的呈现形式或许有所不同,但其共同的呈现形式是加工后的数据分析单元。

尤为重要的是,这些证据要成"链"且符合规范。此外,这些证据应使得读者能比较容易地看出研究者的发现如何对应到原始数据上,即确保循证;否则,势必形成"断桥"。

(二)展示证据链

正如前文所述,有效地展示和形成"案例—数据—洞见—理论"的证据链正是质性研究的旨趣。部分论文在案例分析部分用相当大的篇幅介绍研究情境,也尽可能详尽地呈现田野数据,但随后就匆忙地给出结论。犹如"讲故事+读后感"式的案例分析最大的问题是:读者不容易发现前面叙述的商业故事与后面给出的研究结论二者之间的"证据链",以及其间存在的直接或间接的对应关系,抑或证据链本身就不完整。此时,读者禁不住会问:结论的依据何在?科学性如何保障?事理和学理是如何生成的,两者的纽带在哪里?亦即,所提炼的"商业故事"并没有把证据链这一基本的质性研究结构讲清楚。

逻辑自洽是质性研究的当然要求。无论采用哪一种研究方法,都必须建立起清晰的内在逻辑关系(叶康涛,2006),而它的外在形式是证据链的科学与完整。比如潘安成和刘泱君(2020)关于中国传统企业知识传承机制的研究。第一步,基于实践和既有文献,提出尊卑有序的师徒关系往往会带动现有知识的创造性转化。第二步,选取传统企业"杏花村"为研究对象,通过访谈和观察获取数据,运用场景提炼、编码策略分析数据,逐步形成"尊卑有序下师徒制与知识传承模型"。这一证据链完整而有序。

但是对于多案例研究来说,通过完整的证据链来描述"故事"是有难度的,尤其是当案例较多时,将每个案例"故事"都描述得面面俱到是很难实现的。由此,研究者经常采用的方式是分段形成陈述,或者提出若干具体命题,而且每个陈述或命题都有田野数据、数据分析单元的支持,再结合案例,通过图表的方式来证实数据或资料基础的深度和对细节的关注,从而形成证据链。比如孙华等(2018)探究四个研发团队分别在生命周期不同发展阶段的共享领导力行为形成过程,以及垂直领导力行为对这一形成过程的影响,区分创新绩效中的过程绩效、产品绩效和学习绩效,进一步揭示共享领导力和垂直领导力在促进不同创新绩效过程中发挥的不同作用。

二、展示典型数据

(一) 精致化数据分析过程

质性研究进行的是回溯性研讨。由田野数据、资料到结论是单向、不可逆的,所获取的田野数据、资料是得出结论的充分条件,而不是必要条件;结论是田野数据的逻辑镜像。于是,记录定性数据的分析过程即阐述数据收集和分析的过程,就变得非常重要。原则上,其他人遵循同样的程序也能够得出相同的结论,即确保建构效度;或者,更倾向于跟随和评价内在的逻辑,推进后续的研究进展,如定量实证研究。

至于将数据分析过程描述到何种程度可称作合适?简单的判断标准就是满足"复制"原则(Lee,2001),即所描述的研究方法、步骤详细到可以被他人重复(潘绵臻和毛基业,2009)。说明分析方法,但不是简单交代步骤;描述分析程序,更要体现理论如何指导数据分析,数据分析过程产生哪些类属和最终的构念(甚至要定量),构念与构念之间的关系是如何确立的(张霞和毛基业,2012)。同时也不能忽略类属之间、类属与构念之间的关系。

(二) 展示数据分析方法

从研究实践看,通常有时间序列分析和模式匹配分析两种方法。

1. 时间序列分析

它产生的往往是过程模型(Mohr,1982),单案例研究通常较适合采用这种分析策略(Yin,2003);当然,双案例研究、多案例研究也不排斥时间序列分析。其优势是立足"会说话的猪"(Siggelkow,2002),能讲述一个"好的故事",提供丰富的情境描述和揭示复杂的关系(黄江明等,2011)。

2. 模式匹配分析

在多案例研究中,模式匹配①分析更受推崇(Eisenhardt,1989),其结果通常是因素模型(Mohr,1982)或过程模型。因素模型向读者展示的是在同一时间节点前因变量如何预测结果变量,而过程模型则侧重于解释如何通过一段时间的发展得到结果变量(Markus 和 Robey,1988),两者并不相斥,可以"和平共存"(Mohr,1982)。因此,在多案例研究中,这两种策略可以联合使用。比如杨桂菊等(2017)探索转型升级的多元路径,从产品和服务两个维度,将代工企业的升级细化为四个阶段和七个环节——过程模型,建立代工企业升级阶段、升级路径、客户需求和核心能力之间关系的理论模型——因素模型。

如果进行的是扎根理论路径研究,Gioia 等(2013)推荐的数据结构就成为理想的研究方法。比如万倩雯等(2019)运用 Gioia 等(2013)的编码策略,通过对 LZ 企业社会创业活动的研究,提出 BOP(金字塔底层)市场的整合开发模型。此时,读者借助数据结构,对于关键词、一阶概念、二阶范畴、主范畴与核心范畴及其内部结构、降维归纳过程一目了然。从而,扎根理论就建立在清晰的构念及其逻辑关系之上。

(三)尽可能原汁原味地呈现田野数据

殷(2010)认为,数据展示是定性分析的本质部分。潘绵臻和毛基业(2009)研究管理学期刊 AMJ 的范例后发现,正文中大量引用的原始数据占案例分析的 10% 以上。数据展示能够组织一系列的证据链为读者展示综合信息,从而在案例研究中增加可靠的证据。在案例分析过程中,通常需要进行深度描述,以体现案例研究的丰富性,这就需要向读者展示来自现场的证据(Eisenhardt 和 Graebner,2007)。

数据的呈现内容,包括对数据分析单元、标签(即本书定义的夹叙,参见第五章)和集中式总结(即本书定义的厚描,参见第五章)。对"来自现场的声音"的直接引用(即本书定义的引据,参见第五章),不仅能使读者产生身临其境、触摸实践的感受,更重要的是能以鲜活的证据增强文章的说服力。而集中

---

① 模式匹配,同样适用于双案例研究。

式总结的呈现,即通过汇总加工原始证据并凸显证明间的比较,则有助于推动跨案例研究的进展。此外。图表集中展示也是一种方式,简约而不简单。

三、清晰的四轮理论对话

(一) 对话的四个阶段[①]

理论预设不可取[②],理论对话不可少。波普尔提出的证伪概念,要求研究必须与已有理论对话,对其进行延伸和修正(毛基业,2021)。理论对话主要体现在四个阶段,在每一个阶段,都需要研究者清晰地给予回应。王玮和徐梦熙(2020)就非常自然地对此加以呈现。

第一,问题提出阶段。研究者应就研究问题与既有文献进行理论对比和对话,明确理论缺口,明确理论贡献所指以及实践价值。这就要求研究者深入、扎实地跟踪和了解研究问题的相关文献和背景理论、参照理论等。

第二,理论抽样阶段。质性研究与定量研究有所不同,样本选择并非基于大样本随机抽样,而是理论抽样、目的性抽样。研究者从理论建构的需要出发,通过与既有理论的比较,遵循复制逻辑来选择案例。如果是多案例研究,就需要选定蓝本案例,进而采取"滚雪球"的方式进行扩展抽样。

第三,案例分析阶段。在新理论涌现的过程中,类属或构念的界定、构念之间的关系、命题或陈述的提炼等,都要求研究者不断地迭代数据与构念,并与既有理论进行对比。

第四,结尾阶段。在论文的讨论和结论部分,研究者需要回应初始界定的研究问题,解释它们如何得到回答(Gephart,2004),并且往往通过与现有文献进行对话和比较来凸显论文的边际贡献。

对话的对象可以是与所涌现理论相矛盾的文献(即竞争性解释)。因为当所涌现理论与现有文献发生冲突时,就会迫使研究者采用更具创新性、突破性的思维模式,也能精确界定当下研究结论的适用性边界与范围。此外,所比较

[①] 遗憾的是,我们尚未发现完整呈现这四个阶段的范例。

[②] 除非是实证主义范式的质性研究。

的对象也可以是与涌现理论相似的文献(即替代性解释),因为这能将通常互不相干的现象通过内在的相似性联系起来,由此得出的结论常常是具有更强的内部效度、更广泛的普适性和更高层级的概念(Eisenhardt,1989)。

(二)灵活的多种对话方式

理论对话的方式不拘一格,主要有三种:其一,嵌入式直接引用。此时,尤其关注竞争性解释和替代性解释以及各自的情境和数据支持,并进行区分和识别。其二,理论对话也可以采取观点"综述"的方式,将相同或相似的观点"打包"处理,并与上下文的数据适配。比如陈宏权等(2019)在计算专利价值度时,既尊重和利用既有文献,又结合港珠澳大桥的专利数据,绘制了创新生态位和创新生态势的动态演化图。其三,理论对话还可以采取注释的方式。比如魏江等(2020)综述了现阶段企业跨国并购来源国劣势研究的理论缺口,提出了新的研究角度;进一步直接引用了组织场域的相关研究成果,比较了研究结果与既有理论的差异,指出来源国劣势存在制度维度、产品维度,打破了来自相同国家的企业面临相同来源国劣势的同质化假定。

四、案例研究中的复制逻辑

(一)单案例研究中的复制逻辑[①]

1. 适合单案例研究的五种情形

① 对一个广为接受的理论进行批驳、证伪,别开生面,令人耳目一新。质性研究历史表明,很多科学理论、科学猜想都来自单案例研究。此时,研究结论需要后续研究的进一步验证。比如张萍和杨雄胜(2018)以明代龙江船厂为例,指出广为传播的美西方"物化内控"模式的弊端,别开生面地提出基于中国文化的"心控"管理模式。② 对一个独特的、典型的、成功或失败的案例进行分析,了解其环境、条件和归因等,具有理论建构或理论扩展的意义。基于港珠

---

① 复制逻辑指每一个案例可以用来对具体命题进行独立的印证,通过相互印证,研究者可以更容易发现共存于多个案例之间的模式,并消除随机性关联。

澳大桥在建设过程中完成了约 300 个科研项目、创造了 30 多种工法、创新了 30 多项设备、申请了 600 多项相关专利的事实,陈宏权等(2020)对重大工程全景式创新管理进行了探索。研究者所选取的案例独特而典型,是一次重大工程的成功实践,同时还可以细分为多个子案例,可以进行嵌套式多案例研究。③研究、观察和分析先前理论无法解释的商业现象。比如麦强等(2019)以北斗工程为例探讨重大航天工程管理策略,发现传统的复杂性理论忽视重大工程的系统性、整体性特征,相应的管理措施会引发问题,需要重新认识,并提出重大工程整体性和复杂性系统融合过程,发展了综合集成管理理论和方法。④案例的纵向数据、时间序列资料非常完整,支持深度解析。比如王满四等(2018)收集、整理大疆科技的发展历程资料,把企业发展划分为三个阶段,识别每个阶段的关键事件、行为及情境,揭示大疆科技从产品导向到平台导向再到服务导向的战略创新过程。⑤研究具有当代实践启发意义,研究机会稍纵即逝。比如针对失败"老字号"企业的研究,商业事件的当事人年事已高,或者其他经历者树倒猢狲散,导致搜寻困难。张新民和陈德球(2020)以瑞幸咖啡财务造假事件为例,从商业模式创新、价值共创和治理风险三个维度深入分析互联网企业在产品市场与资本市场上的表现及风险,为政府监管机构、企业、投资者及市场中介机构等提供借鉴。

2. 如何实现复制逻辑

①在案例选定之前已经进行复制、比对,因典型性是本质要求,由此需要在不同案例之间进行深度比较。亦即,所选择的、独立的单案例经得住推敲。因此,复制逻辑在论文中难以呈现,这是单案例研究之外、之前的必要程序。②选定案例之后,可以通过案例内部分时段、分场合(或环境)的对比,为涌现理论提供数据与分析过程的支撑,呈现类似多案例复制的特征。比如梁上坤等(2018)以上海斐讯借壳慧球科技的事件为例,剖析借壳上市过程中各相关方面临的风险及防控措施。研究者按时间及关键事件特征,分为四个阶段,每个阶段呈现不同的矛盾和特征,为读者提供多方面、多层次的关注及感悟,从而呈现单案例研究的多案例特点。

（二）双案例研究中的复制逻辑

1. 适合双案例研究的三种情形

①在描述企业的基本状况（如愿景、经营历史、规模、目标市场等）时，至少有一个维度是相同的，从而优选行业内的两家企业。当然，如果有更多的相同维度就更理想了。②备选案例集中反映在经营业绩方面或者评价经营业绩的某一定量指标方面，呈现明显反差的两种形态。比如20世纪90年代，柯林斯和波勒斯（2002）以投资回报进行案例配对，比较持续实现卓越绩效的18家"百年老店"。③两个案例均能为未来的商业实践带来经验或教训。

2. 如何实现复制逻辑

配对是主导的复制逻辑、研究模式，可以分成三步进行：①经营业绩的复制在两个案例中构成鲜明的对比；②两个案例在经营理念、操作惯例、市场区域与市场定位等方面能够进行模式匹配；③在新洞见的涌现中，可以实现殊途同归。

（三）多案例研究中的复制逻辑

1. 适合多案例研究的四种情形

①某一案例的选择不是基于其独特性，更多基于案例群组能为理论建构带来不同维度或不同层次的启发和贡献。②多案例的选择是基于理论建构的驱动或导因，如可重复性、理论拓展、对立重复以及排除其他可能的解释（Yin, 2003; Eisenhardt 和 Graebner, 2007）。③把不同的案例当成"独立平行的实验"，相互印证或推翻从不同案例中得到的命题、推论或陈述，从而产生比单案例更强健、更具普适性的理论。④在业绩方面呈现扩展性的"非常优秀""业绩平平""非常差"三种形态。

2. 常用的复制技术和方法

常用的复制技术和方法主要有以下三种：

（1）逐项复制（literal replication）。这是一个理论抽样、滚雪球抽样的过程。在多案例研究中，在完成第一个案例（即蓝本案例）的分析之后，为了验证结论的可信度,还要再挑选几个案例进行扩展研究(Yin, 2017)。与大样本量的调查研究不同,这些案例是经过"仔细挑选"、理论抽样出来的个案,能产生相同的分析结果。这一过程被称为逐项复制。

(2) 扩展复制(extended replication)。这是指将不同案例中某一现象互补的方面所呈现的关系或模式融合,借以建立更完善、更精确的理论。扩展复制旨在追求产生相同的、可印证的结果。

(3) 理论复制(theoretical replication)。出于可预知的原因而产生与前一案例不同的分析结果,这一过程被称为差别复制或理论复制。假如多案例的分析结果呈现相对或相互的矛盾,据此所涌现的洞见就能相互补充,从而满足理论的完备性要求。

3. 如何实现复制逻辑

目前,国内很多学者所做的多案例研究忽略了理论抽样以及先单案例分析、再多案例复制与对比的数据分析等关键步骤,影响了研究质量(毛基业和苏芳,2019)。理想的方法是:①确定一个典型的蓝本案例,展开分析。其中,最重要的一个步骤是构建合适的理论框架,并且初步形成其中的逻辑。②在复制过程中,选择不同的维度进行案例之间的配对分析。③进行维度之间的互补,丰富理论假设框架,使之完整。比如许晖等(2020)先对四家中国企业的海外项目进行单案例研究,分别剖析每个案例面临的跨文化冲突的来源和管控措施;然后进行跨案例比较,遵循多案例研究的复制逻辑,通过扩展复制与差别复制来完善、修正研究结论;最后以项目为例,对中国企业海外项目跨文化冲突的来源及管控措施展开了研究。

五、扎根理论路径中的编码程序

(一) 经典扎根理论

1967 年,巴尼·格拉泽(Barney Glaser)和安塞姆·斯特劳斯(Anselm Strauss)出版了《扎根理论的发现:质性研究策略》(*The Discovery of Grounded Theory: Strategies for Qualitative Research*),标志着扎根理论这一方法论的诞生。两位学者在极端经验主义和完全相对主义之间提出了一个折中方案,使得系统的数据收集可用于开发理论,且能反映社会情境中行动者行为的诠释性本质。其中,格拉泽由于长期坚守、完善扎根理论路径的"客观性"法则,成为经典扎根理论的最杰出代表。1978 年,格拉泽出版《理论敏感性:扎根理论方法的进步》(Theoretical Sensitivity: Advances in the Methodology of Grounded Theory),继续强调扎根理论的宗旨在于:坚持客观性原则,通过不断归纳,从原始资料中产生理论。他还进一步强调:理论敏感性是扎根理论形成的关键,如何提高研究者的理论敏感性是研究面临的主要挑战。1998 年,格拉泽出版《进行扎根理论研究:选题与讨论》(Doing Grounded Theory: Issues and Discussions),就扎根理论过程中的一些具体问题进行了深入探讨。2001—2005 年,格拉泽连续出版了三部著作,阐述扎根理论性编码和理论生成中的关键问题。2002 年,他继续在《建构主义扎根理论》(Constructivist Grounded Theory)中批判了建构主义的扎根理论。2007 年,他又出版了《开展形式扎根理论研究:一个提议》(Doing Formal Grounded Theory: A Proposal)。

1. 经典扎根理论的哲学基础

实证主义的经验研究在自然科学领域的巨大成功和广泛普及,吸引大批社会科学研究者争相效仿。而定量实证研究因客观性、逻辑性、严密性等固有特征,逐渐成为社会科学研究的主流,也成为评判社会科学研究是否"科学"的标准之一。定性研究却因思辨性、主观性等特征,被弃之如敝屣。顺应实证主义研究范式的要求,对传统的定性研究进行改造,提升其客观性、可重复性,就成为早期(尤其是 20 世纪 50—60 年代)定性研究范式面临的首要问题。其中,扎根理论是对当时已经渗透到大多数社会科学研究中的极端实证主义的一种回应(Suddaby, 2006)。

巴尼·格拉泽的学历教育完成于芝加哥大学,接受过严格的定量研究训练,并深刻体会到定量研究在社会科学研究中的局限性。因而,他在定量与定性两种研究范式结合的基础上,不遗余力地抑制定量研究的过度格式化、程序化的影响,以赋予研究者更大的自由发挥空间;同时,又坚持必须来源客观资料的实证主义原则,即扎根理论一定要有经验证据的支持。

2. 经典扎根理论路径的程序编码

程序编码是扎根理论路径资料分析的重要工具,开启了从数据到洞见的修筑之旅,打开了从数据到洞见的黑箱,明示了数据分析的过程,为学术交流提供了支点;同时,也为研究者规范、检查、修正研究过程及结果提供了着力点。编码①按照确定数据分析单元、概括一阶概念、归纳二阶范畴的程序进行,即对数据分析单元的内容进行逐步加深的抽象概括、归纳,并通过数据、概念、范畴之间的比对和迭代,发现彼此之间的联系。

经典扎根理论路径的程序编码,包括实质性编码和理论性编码两个阶段。

(1) 实质性编码。它从开放编码(opening coding)开始。此时的研究者刚刚进入所确立的研究情境,对研究主题的把握还比较模糊,只有一个大概的研究方向。研究者在收集和分析资料的交替进行中,逐步明确研究主题,进而修正资料收集方向,聚焦研究的核心类属。

为了提高编码能力,Glaser(1998)提出18个理论代码家族系列,以供后来的研究者选择代码、启迪灵感和使用编码类属。这些代码家族包括6C(原因、语境、偶然性、协变量、结果、条件)、过程、程度、策略、类型、互动、认同、文化和共识,后来又增加结构、功能、单元身份等(卡麦兹,2009)。此后,研究者以充分和有意义的方式将资料收集与编码仅限定在与核心范畴相关的一阶概念或二阶范畴上,以备将来建立简洁理论之用。此时的编码,要具有核心性、解释力、频繁度和联系的广泛性(贾旭东和谭新辉,2010),能够整合所有其他类属的中心概念(核心范畴或核心构念),在资料中频繁出现,很容易与其他类属相联系,能够最大限度地包容变异,而且有发展为扎根理论的潜能(陈向明,2015)。

(2) 理论性编码(theoretical coding)。它是上一阶段的实质性编码关联起来形成假设并被整合进某一理论的概念化归纳过程,初建理论与文献的比较和对话,判断理论是否饱和。

3. 经典扎根理论路径的应用要点

(1) 建立图示。扎根理论路径是一个持续比较、不断调整的开放编码过程,标签、编码变化的可能性非常大。经典扎根理论路径反对在编码之前进行

---

① 编码是一种广泛使用的研究方法,包括演绎性编码和归纳性编码。扎根理论编码属于归纳性编码,即从原始数据中发现主题或类属,并赋予意义,形成理论。

文献综述,极其主张理论的自然涌现,反对"先见""前见"和格式化程序。这就要求研究者在编码的过程中,"放空大脑"地面对数据,不断地浏览、反思和比较数据,不在一起事件上思考太久,不对特定的标签和编码纠结,以保持编码过程的自然、流畅。此时,逐步形成和建立思维图示就成为重要的工具或步骤。

(2) 走出数据旋涡。数据是扎根理论的基础,没有丰富的数据,扎根理论就成为无源之水。在经典扎根理论研究者的视野里,所有的一切都是数据——研究者提供的信息是数据,他的表情、所在场景也是数据,研究者在数据收集过程中的所见、所闻、所感、所想也是数据;不仅来自现场的一手资料是数据,报纸杂志、专著、档案资料、权威媒体的报道、官方网站信息、微博或微信等所有与研究对象有关的二手资料也都是数据。当然,经典扎根理论路径强调一手资料的重要性,访谈、观察则是获取一手数据的重要手段。没有田野调查的一手资料,不与被研究对象、情境直接接触、互动,扎根理论就会丧失灵魂,甚至可能会误入歧途。

在丰富的数据面前,研究者经常遇到的是数据旋涡。想要走出数据旋涡,研究者应当:

首先,进行发现式学习[①]。扎根理论资料的收集不可能一次性完成,理论抽样、数据收集与资料编码总是交替进行:密切关注"真实场景中的日常事实(实际上正在发生的)"(Glaser 和 Strauss, 1967)和参与其中的人们(行动者)对日常事实诠释之间的差异;抽样圈定数据来源,资料收集为编码提供内容,编码为资料收集提供方向。

其次,间断性地收集数据。每次一般不超过半天,在收集数据时进行编码,有时还要中断编码以记录思想(Glaser, 1978)。

再次,资料转录与分析要及时。资料收集后 24 小时之内就要进行转录和编码,延迟可能使信息丢失。及时进行资料整理和编码,是防止掉入资料陷阱

---

① 发现式学习是美国心理学家杰罗姆·布鲁纳(Jerome Bruner)提出的一种学习理论,与接受式学习相对,指的是学习者从给定的资料线索或例证中得出结论或问题答案。扎根理论的理论形成过程与发现式学习机制非常相似,但前者目标是构建新理论,后者目标是发现已有的理论。

的有效手段(陈向明,2000)。如果开放性编码中出现核心范畴,就要及时进入选择性编码,删除无关的概念并不再为此收集数据。

最后,把握选择性编码的时机及其界限。

(3)随时撰写备忘录。撰写备忘录是编码和理论构建的关键性技巧,不同取向的扎根理论都强调备忘录(研究笔记)的重要性。从数据收集开始就要及时撰写备忘录,把自己的想法、灵感随时记录下来,而且要建立审查或回溯路径。这样既方便研究者整理研究思路,又方便研究者回溯和再审查研究过程。

备忘录是私人记录,具体内容和风格可以不拘一格,重要的是要记下来,而不是怎么记(科宾和斯特劳斯,2015)。研究者可以用自己偏好的任何方式撰写备忘录,如手写、打字或绘制图表等。用备忘录随时随地记录所观察到的细节,或者研究者对概念、范畴、理论的一些想法。撰写备忘录的具体时间不受限制,一旦产生新的想法,即便手头只有标签、编码,也应马上放下手头的活计将想法写入备忘录。

(二) 程序型扎根理论

1987年,安塞姆·斯特劳斯出版了《社会科学的质化分析》(*Qualitative Analysis for Social Scientists*),标志着程序型扎根理论的诞生。此后,即使遭受批判与反对,有人认为这种理论是"一种强制模型"(Glaser,1992),斯特劳斯依旧全力推动扎根理论的格式化、程序化,以弥补定性研究自由有余、规范不足、主观性过强的弱点。1990年,朱丽叶·科宾(Juliet Corbin)和斯特劳斯出版了《质性研究概论:扎根理论的程序和技术》(*Basics of Qualitative Research: Grounded Theory Procedures and Techniques*),扩展了三级编码的分析资料程序以及条件矩阵等方法,所提供的范式由于具有鲜明的格式化程序特点,便于操作,恰恰能满足我国企业管理质性研究转型的需求。当前,我国学界的扎根理论研究,多数采用的是此版本中的初始范式。

1. 程序型扎根理论的哲学基础

斯特劳斯的学历完成于哥伦比亚大学,主要接受社会科学的定性研究训练。他深刻地体会到社会科学定性研究由于没有严格的范式和程序要求,研究质量很难保证,同时也不方便交流和验证。

程序型扎根理论建立在阐释主义的认识论基础上(陈向明,2000),基于一定的框架进行资料分析,在方法论方面注重互动主义和实用主义(科宾和斯特劳斯,2015)。实质上,它在本体论、认识论和方法论上存在不一致,在实证主义和阐释主义之间摇摆,进入21世纪以来又逐渐融合构建主义的色彩。

2. 程序型扎根理论的编码程序

它要求在编码前根据研究需要多次或往返收集和梳理一手、二手数据及参考文献,其编码程序有三个阶段。比如白长虹和刘欢(2019)通过三级编码和理论对比,开发出一个旅游目的地精益服务模式。再如王玮和徐梦熙(2020)比较完整地运用了程序型扎根理论路径。

(1) 开放编码(open coding)。资料收集与编码往往同时进行,得到一阶概念。一个访谈结束,马上进行转录、誊写,然后着手资料的编码。编码可以针对田野数据逐行、逐句或逐段进行,也可以基于数据分析单元进行。至于具体采用何种方式,取决于研究情境、主题和问题、资料的丰裕程度,以及研究者、分析者的风格或所处的研究阶段。根据分析结果,再调整资料收集方向,决定下一轮的理论抽样。至此,开放编码过程基本结束。

(2) 轴心编码(axial coding)。这通过建立类属间的关系,以一种新方式将资料放回,即轴心编码。轴心编码的主旨是建立二阶范畴等编码之间的"关联",而不仅仅是在一阶概念的基础上找出二阶范畴。在这个阶段,科宾和斯特劳斯(2015)提出一种非常方便但饱受争议的编码范式,即条件矩阵或典范模型。它由六部分组成:A因果关系、B现象、C情境、D中介条件、E行动/互动策略、F结果。随后,科宾在E行动/互动策略之间又加入情感因素。这个过程可以用计算机软件帮助厘清关系;也可以把原始笔记资料打印、复印出来,放在一个平面上进行分门别类的整理(陈向明,2015)。

(3) 选择编码(selective coding)。这是指研究者在已有范畴的基础上,发现或选择乃至提炼一个最能覆盖和概括所有范畴和现象的核心范畴的过程。它要求编码在更抽象的水平上进行,需要核心范畴与其他类属(如二阶范畴)

系统地关联起来;通过考察和推敲条件矩阵或典范模型的内在逻辑,澄清各个二阶范畴之间的主次从属关系,完善那些需要进一步精炼和发展的类属,从而整合各种事实,确立故事线(story line),区分并联结条件和结果的各种层次(如个体行动、人际互动、组织、社区、国家、国际等),并验证其中的相互关系。

在这个阶段,研究者要充分理解轴心编码这一过程,重新审阅所有的田野数据、数据分析单元,从而形成对研究问题的全面解释;进而,再次与数据资料文本进行对照检查,在假设轮回中实现理论饱和。

3. 程序型扎根理论的应用要点

(1)把握"及早"原则。Miles 和 Huberman(1984)认为,及早分析的好处是及早让理论"整体"浮现,及早发现资料缺口或理论缺口以引导未来的资料收集,使得研究视角和研究方法有机会得到改善。在假设轮回中,及早发现模糊的、不完整的资料,以便下次收集资料时理清它们。

拖延分析的后果就是错过假设轮回的机会,无法再收集新资料去填补资料间的断层,以致不能印证或否证先前的假设。如果后来分析中出现新假设,就无法再收集新资料来检验新假设,也不利于研究者提出"竞争性假设"以反思习惯性预设与偏见。

(2)把握"开放"原则。开放编码的关键在于"开放",即保持编码过程的灵活性与自由性。在对所有相关数据进行开放编码后,通过修改、替换、删除、整合使其体系化。为了提高开放编码的水平,斯特劳斯还提出"丢铜板""极远比较""摇红旗"等具体技巧。

(3)把握"细分"原则。这是指先分析数据分析单元,再从中提炼关键词、标签,最后进行编码注释。每一个开放性编码都要有简明扼要的注释;反之,概念就会混淆。无论是来自数据分析单元的建构代码还是来自田野数据的鲜活代码,都必须力求做出准确的概念性界定,以彰显代码的独特内涵。这一点非常重要,必不可少,对于随后构念的整合、范畴及核心范畴的涌现将大有裨益。

(4)把握"进入"原则。这是指研究者始终进入而不是介入实践者的生活,以实现视域融合。第一轮资料收集工作完成后,通读资料(访谈记录、文件或历史资料等),不做任何标记,就是为了研究者能够进入实践者的生活。在这个时期,研究者要"向资料投降,向体验和感悟投降"(陈向明,2000)。在此基础上,对资料的主题或关键词进行提炼,数据中所有与研究问题有关的内容都应当进行开放编码,并且每一个相关的叙述都被赋予合适的标签或编码。编码可以从"描述、实境、因果、过程"等多个方面展开。

(5) 把握"范畴饱和"原则。这是指不断从文本材料中寻找有可能提炼新关键词、新概念、新范畴的例子和现象事实,直到再也找不到新的有价值信息为止。

(6) 把握"基本结束"原则。扎根理论具有"循环往复"的特点,在下一个阶段发现问题,可以随时返回上一个阶段,重复上一个阶段的部分或全部操作。第一,开放编码终止。开放编码阶段,数据的收集和编码带有一定的"盲目性",在相对广泛的领域展开,类属的确定为进一步的资料收集和编码确定范围与方向。第二,理论抽样,即在范畴的指引下进行目的性抽样、数据收集,直到范畴饱和为止。第三,通过数据、概念、范畴的横向、纵向比较,不断修正概念、范畴之间的关系。研究者选择调查对象、分析田野资料以满足核心范畴的饱和为目的,将与此无关的对象与资料排除在外,直到范畴饱和为止,即新收集的资料不再出现新概念和新类属,已有的概念和类属也都有充分的资料支持。

(三) 建构型扎根理论

1. 哲学基础

凯西·卡麦兹(Kathy Charmaz)(2009)认为,理论不是被发现的,而是在我们的参与及互动中建构的。这一方法吸收了经典扎根理论取径中有关归纳、对比、涌现和开放性的方法;同时,借用了程序型扎根理论中的因果假设逻辑,形成了以卡麦兹为代表的建构型扎根理论(贾旭东和衡量,2020)。它重点关注"哪里、为什么、谁、如何做以及结果怎样"等核心问题。

2. 建构型扎根理论的编码程序

例如,李倩倩和崔翠翠(2018)采用诠释主义研究范式,遵循以下四个编码程序,探究中国消费者本土品牌偏好的驱动因素和纵向变化。

(1) 初始编码(initial coding)。这要求对数据的任何可能性保持开放,逐字逐句、逐个事件地将数据资料分割成不同等级、类别的关键词、标签或代码,并逐渐确定分析方向。

(2) 聚焦编码(focused coding)。这意味着使用最重要或出现频率最高的初始代码(一阶概念),用大量的数据来筛选代码;要求判断哪些初始编码最能敏锐、充分地接近分析数据。

聚焦不是线性过程,而是一个反复阅读、比较的过程。研究者往往需要在初始代码之间、数据之间、数据与代码之间进行多重比较和迭代,从中发现、提炼能代表更多初始代码的中心代码——聚焦代码,形成一阶概念。因而,代码的指向性、选择性、概念性得以提升。

(3) 轴心编码(axial coding)。这是一种发展类属的属性和维度的方法,建立"围绕类属之轴的密集关系网络"。它旨在回答哪里、什么事、谁、为什么等问题,这使得类属的属性和维度具体化;并据此重新排列数据,使其成为一个新的连贯的整体。

在聚焦编码的基础上,进一步围绕属性和维度提炼二阶范畴、核心范畴。它是能够最大限度地统摄数据的一个或几个构念,并按照核心范畴、主范畴、二阶范畴、一阶概念、关键词或标签重新排列数据。

(4) 理论编码(theory coding)。这是发展类属关系的更高阶段、关联形式的概念化。整合类属,赋予聚焦代码以形式,使故事具有连贯性,使聚焦代码之间的关系概念化、故事理论化。

3. 建构型扎根理论的应用要点

(1) 多渠道收集数据。卡麦兹(2009)认为,扎根理论没有固定的数据收集方法,所研究的问题影响着数据收集的初始方法论的选择。而资料收集又常常是发散式、持续不断的过程,这与定量研究的资料收集和分析方法截然不同。由此,资料收集方法、研究者与研究对象的关系等都会对资料的质量产生影响。

数据收集方法对编码影响很大,观察、深度访谈、焦点小组研判及实物收集等,都可以用来收集资料。因此,研究者应力求占有可靠的数据,获得高质量的田野数据;特别是在访谈过程中,如何提问、停顿、倾听、追问等,都会影响访谈的效果。实践证明,提前训练访谈技巧可以"磨刀不误砍柴工"。资料收集结束后,及时、正确的资料整理也至关重要,此时运用摘要、思维导图、矩阵表等工具或方法,具有事半功倍的效果。

(2) 对数据保持开放。 研究者要排除既有知识经验、思维模式的干扰、诱导和桎梏,秉持创造性和敏感性,全面、细致地审视数据,全方位探悉数据的内涵和数据本身的意义。第一,研究者要对所收集、拥有的数据一视同仁,而非厚此薄彼,不因数据的形式或来源而带有偏见。第二,研究者要从研究者、实践者、第三者(或同侪)等多个角度理解数据,在视域融合中力求挖掘数据的真实含义。第三,研究者不仅要关注语言、情境的表层含义,还要进一步理解其深层次的意义、象征,尤其要注意实践者的用语不同于日常的独特含义。第四,研究者应当在管理者的商业语言和研究者的学术语言之间架起桥梁,在不改变语义的前提下完成两类语言的形式转换。

(3) 初始编码要紧贴数据。 一则,在进行初始编码时要提高编码速度,快速工作有利于激发自主思考,增加编码给人的新鲜感。二则,保证编码的契合性。三则,保证编码的相关性,提高对研究对象的解释度。四则,编码不仅要体现片段的思想,最好能够把片段中的情感也表现出来。五则,尽可能编码为行动而不是主题,反之容易出现概念跳跃或受到已有理论的影响。用动名词比用名词来编码的效果要好得多,它体现的是事件的发展,而不仅仅是主题。六则,随着对数据分析的深入,初始编码可能会有大的出入,要及时调整。此时不仅仅代码名称会改变,代码的级别、类属、维度等都可能会改变。因此,扎根理论路径中的初始编码是临时的、按照第一感觉进行的,不需要精雕细琢。

(4) 编码的策略。 首先,研究者或编码者要怀有开放的心态,而不是空洞的大脑。研究者应避免把已有的概念强加在数据上,当然既有知识储备、观念和编码技巧不可能也不应该完全排除。同时,编码不仅有助于研究者避免自己的主观意见或偏见等的负面影响,也在一定程度上避免实践者主观表述的误导,从而深化对事件本身的理解。其次,逐词抑或逐行、逐段、逐事件编码要视情况而定,这往往与数据的来源、类型、抽象水平、研究阶段、数据收集目的等有关。再次,代码要有特色,以激发新的涌现,凸显新的问题和观点。尽量使用鲜活的原生代码,避免建构代码;同时,尽量避免用习语作为代码。原生代码包括一般术语、研究对象的原话、缩略语等。最后,给所有数据编码,以防止因先见而造成的遗漏。卡麦兹(2009)针对资料的编码提出关注点,包括表现和意识、个体和集体行动、合作和冲突、选择和限制、意义和行动、立场和差异、礼节和仪式、位置和网络、权力和声望、结构和过程、机会和不平等、权力和资源、道德生活和责任等。

(5)假设轮回,完善编码。通过初始编码,研究者逐渐发现一些有意义的主题、关键词或标签等。当现有数据对它们的支撑不足——数据间存在缝隙和漏洞时,这恰恰是下一步收集资料的范畴/对象和理由,以弥合数据间的缝隙、修补数据中的漏洞。

研究者通过初级编码,逐渐形成一些分析主题,为资料收集指明方向。在聚焦编码中把这些主题进一步浓缩成代码,再进一步完善,形成有维度或属性的类属。扎根理论的代码具有自己的属性和维度,即纵向和横向特征,包括纵向上的上位、下位类属,横向上的分维度特征。完善的编码有利于建构解释框架,涌现扎根理论。

六、NVivo 方法的应用

(一)质性研究统计软件的兴起

质性研究中的资料分析过程耗时费力,同时图形、声音与视频等需要依靠人工编码的数据形式,也较难提供编码与分析的可能(刘世闵和李志伟,2017)。少数质性研究学者(如 Tom Richards 和 Lyn Richards)发现,可使用计算机文书处理软件进行搜寻与文件管理等工作,由此一些质性数据分析软件工具(如 NVivo、ATLAS.ti[①]、QDA Miner、Qualrus、RQDA、Leximancer 等)应运而生。这些软件可以显著地增强研究的严谨性、信效度、时效性,并可以加强团队合作能力,从而极大地促进质性研究的发展。

[①] 该软件得到广泛应用,如陈宏权等(2020)在研究港珠澳大桥工程时就使用 ATLAS.ti 进行了开放式编码。

随着质性研究工具应用的逐渐普及,质性数据分析工具的优势越发凸显,其具有超越人工局限性的数据编码能力,可以更加高效且精准地检索、分析与编码数据,有助于在质性研究中构建理论命题和提出待检验假设(Dohan 和 Sanchez-Jankowski,1998;夏传玲,2007)。并且,随着三角互证法的兴起,凭借特有的理论探索和数据交互功能,这些软件将成为研究者开展混合法研究的重要工具。

(二)NVivo 的应用现状

随着质性数据分析工具的不断开发及应用推广,如何有效运用质性数据分析工具处理非结构化数据、开展科学的质性研究已引起国内外学者的广泛关注(潘虹和唐莉,2020)。其中,作为国际上主流的质性分析软件,NVivo 是为大规模质性研究项目而设计的,其运行过程符合质性研究范式,能够提供一系列强大的数据导入、管理和分析功能。

NVivo 因具有强大的数据编码和理论模型构建功能,在社会科学各学科领域的研究中得到广泛应用。它由澳大利亚 QSR 公司开发,通过对资料进行编码与查询等,探索概念与构建理论,是扎根理论研究重要的实践应用工具(黄晓斌和梁辰,2014)。

近年来,NVivo 的使用总体上呈现增长态势。从数据研究方法来看,绝大多数采用单一研究法,如非介入性研究采用内容分析法、介入性研究较多采用访谈法。数据来源以网络文本、政府文件、文献资料以及访谈资料为主。综合使用多类型研究方法和多来源数据的研究较少(潘虹和唐莉,2020)。

(三)NVivo 软件的优势

NVivo 适用于各种类型的数据(如文本、照片、音频和视频等)的编码分析,可以有效地处理数据,助力创造和探索新的创意与理论,辅助研究人员处理包括可视化数据和文本资料在内的多样化数据的输入,有助于建立并验证数据之间的关系,创建并验证理论,根据统计摘要撰写数据报告等,从而形成数据之间关联的可视化展示。

1. 强大的编码功能

NVivo 主要通过节点来容纳编码、相关材料及其来源。其节点类型有以下四类:①自由节点(free node),这是研究者初步萃取的,通常直接从材料中快速建立的编码,节点之间还没有建立概念上的关联,可供日后进一步组成范畴;②树状节点(tree node),通过搭建自由节点上下的阶层关系,使自由节点成为树状节点;③案例节点(case node),可为受访者、组织、产品等实体建立案例节点,借助一套属性集来描述实体特征,并可通过案例册(case book)工具查看案例及其属性概况;④关系(relation),呈现项目中任两个对象(节点、文件或链接等)之间的关系,关系类型可自行定义。

对节点的编码,可采用预建式建立编码和归纳式建立编码两种方式。前者可利用预先定义的树状节点间层级关系确定编码体系,后者则是在多重检视和循环式编码过程中不断地将自由节点合并或加入树状节点结构中以形成体系(黄晓斌和梁辰,2014)。

编码过程可以是自由编码或快速编码等方式。对于结构化的材料来源,还可考虑尝试自动编码功能。在查阅资料和编码的过程中,研究者可通过备注、参考、注解、超链接四种链接方式将资料关联并整合数据关联,也可通过集合对不同类型的对象进行分类,从而简化数据资料库、方便资料查询。

2. 展示功能

NVivo 具有多种数据展示功能。比如常用的矩阵编码查询功能,采用表格的形式展示已编码材料中节点、群组或属性值的比较结果。此外,NVivo 在原有的可基于编码覆盖统计等数据建立图表的可视化功能上,还增加了词频统计的标签云、基于共享相似词、属性值或编码的材料来源或节点形成聚类树等附加展示功能。

在结论总结方面,NVivo 提供两种方式供研究者评估编码信度:①使用"编码比较"查询显示团队之间编码一致或不一致的百分比结果等;②采用"Kappa 系数"的编码可靠性测量。为了进一步探索、检验节点间的关系,还可生成类似于定量数据的频次表或交叉表等可视化图表,以检验不同问题之间的相互关系。NVivo 提供多种类型的链接来描绘因果、相互依存、层次结构、相互矛盾等关系,还可将编码分布情况导出到 SPSS 中做定量分析,以增强研究的客观性。

(四)使用要点

1. 规范性地使用 NVivo

NVivo 的应用,包括资料编码、编码检验、编码分析与理论建模四个步骤。但是,研究实践中规范地运用四步骤的研究占比远不足一成(潘虹和唐莉,2020;Woods 等,2016)。事实上,半数的论文研究只实施了资料编码与编码分析这两个步骤(田振华和熊华夏,2020;刘小花和孙翠香,2019),用到编码检验步骤的论文不足 1/5。

四个步骤的规范性、连贯性和完整性如图 4-1 所示。

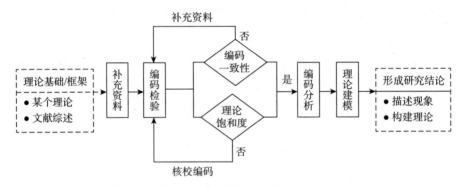

图 4-1 NVivo 在社会科学领域的应用逻辑路线

(1)资料编码。这主要是根据程序型扎根理论的原创者斯特劳斯的三阶段编码,需要研读导入 NVivo 中的资料,提炼概念,采用新方法整合概念。

(2)编码检验。这是指通过 NVivo 软件中的编码比较(coding comparison)程序,由两名或多名研究者独立编码相同的文本材料,再用"编码一致百分比"这一指标衡量原始材料编码的一致程度,保证研究的信度和效度以及理论饱和度。

(3)编码分析。这是指应用 NVivo 中的"Metries"(矩阵)和"Query"(查询)功能,将已经编码好的资料作为查询目标,根据搜索条件创建节点矩阵,从直观的矩阵中了解概念之间的关系。对编码节点内容所呈现的现象特征进行勾勒描述与可视化分析,包括节点频次、比例、覆盖率以及节点云图、聚类图谱等。

(4) 理论建模。在分析编码节点之间内在关系的基础上,构建理论模型。

2. 在使用 NVivo 中发挥创造性

软件的使用也会加大研究者对软件的依赖性,在一定程度上影响研究者的独立思考与创新能力。由于质性分析软件的固有程序会给质性研究活动加上方法论上的束缚,如果研究人员的分析严格围绕软件功能,遵从程序要求,或囿于软件参数设置而使用某种分析技术,研究人员根据实际问题设计和执行质性分析的能力就会受到限制(Holland 和 Daymon, 2002; Gilbert, 2002)。

为此,研究者不能本末倒置,也不能"炫耀"软件使用的娴熟程度或过分依赖软件开展科学研究,而要尊重研究本身的科学性和创新性。

3. 使用 NVivo 中应保证准确性

NVivo 本身有局限性,在科研合作、方法多样性、数据多来源等方面也有待完善,例如大数据的处理需要耗费很长的时间。

NVivo 在半结构化访谈的小样本分析中发挥着比较有效的作用;而在非结构化访谈或者大样本数据中,NVivo 手动编码过程类似人工编码,发挥的作用较小,同样需要耗费大量的时间和人力成本。加之,如果研究者主观偏好比较突出,就会在一定程度上影响质性研究的准确性。所以,研究者在做大样本无序化分析时往往会选用 Leximancer 等软件,使研究更科学、更有效(Sotiriadou 等, 2014; Wilk 等, 2019)。

第三节 典型论文点评

论文一的节选与点评:从数据分析单元到理论涌现

在林海芬和尚任(2017)的扎根理论分析过程部分:开放性编码是指……(**点评 1**:详细阐述研究方法及过程,区别于传统定性研究的"思辨式"和"印象式"研究。)为确保编码结果的可靠性和有效性,本研究的访谈与开放性编码同步进行,(**点评 2**:*明确扎根理论路径中的同步性与特殊性要求。***点评 3**:*落地视域融合与假设轮回两个准则。*)每轮访谈结束后开始对资料进行整理和编码,然后才开始下一轮访谈。(**点评 4**:*理想的是落地"24 小时原则"并基于价值密度筛选数据。***点评 5**:*继续理论抽样,追求数据饱和。*)针对 3 家企业均做了补充性访谈,以提升编码结果的可靠性。(**点评 6**:*修复"断桥",为理论饱和创造条件。*)针对 3 家企业的调研原始资料记录独立进行标签化和初步概念化处理……进一步概念化和范畴化合并……表中 a 表示对原始资料的直接标签化,aa 表示对标签化的初步整理,此时并未将所有标签彻底打乱,而是相近整合。例如初步概念 aa1 运行模式稳定化来自对标签 a1 和 a3 的初步整合。[**点评 7**:*建立证据链的一部分:标签化(数据分析单元)—初步概念化—概念化—范畴化。*]分别对来自 3 家样本企业的原始调研资料进行初步概念化后,对获得的 1 019 个初始概念进行重复性剔除,得到 844 个初始概念,被剔除后的概念为空号。(**点评 8**:*复制并不意味着一定保留。*)对这些初始概念进行初步合并和无效剔除,得到 126 个有效概念和 23 个范畴,见表 8……(**点评 9**:*降维,达成数据收敛。*)

主轴编码……逐个详细分析,最后得到 8 个主要范畴,分别为……各主范畴对应的具体范畴和意义见表 9。(**点评 10**:*以归纳逻辑为主,加以因果逻辑比较,规范地运用程序型扎根理论。***点评 11**:*明示它与经典扎根理论路径的发展关系。*)

论文二的节选与点评:建构认知

在程聪(2020)的主要发现部分:通过对吉利完成并购沃尔沃后组织整合过程资料的统合性分析,主要可以划分为……3 个组织整合阶段。(**点评 1**:*纵向的数据处理与分析。*)遵循……探讨吉利整合沃尔沃的组织制度逻辑决策脉络。(**点评 2**:*组织制度逻辑决策脉络是研究主题。*)

……

业务单元一:SPA 平台建设。(**点评 3**:*业务单元是数据分析单元的来源,但不是数据分析单元。***点评 4**:*SPA 平台建设应该是数据分析单元的关键*

词。)作为沃尔沃全球转型计划重要部署的大型车平台 SPA,最早于 2011 年 3 月开始讨论建设。(**点评 5**:*理论构建四组合方法之三:夹叙*。)SPA 作为一个模块化平台,通过共享基本相同的汽车底盘结构、悬架、电气系统和传动系统,从而获得开发汽车所需的灵活性,提高沃尔沃的长期竞争力。(**点评 6**:*理论构建四组合方法之二:厚描*。)因此,……李书福曾说:"……沃尔沃是沃尔沃,吉利是吉利……"(**点评 7**:*理论构建四组合方法之一:引据*。)……虽然吉利对 SPA 平台的投资帮助沃尔沃走上了新的发展道路,但吉利却没有从中获得实质性的协同效益。(**点评 8**:*研究者的认知*。)具体来看,由于是……因此在沃尔沃全权负责的情况下,吉利很难从 SPA 平台上获得沃尔沃技术、专利方面的支持,也无法获得应有的经营利润回报。(**点评 9**:*研究者结构化、丰富化的认知*。)

……

组织管控:起初阶段,吉利在 SPA 平台建设、既有品牌维护和新品牌经营上都给予沃尔沃非常大的独立性,并给予资金、土地、人才等方面的大力支持,(**点评 10**:*理论构建四组合方法之二:厚描*。)但沃尔沃的独立经营并没有达到吉利预期的目标。(**点评 11**:*研究者的认知*。)……因此,在后续的组织管控架构设计谈判中,吉利加强了对沃尔沃的组织整体管控力度。(**点评 12**:*研究者的认知*。)……沃尔沃全球转型计划的典型证据具体如表 5 所示。(**点评 13**:*理论构建四组合方法之三:夹叙*。)

沃尔沃全球转型计划推进过程中,SPA 平台建设、既有品牌维护以及新品牌战略等业务单元运营的系列证据表明……(**点评 14**:*研究者的认知*。)总之,这种聚焦于业务单元逻辑决策的组织整合方式,由于受到沃尔沃在具体业务上独立经营的制约,吉利从沃尔沃获得的技术、专利等知识产权十分有限,大大降低了吉利与沃尔沃之间的协同效应。(**点评 15**:*赋予意义,即协同效应*。)……因此,这种由业务单元上升到组织整体管控的自下而上的制度逻辑变革,是一种组织结构混合逻辑决策范式,具体如图 1 所示。(**点评 16**:*提炼命题,进行初步的理论化*。)

论文三的节选与点评：赋予意义

在王扬眉等(2020)的数据编码与数据分析部分： 第一步，开放式编码。首先，对原始文本进行编码。在编码之前需要排除与本研究无关的段落和章节，编号的规则为公司编号—语句编号。（**点评1**：数据的格式化、预处理，划分数据分析单元。）另外，为了降低研究者个人的选择性知觉影响，由参与本研究的3位成员独立进行编码，（**点评2**：研究者的三角式操作有利于提高研究的结构效度。）尽量使用文本和受访者的原始语句作为标签，共得到346条原始语句。（**点评3**：以原生代码建构认知。）然后，进行概念化。对这些初级代码进行整理和归纳，采用"原生"规则命名初始概念，总结了70个初始概念。（**点评4**：赋予意义。）其中有些语句可归纳出多个初始概念，通过对这些零散的概念进行比较和提炼，将指向共同核心概念的初始概念进行归纳，形成29个核心概念。接着，进行范畴化。（**点评5**：持续比较，通过事件之间的比较、事件与概念的比较、概念之间的比较来完成。）范畴化是……凝练为14个范畴，并进一步实现对范畴的定义。（**点评6**：继续赋予意义。）通过上述过程得到的初始概念、核心概念和范畴体现了案例材料中对创业学习和文化框架转换要素和过程的总结……（**点评7**：形成原始语句—初始概念—核心概念—范畴—主范畴—扎根理论模型。）

在文章的研究发现部分： ……要从多元文化经历中获得切实的创造性，个人不仅要接触外国文化，还要进行具体的认知和行为适应，更要有一种拥抱新体验的开放心态(Leung et al., 2008)。（**点评8**：从上到下？是演绎逻辑还是归纳逻辑？抑或是理论对话？）

家族传承需要（家族创业刺激要素）和童年文化经历（家族创业培育要素）是推动继承人形成文化开放心态，在多元文化经历中成长为双文化个体的必要条件。（**点评9**：从何而来？是"先见"还是"前见"？抑或是先入为主的判断？）从家族传承需要来看，在案例A、B、D中，传承的诉求在继承人出国前就已经明确。（**点评10**：继续赋予意义。这3个案例之内或许存在逐项复制，在案例之外或许存在差别复制。）如案例A中，父子之间约定留学要回来帮助家里发展事业……(**点评11**:单案例分析。)

我们进一步对继承人获取性创业学习进行了跨案例对比分析(详见表5)……(**点评12**:建立和运用证据链。)依据初步概念化相关编码出现的频率和强度进行打分,再看要素合计在总分中的比重来衡量是否显著(下同)。(**点评13**:选择跨案例分析的方法和程序。)从打分结果可以看到,案例A、B、D的家族创业刺激和培育要素都非常显著(均≥0.7);案例C、E的家族培育要素得分(=0.8)较高,但案例C、E、F的家族创业刺激要素相对来说比较弱(=0.2);案例A、B、C、D、E多文化经历的广度和深度均较为显著(≥0.9),由此继承人双文化个体的形成得分(≥0.8)也很高。而案例F在多文化经历与其他案例之间存在差距(=0.5),继承人并没有成长为双文化个体(=0.3)。(**点评14**:构成配对。)由此可见……如案例A中,继承人深刻体会并认可团队作战、效率与经济创造、规范流程、品牌和形象、服务意识这些关键文化构念;案例B中,继承人深刻体会并认可学院派的严谨、服务理念和公平互利。(**点评15**:其他案例的情况呢?)……

命题A:海外获取性创业学习是实现家族海归继承人文化网络构念可用性的关键。家族企业通过创设创业刺激和培育要素使继承人形成文化开放心态,助力继承人在多元文化经历中成长为双文化个体。(**点评16**:第一句话凸显了必要性,第二句话描述了两个构念之间的关系及其意义。)

论文四的节选与点评:理论化与理论饱和

在李显君等(2018)的研究设计部分:与大多数管理学案例研究以企业作为直接案例的做法不同,本研究首先选择汽车电控机械式自动变速箱(Automated Mechanical Transmission,AMT)技术作为一级案例,直接观察分析其中的具体工程技术难题和解决问题的细节,(**点评1**:情境单一,回哺实践。)然后进一步选择突破AMT技术的相关企业作为二级案例,追溯其实现突破的整个过程。(**点评2**:循证管理。)需要指出的是,尽管纳入企业作为案例,但作为一级案例的技术问题才是首要的观察和分析单元,这是本文研究思路和研究设计上与主流案例研究切入点相比所具有的独特之处。(**点评3**:演化经验。)

本文选择苏州绿控传动科技有限公司(以下简称"绿控")和一汽车集团(以下简称"一汽")作为企业样本,原因有四点:……第三,案例技术和产品具备可比性,都主要面向大型商用车市场,与此同时两者在细分市场、技术方案、企业规模和所有权结构(绿控是民营小企业、一汽为国有大企业)等方面又有所差异,保证了案例企业的多样性。(**点评4**:*多维度的配对。*)第四,数据可获得性……(**点评5**:*传统的理论抽样三准则。*)

……

本研究的数据分析分为以下三个步骤。

第一,AMT基础技术资料分析……

第二,单案例分析。研究者首先分别对三个案例企业的AMT技术从无到有的详细历程进行分别分析,包括阶段划分、关键事件、遇到技术难题及解决方式和处理结果。(**点评6**:*数据分析单元。*)作者首先分析绿控的技术突破历程。(**点评7**:*从蓝本案例的分析中形成假设。*)具体步骤为:一名研究者首先……然后,其他研究者分别……不一致的结论由研究者再进行充分讨论,直至达成一致。(**点评8**:*在主体间性中实现视域融合。*)绿控案例分析完成后,作者遵从同样的标准对其他两个企业案例进行分析。(**点评9**:*假设轮回,剔除一家企业。*)

第三,案例间整合分析。研究者提取案例企业技术突破过程中的共性特征,特别是解决了哪些相同或类似的技术难题,经历了哪些相同或类似的发展阶段。(**点评10**:*数据分析中的匹配。*)研究者寻找其中的相似构念,对比分析并辨别构念的异同,(**点评11**:*扩展复制,证实或证伪假设。*)重新检视数据以确认不同案例是否呈现共同模式,最终通过案例间的相互印证和补充形成更为完善的解释框架。(**点评12**:*实现结论的匹配。*)过程中大量使用图表工具以方便对比分析和构念整合。

在文章的研究发现、理论模型及讨论部分:对比绿控和一汽AMT技术突破案例可以发现,两者在核心技术内在结构和突破路径上存在相同之处。(**点评13**:*案例饱和。*)首先,从内容来看,案例反映出三类共性核心技术问题,分别是原理问题、性能问题和可靠性问题;(**点评14**:*类属饱和。*)三者对应的技术目标、需要突破的方式存在明显差异……

……

本文将装配型产品的核心技术总结为三类：（1）原理性核心技术（Principle Core Technology, PRCT）……解决核心技术原理"从无到有"的问题，需要对基本技术规律和科学原理的深刻理解和创新能力；（2）性能性核心技术（Performance Core Technology, PFCT）……解决产品"从无到有"的问题，要求的是规范、完整的产品设计及开发能力，可以通过模仿或逆向工程方式来实现；（3）可靠性核心技术（Reliability Core Technology, RLCT）……解决产品"从有到优"的问题，需要对潜在失效模式的设计预测和故障问题修复能力（见图3）。（*点评15：微观机理的理论饱和，弥合研究缺口。*）

……

在路径方面，案例企业都是首先突破PRCT，再突破PFCT，最后突破RLCT。……PRCT-PFCT-RLCT是后来者实现核心技术从无到有、从弱到强的过程，更是核心技术演化的基本逻辑（见图3）。（*点评16：突破路径的理论饱和，弥合研究缺口。*）

论文五的节选与点评：证据链的完整

在郭会斌等（2018）的研究设计部分：在质性研究范式中，自然主义方法论强调对商业事实和意义解释获得"真实"与"可信"的了解。（*点评1：对于事实的"客观"方面，自然主义方法论与实证主义通约，又与诠释主义通约，凸显了后现代范式的方法融通。*）……其中，科宾等的三阶段分析法因擅长于机制的解释、更适合结构模型的构建而引起了我们的浓厚兴趣。（*点评2：程序型扎根理论路径越来越重视诠释和建构。*）

……尤为重要的是，自然主义的质性研究强调"立意抽样"，（*点评3：即常识中的理论抽样。*）随之关注样本中原始数据的质量和丰富程度，且兼顾案例的典型性和数据可得性。（*点评4：理论抽样的三个准则。*）本文依下列程序落实该原则：（1）考虑到各类工匠对制造型企业发展的支柱作用相比于服务型企业更为突出，本文从国家地域、产品与行业、员工数量和市场业绩等四维度选择，重点关注极端的或异常的案例。（*点评5：目标域的标准。*）（2）工匠精神意味着传承与积淀，这显然需要经营历史的长度，遂对来自制造业的"百年老店"进行环视,进行关键案例抽样和最大变异抽样,重点考察工匠精神在企业创造价值过程中的资本性彰显程度。(*点评6:基于本文的概念和立意抽样。*)(3)紧密围绕研究缺口,以及案例的工匠精神及其资本化特征与表征,抽样拟调研的"杏花村"(案例1)和"耀华"(案例2)两家企业,落实和印证研究设计,形成初步评价并勾勒证据链。(*点评7:两家蓝本企业,是关键案例。*)

……

扎根理论建构特别强调数据分析的中心地位。本文运用交互式研究策略进行数据分析,以清晰和完整地展示证据链。分析流程请见图1所示;(*点评8:研究方法与过程的结合,呈现"案例—数据—洞见—理论"的闭环。*)代表性数据的编码过程请见表3。[*点评9:代表性数据、跨案例比较过程及编码,形成构念—关键词—个案数据(条目)—初始概念—场景——阶概念—二阶范畴的数据结构、构念结构。*]

……

(3)同步进行数据和理论的持续比较与多重迭代,实现事理和学理的对接。正如图2所示,经过构建和不断重复这一证据链,(*点评10:证据链,既是构建的过程,也是构建的结果。*)……共获得27个一阶概念、9个二阶范畴和3个主范畴。它们是对工匠精神四个特征的解读,也印证了工匠精神界定的可操作性。请见表3和表4。(*点评11:以逻辑自洽的类属、构念呈现证据链的树状结构,即核心范畴—层级与主范畴—二阶范畴——阶概念—初始概念。*)

……

(5)可视化结果,将范畴间的关系用逻辑图的形式呈现。(*点评12:机制呈现,凸显证据链的意义。*)图2首先是多层次模型……此即,涌现赋能过程。(*点评13:机制解释依赖于证据链。*)

论文六的节选与点评:结论收敛

在王兴全和王慧敏(2017)的研究方法部分:由于文创园区的统计数据近乎空白,纳税等数据均作为保密资料,难以进行归纳分析,因而本文采用多案例研究方法。(*点评1:没搞懂归纳逻辑和多案例研究方法及其之间的关系。*)

我们从"园区是通过什么形式实现升级的"这一根本问题出发,(**点评2**:"根本问题"用词不当。)未囿于既有理论而独立分析每个案例,理解其中的时序关系、网络关系、因果关系。在对品牌化升级的基本特征及其驱动力有了基本认识之后,(**点评3**:"基本认识"来自何方?)我们开始了案例间的比较分析,观察具有相似可能性的案例,(**点评4**:配对,扩展复制。)进一步确认升级模式。(**点评5**:确认,即证实。)……

在文章的案例研究部分:案例分析表明,文创园区可以利用要素禀赋优势和战略选择,通过四种彼此相容的方式完成升级:(**点评6**:这是结论?如果以结论引领分析,就是逻辑错误。)一是……二是……三是……四是……以下我们将详细讨论四种模式。(**点评7**:逻辑是否周延?理论是否饱和?)

……

文化创意区可能因集聚文化生产者而吸引消费者,文化生产功能逐渐消弭而成为商业地标、观光地标或中产居住区。从全球大都市的经验来看,……纽约、巴黎前卫文化区的迁移都在不断重复这一生命周期。(**点评8**:进行国际比较的意义?)

在田子坊的案例中,(**点评9**:为何不用"案例1"等代码而用企业名字?这给阅读带来不便。)品牌化为消费市场的模式与纽约有相近之处,但背景则有较大差别,驱动因素也更为复杂,这些补充、丰富乃至重构了Zukin和Braslow的理论。(**点评10**:以理论对话引领案例分析?**点评11**:案例分析之初就彰显理论贡献?)最初,……随后,田子坊的人气和文化氛围逐步提升,受访者断言,国外设计师及其工作生活方式在氛围营造中发挥了关键作用。由于地处繁华地段和旅游线路之上,随着社会和媒体关注度增加,田子坊游客流量大增……经历了工作室、前店后厂、展示纵深、有店无厂的过程,这一阶段田子坊兼具旅游市场和艺术品市场双重职能。2011年租约到期高峰之际……田子坊完成了从设计师和艺术家集聚区到上海文化观光地标的转变,成为AAA级景区,黄浦区政府匹配专人、专款、行政职级,将其作为十大景区之一加以推介。(**点评12**:田子坊是多案例的蓝本案例,分阶段进行比较理想的单案例分析,暗示区位优势、先发优势、物业特征、政府意志四个驱动因素。)

消费市场的转化程度受区位的直接影响。与田子坊同样具有先发优势的

M50，却一直作为画廊集聚区保持下来。(**点评13**：*扩展复制，差别复制。*)……与田子坊通过游客流量增加实现市场转化不同，M50通过购买转化率的提高增大市场容量。(**点评14**：*案例之间的比较。*)另一个相关的案例是地处南外滩的老码头……因而其消费市场进一步升级需要考虑周边环境导致的外部成本。(**点评15**：*差别复制，案例的背景及发展模式的差异。*)

……

上述五个案例代表的模式表明，文创园区的消费市场转化是普遍现象，但区位优势、先发优势、物业特征、政府意志四个驱动因素决定了转化的程度。(**点评16**：*四个驱动因素的提炼和归纳，仍然缺少坚实的数据支撑。*)位居内城及处于旅游线路之上，增加了市场的可接近度；而通过先发优势确立品牌及消费者知晓度和美誉度，有利于提高参观、体验的消费意愿；田子坊、老码头等案例说明，物业的视觉景观和文化符号特征，对文化消费群体具有较强吸引力；在强政府背景下，政府导向在相当程度上左右了文创园区消费空间转化的方向和程度。(**点评17**：*理论化，四个构念就是四个维度。*)需要提出的是，政府在消费市场转化进程中往往着眼于……田子坊的快速转化，是四种驱动因素共同作用的结果，其他案例则因因素的不同而呈现不尽相同的转化升级特征。(**点评18**：*以扩展复制来完善理论。*)在驱动因素影响之下，文创园区会向着吸引外地游客的旅游市场和吸引本地居民的休闲市场转化，基本方式为增加潜在消费者流量，或者增加购买转化率，以增加市场容量形成部分或完全转化。(**点评19**：*通过多案例比较来实现形式的结论收敛。*)

第四节 追问与改进建议

问题一：如何处理"先见""前见"与"放空大脑"的关系？

早在1967年，为了避免由文献带来的先入为主的主观认识对研究过程和研究发现的影响，扎根理论的开拓者之一格拉泽就建立了方法论的要求指向：在进行研究之前不能看文献。在问题确定、资料收集及认知建构过程中排斥研究者"先见"及文献"前见"的参与和影响，主张通过对资料进行"客观性"的归纳来形成初步的理论,然后再进行持续比较,促成理论的升华、完善和成熟。这已经成为扎根理论路径的重要传统之一。

基于案例研究是诠释和建构的过程,需要避免"前见"对调查或理论涌现的干扰,Yin(2017)坚持"放空大脑",保持一颗"无知的心",以便不受或少受既有文献的左右。案例研究大师凯瑟琳·艾森哈特(Kathleen Eisenhardt)的著述以2004年为分水岭,早期的论文对文献综述着墨不多,以凸显其遵循案例研究的核心主张;后期的论文则回应国际一流期刊的期待,对文献浓墨重彩。

与扎根理论创始人提出的"放空大脑"的建议相反,Timmermans和Tavory (2012)主张,质性研究者在一开始必须熟悉现有文献。Hsu等(2016)则以未来理论的深入为导向,强调阅读文献是研究的第一步;它有三个目的:①为前沿知识奠定基础;②促进理论发展;③为后续研究确定方向。更进一步,Bansal和Corley(2012)主张,如果文献回顾交代得过多,那么读者会感觉理论不是从数据当中得来的,如果文献回顾得过少,这样看起来研究就又好像是漫无边界的(刘祯,2012)。由此看出,对于理论在质性研究中的贯穿性,存在显著的争论。

理解依赖于一定程度的前见(加达默尔,2010),完全摒弃文献中的"先见"与"前见"是不可能的。一方面,每一个研究者在既往的实践中已经在一定程度上形成了既有图式;另一方面,理论基础的缺乏必然导致理论敏感性的羸弱,理论建构也就难以实现。事实上,我们的大脑被各种常识、观念、理论或立场所渗透,这些是被社会和文化因素形塑的,在影响着我们的观察方式,此即知觉。由此,任何观察都具有位置性(如阶层、地位、种族、性别、历史时期等),它们形塑了研究者的位置性(Timmermans和Tavory,2012)。研究者分析和研究都是"本位"的。既然如此,与其要求在观察中"放空大脑",不如承认现实,反而有助于我们发现商业实践中的惊异之处。

今天国内外主流的质性研究,进行的是梯度式推进。在研究过程中,对既有学术积累越来越重视,要求必须尊重、回顾并善用与主题或问题相关的文献,从中寻找理论基础或者发现理论线索,而不能开展"重新发明车轮"式的研究。此时,避免"先见"与"前见",已经不是忽略文献的借口,没有文献综述的论文等于是在"重新发明车轮"。事实上,在学术界也是反主流的,因其首先影响到问题界定和研究对象选择等一系列的效率问题,甚至有很大的风险。再从国内二十多年来的研究实践看,研究范式进化到今天,不同的期刊、不同的作者对于文献的态度、笔墨的浓重程度不一。但已经形成共识:对于文献基础、文献线索的把握和运用,已经成为评判论文的标准之一,甚至是重要标准。

由此,我们提出以下建议:

（1）**承认"先见""前见"的客观存在**。扎根理论路径需要研究者有自己的理论"格"子,以"先见"或"前见"搭建"格子",否则无论在资料中如何"扎",也是"扎"不出理论的。

（2）**保持开放的心态**。熟悉研究对象、受访者、实践者,了解他们的知识、认知和理解水平。陈向明(2015)发现,提前讨论研究主题、对关键概念定义、梳理关键概念的关系并不会必然产生"先见"。相反,还可以为接下来的编码程序奠定基础。

（3）**在数据和现有文献之间切换**。从头开始崭新的数据分析,进行多次迭代,而不是恪守以前案例分析的经验,包括具体编码,要勇于发现新的类属、范畴或构念。如果紧紧地抱住自己已有的"知",不到现场或数据中去格"物",或者只是用自己的"知"去生搬硬套"物",那么也是无法获得新"知"的。

（4）**需要"客观地"运用自己的"主观性"**。尤其要对这种主观性与客观性各自的运作,以及之间的互动关系保持不断的反思。

问题二：不同扎根理论的路径如何通约？

1. 经典扎根理论路径的气质

Glaser 和 Strauss(1967)把(经典)扎根理论路径作为一种实用的研究方法;他们主张密切关注"真实场景中的日常事实"和卷入其中的人们(即受访者、行动者、实践者)对这些"日常事实"诠释之间的差异。他们拒绝了实证主义范式的假设检验程序和证伪,聚焦于真实情境中的行动者、实践者对事件的意义建构和对概念运用,以及自己的诠释过程。因此,该方法带有诠释主义范式的阴影。

该过程基于观察者(即研究者)所识别出的类属,重点思考了几个方面:①它们与田野数据、数据分析单元的匹配程度如何,亦即编码是否具有足够的适切性;②对进一步诠释说明或预见程度如何,亦即假设轮回的进展程度如何;③与观察到的核心问题相关程度如何,亦即类属、范畴或构念之间的相互关系反映出什么,进而范畴(或构念)与核心问题之间的作用机制又如何。由此,经典扎根理论路径兼具实证主义和诠释主义的气质。

2. 流派之间的论战

1987年,斯特劳斯对扎根理论路径进行了程序化修订,但遭到了格拉泽强烈的批判,认为他违背了扎根理论的基本精神。1992年,格拉泽在《扎根理论分析的基础:涌现或强制》(Basics of Grounded Theory Analysis: Emergence vs. Forcing)一文中,对斯特劳斯的程序型扎根理论路径又一次进行了猛烈批判,强调了理论自然涌现的重要意义,从此两人在学术上分道扬镳。1998年,卡麦兹在前人的基础之上,提出建构型扎根理论,推动扎根理论路径由实证主义走向诠释主义、建构主义。其实,在经典扎根理论路径中就有诠释主义的灵魂。

总的来看,三位不同取向的扎根理论大师及其拥趸对归纳逻辑的态度不尽相同。格拉泽式风格强调归纳式分析,其论点严格地从数据中涌现而来;斯特蒂斯式风格结合归纳和演绎方法,其核心是基于持续验证的反绎推理/溯因推理(毛基业和苏芳,2019);卡麦兹流派侧重于诠释与建构。三种扎根理论路径各有所长,存在认识论、方法和程序上的差异,在争鸣与融合中推动质性研究的进展。

3. 扎根理论路径的融合

任何一种研究都很难完全采用一种逻辑方式,归纳和演绎逻辑相辅相成,有时还要借助直觉、灵感、系统、模糊思维等思维逻辑。"我不再相信,理论建构是发展新知识的唯一途径……厚描、案例分析、改变困境以及讲故事……每种形式的研究在自身的方式上都具有说服力。"这一点,在科宾和斯特劳斯的著作《质性研究基础:扎根理论程序与技术》(*Basics of Qualitative Research: Grounded Theory Procedures and Techniques*)修订过程中已经明显地显现。该著作前后两个版本,对于理论编码的范式,尤其是轴心编码的态度差别很大,方法也更趋多样化。

科宾和斯特劳斯要求研究者以开放的态度从调查到资料收集和分析过程

都应警惕独断性和僵硬性,甚至还解释道:根据研究主题和研究人员的见解,不统一分析过程,可以随意选择,灵活开展研究(김지은,2019)。① 由此可见,这不是哲学信仰的改变,而是他们接受了格拉泽和卡麦兹的批判并做出了有意识的、深度的改进。这也意味着作为方法论,三种扎根理论路径之间没有泾渭分明的鸿沟,流派之间的"对立"并不是真正的对立,而是"伪对立",是被建构出来的对立,三者是有限通约的,它们的共同"敌人"是缺乏方法论基本素养所导致的低劣水平的社会科学研究实践(王宁,2002)。

为此,我们提出以下建议:

(1)秉持"扎根精神",不作原教旨主义者。扎根理论路径是一种理论构建的方法论,不是一种固定的、严格的研究方法,"扎根精神"是扎根理论的核心,仍处于发展之中。研究者不能刻舟求剑或自我设限,不能成为扎根理论的原教旨主义者;否则,前一步刚刚迈出定性研究主观性的藩篱,下一步又会跨入定量实证研究程序性的牢笼。

(2)在实证与诠释之间求得平衡。质性研究后现代范式的构建,以讲一个饱含事理和学理的"故事"为要旨,不仅需要视域融合中的后实证主义和诠释主义相伴相生,归纳逻辑和演绎逻辑时常共存,更需要在两者之间求得和谐的存在。

(3)不能"公式化"。扎根理论路径最大的吸引力在于高度的程式化,而不是公式化。研究者不能依葫芦画瓢,而应非常关注数据分析,贯彻持续比较和迭代的思想,在假设轮回中实现案例饱和与理论饱以及结论收敛。

问题三:如何提高认知建构的敏感性?

研究者所拥有的最伟大的工具是他们的思维和直觉,最好的编码方法就是放松,让你的思维和直觉为你工作(科宾和斯特劳斯,2015)。沿着判断和直觉,柔性的质性数据在解读过程中发挥巨大的作用(Daft 和 Weick,1984)。所谓柔性的质性数据,刻画的就是不一致、惊异的事实。敏感性来自数据和文献的连接与对比,柔性的质性数据、数据与文献描述不一致的地方就是敏感源。

---

① 实质上,程序型扎根理论路径的最大长处就在于严格的程序化。

触发理论创新的源泉在于惊异事实,用常规理论解释不了或解释不理想的现象,即"行"与"知"分离,此时有待研究者追加理论解释。皮尔士(2019)区分了两种惊异:新奇和歧异[①]。在科学研究中,凡惊异事实都需要得到解释,此时溯因推理可以发挥理论创新的作用。Timmermans 和 Tavory(2012)制定了溯因分析方法的程序:①重审现象。从田野依据感官观察得到资料(田野笔记或访谈誊写文本)后,进一步根据已有理论的背景进行再审视。②去熟悉化。借助现有理论解释,打破对日常生活中对司空见惯的现象习以为然的态度,发现现有理论无法解释的惊异之处。③替代性解释。用不同于现有理论的新理论对惊异现象加以解释。[②] 费策尔(2014)[③]指出,践行溯因主义(abductivism)基本程序是质疑(puzzlement)→审思(speculation)→调适(adaptation)→解释(explanation)。

"察事物所以然之理,察之精而尽其变。"(清·王夫之·《张子正蒙注》)此外,敏感性随着对资料的接触、把握和透析而增强,而这需要研究者的思考和沉淀。留出一定的时间去思考,这非常重要……我们不得不强调,质性研究不可操之过急。一个质性研究者必须留出时间来培养敏感性,必须留出时间让思想的演化发展得以发生(科宾和斯特劳斯,2015)。

为此,我们提出以下建议:

(1) **回到所选定的问题**。质性研究后现代范式的构建,解决实践中管理工作的五方面的问题,其中经常含摄惊异事实。

(2) **发现和切中敏感源,密切关注惊异事实**。惊异事实的发现要求研究者转变观察方式,寻找合适的观察位置,在主体间性中实现视域融合。

(3) **用溯因分析方法增强敏感性**。溯因可以追溯到古希腊"三哲",它既是一种逻辑推理,也是一种探索过程中的洞见闪现,由此推动新理论的构建。

(4) **以时间的沉淀去修炼对数据的敏感**。熟视无睹适用于没有积淀的研究者,慧眼识金适用于成熟的研究者。

[①] 英文分别为 novelty or new experience 和 anomaly or unexpected experience。

[②] 此时竞争性解释或许更适用。

[③] 归纳主义(inductivism)的基本程序是观察(observation)→分类(classification)→概括(generalization)→预测(predication);演绎主义(deductivism)的基本程序则是猜想(conjecture)→推演(derivation)→实验(experimentation)→消错(elimination)。

问题四：如何提高所赋予意义的自涵性？

质性研究就是为了找回前科学时期人类熟悉的"叙事话语"，将学术界在"科学"与"艺术"之间人为制造的隔离再次弥合（Geertz，1973）。想要弥合，就需要在研究者与实践者之间建立桥梁，就需要厘清研究情境、对数据分析单元赋予意义，以此推动质性研究后现代范式的构建。这是当代研究者的共同责任。

"案例—数据—洞见—理论"证据链中存在诠释学循环。从线性归纳到溯因分析，看重的是理论与案例数据的互动循环。整体理论的形成不是建立在研究者分割地归纳案例各个部分数据基础之上的，而是建立在整体和部分的循环互动基础之上的。在证据链的循环中，不同研究者提炼的洞见、归纳出的理论理应是唯一的，此即赋予意义的自涵性。

赋予意义过程所涌现的类属、构念等的命名、定义，可以随着研究者的个性驰骋、张扬，即应保持高度的开放性，善于捕捉涌现的机会，充分利用案例研究高度灵活的特性（Eisenhardt，2012）。但是，类属之间、范畴之间、构念之间的边界应足够清晰。唯有清晰，才具自涵性，才能保证一目了然而又完整的数据结构，也才能保证 HOW 和 WHY 两个问题乃至 WHAT 这一问题的解决，从而为理论化奠定基础。

为此，我们提出以下建议：

（1）以证据链贯穿质性研究的始终。质性研究后现代范式的建构，允许个性发挥和张扬，但是证据链应是一条主线，是一篇质性研究论文的脊梁。

（2）类属、范畴和构念的内涵与外延具有唯一性。类属、范畴和构念等符合形式逻辑的要求，形式和内涵是合法的。

（3）将每个类属和构念置于数据结构中，时常进行反思、比较和确认。数据结构是意义赋予的终结，类属、范畴和构念是意义赋予结构化的呈现。

问题五：如何提高理论化的原创性？

质性研究的主要挑战是如何提高理论贡献水平。如果理论化程序缺少创造性，就谈不上思想性，也就谈不上理论贡献。面对"精致的平庸"开始抬头、

"练习式研究"(孙继伟和巫景飞,2011)逐渐泛滥的状况,学术界急需提高理论的创新性和原创性。而保证理论的创新性和原创性,就需要思考研究范式和研究方法。

1. 范式之分

第三章梳理了实证主义范式和后实证主义范式、诠释主义范式和思辨研究。首先,每一篇论文中都有其主导的研究范式,存在不同程度的交互与交融。其次,理论建构与理论检验的方法倾向不同。基于归纳主义的逻辑,以经验为基础的理论建构更多地采用质性研究方法;基于演绎主义的逻辑,理论检验更多地采用定量实证研究方法。再次,学术共同体内部的学术研究客观上也存在分工,即理论建构(假设或洞见、猜想)和理论检验(证实或证伪、理论的精细化)的分工。一部分人更擅长理论建构或理论创新,另一部分人更擅长理论检验或理论精细化,也有人同时擅长二者。最后,理论建构的方法倾向不同。一部分人更擅长案例研究,另一部分人更擅长扎根理论路径,也有人先用扎根理论路径进行数据处理、编码,再用案例研究方法进行理论归纳。但完成"案例—数据—洞见—理论"证据链的闭环是一致的。

2. 范式之争

Eisenhart(2012)主张,定量研究的目的是通过测试理论来获得真理,而案例研究是通过构建理论来接近真理。没有高水平的理论建构能力和深度的理论洞见,单纯的(哪怕是高质量的)量化实证主义研究不可能产生突破性的理论(席西民和刘鹏,2019)。亦即,只有理论观点的重复诉说,现有理论只不过得到一个新的资料验证或展示,也就没有理论创新。学者们对定量实证研究的态度有差异,对案例研究的认知也存在偏颇。实践中,案例研究并不拒绝实证主义的面向;两者本是相辅相成的,应当摒弃门派之争,携手并进。

3. 殊途同归

Colquitt 和 Zapata-Phelan(2011)提出,从理论建构和理论检验这两个维度评价实证研究的理论贡献[①],并划分为低水平理论贡献和高水平理论贡献。前

[①] 需要注意的是,Colquitt 和 Zapata-Phelan 并没有严格、细致地区分质性研究和定量实证研究,而是笼统地用"实证"一词。

者包括描述类与完善类的理论建构和理论检验,后者包括建构类、检验类和拓展类的理论构建和理论检验。Welch 等(2011)进一步指出,理论检验维度更适合评判定量研究;但理论建构维度适用于评判案例研究,因为案例研究的主要目的是构建理论。

从理论建构的维度,Colquitt 和 Zapata-Phelan(2011)进一步将新理论的建构分为从高到低五个级别:①引入新构念或显著地重新构建现有构念;②对先前尚未探寻过的关系或过程进行研究;③在现有关系或过程中引入新的中介(作用机制)或者调节变量(情境因素);④考察早期理论建构过程中主体的影响;⑤对以往解释过的效应进行重复研究。例如,Smith(2014)发现了进退两难困境和悖论之间的新关系(第二级贡献),扩展了悖论理论。

为此,我们提出以下建议:

(1) **认知角色,担当重任**。无论是进行理论建构还是进行理论检验,理论贡献是永恒的主题和追求。没有理论的原创性就一无所有,或大或小的理论贡献、理论原创是研究者的当代责任。

(2) **选择主导研究范式**。以质性研究后现代范式保障研究质量的策略为引领,从上述范式中选择主导的研究范式,进而选定支撑性、熟稔的研究方法。

(3) **理性把握学术目标**。质性研究后现代范式要求研究者致力于对现有理论进行详细阐述并发展,追求的是约束条件下和特定情境中的中层理论,而不是开发出颠覆认知的"全新"理论,也不是去砍掉以往理论体系中的枝或干,更不是全盘否定既有管理理论与研究范式。比如扎根理论研究的初衷就是:希望在"理论强加"的世界观和"无所束缚"的经验主义之间取得一种平衡,从而发现新的、富有启发意义的事理与学理。

第五章 理论构建的四组合方法

第一节 要义诠释

一、关于"理论"的解读

关于理论的阐释,首先涉及严肃的哲学和科学问题,然后涉及跨学科的不同认知与理解。直到今天,关于理论唯一且普适的定义,人们还没有达成一致意见(Gabriel,2008)。但是,有许多与理论这一概念相关的重要问题,我们还是需要倍加关注。

(一)理论是什么

1. 科学层面,关于理论的认知和界定

(1) 学者们试图从理论的作用出发探索理论是什么。理论可以让科学家理解并预测他们感兴趣问题的结果,尽管这种结果仅仅是一种或然(Cook 和 Campbell, 1979)。理论还可以让科学家描述并解释事件的过程或先后次序(DiMaggio, 1995; Mohr, 1982)。Bacharach(1989)指出,理论提供了一种组织经验世界的语言工具,可以使学者不被其复杂性弄得眼花缭乱。Brief 和 Dukerieh(1991)认为,理论作为一种教育手段,能够提升人们对一组特定概念的认识。理论是任何有目的人类行为的先导,在实践中如果没有理论就连捡起石头也做不到(Agar, 1996)。

(2) **理论就是科学的基本目标**。真理就是特定探究者共同体在长期探索过程中注定会达成的共识(费策尔,2014)。理论是对社会历程的一种记述,强调对叙述合理性的实证检验及其适用范围的谨慎界定(DiMaggio,1995)。它提供了一种连接过去和现在的方法,可以为前辈的生活和工作找到内在依据,从而归属到内隐文化中(Wolcott,2005)。在寻找普遍适用理论定义的过程中,Adams等(2011)提出一种更新、更精细的解释:理论具有多重含义,所有这些含义并不都易于协调一致,但可以成为可广泛使用的概念;有时理论被泛泛使用且与哲学同义,或者被具体用作对经验的解释性描述。

2. 质性研究中,关于理论的认知和界定

维克(2016)认为,理论是一个广泛的准则,或者是一个相互联系的广泛准则的集合,用于作为已知事实和经验发现的一套解释。Campbell(1990)则将理论定义为:一些命题的集合,无论是文字的还是符号的;这些论断指出哪些以及为什么这些变量是重要的,说明变量之间的关系及其原因,辨明在哪些条件下这些变量相关,在哪些条件下这些变量不相关。案例研究的系统诠释主义范式大师Corley和Gioia(2011)将理论定义为:若干构念及其相互关系的一种陈述,该陈述说明一个现象如何以及为何发生。我国质性研究的推动者陈向明曾经指出:理论是对现实的一种解释,必然是对现实的简化;理论是"探照灯",能够照亮一般人看不到的地方;理论是"衣架",能够将混乱的现象秩序化。理论通常指概念模型或框架,用于解释社会现象的一组变量或过程之间的关系(蔡振荣和商靓,2021)。

由此可见,对于质性研究而言,在理论的概念解释上尚无统一的定义。共识的缺乏可以解释为什么在社会科学和行为科学中发展强理论是如此困难(Sutton和Staw,1995)。但是,格式化的类属、构念、命题、关系的机制等,以及非格式化的对现象的解释和条件等,有关理论组成要件的描述,已经被人们普遍认可为质性研究中的洞见或理论。

(二)理论的多层次解释

"理论"是一组概念及其关系,分为宏大理论、形式理论、实质性理论、细微或迷你理论(均为中层理论,与经验事实相关联)。对于理论的分层,我们在参阅先前论述的基础上,提出如图5-1所示的框架。

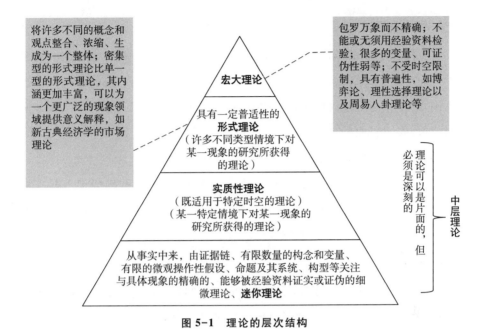

图 5-1　理论的层次结构

1. 宏大理论

宏大理论(grand theory)包罗万象而不精确,不能或无须用经验资料检验,有很多的变量、可证伪性较弱等;同时,不受时空限制,具有普遍性和普适性,比如理性选择理论、博弈论以及周易八卦理论等。

2. 形式理论

形式理论(formal theory)是指在许多不同类型情境下,对某一现象的研究所获得的理论,也是与在抽象概念层面的话题领域有关的理论。该理论将许多不同的概念和观点整合、浓缩、生成为一个有属性意义的整体;同时,密集型的形式理论比单一型的形式理论,其内涵更加丰富,可以为一个更普遍的现象或更宽广的领域提供意义解释,具有一定的普适性,比如新古典经济学的市场理论,彼得斯和沃特曼(2012)采用案例研究方法,追求理论的普适性,正如他们所言:"……所述的八大特质,不论是当时还是现在都适用。"又如"……这不是崭新或是没有经过验证的理论,而是经过科学验证的,而且经得起检验……"。

3. 实质性理论

实质性理论(substantive theory)即适用于特定时空的理论,或者某一特定情境下针对某一现象的研究所获得的理论;它追求一定的普适性,也与经验现象直接有关。如柯林斯和波勒斯(2002)选择了18家"高瞻远瞩公司"和18家对照公司,关注企业的成长战略、组织行为与组织变革等相对"高远"或"宏观"的问题,得出"保存核心(理念),刺激(技术)进步"的结论。

实质性理论与形式理论在一般性水平上不同,如针对我国历史上几大商帮的商业活动可形成各自的形式理论,而与之有关的会馆、地域性商业理念等亚文化范畴的理论则属于实质性理论。

4. 迷你理论

迷你理论(mini theory)(Lincoln 和 Guba,1985;欧兰德森等,2007)从事实和田野数据中来,由证据链、有限数量的类属、构念和变量、有限的微观操作性假设、命题及其系统、构型等构成,且是关注具体现象的、精确的、能够被经验资料证实或证伪。迷你理论正是质性研究的旨趣所在,也是大量的定量实证研究论文的目的所在。

实质理论和基层的细微理论、迷你理论都属于中层理论。正是基于以上解读,理论成为交换站和通用媒介,会产生统一效应;理论就像锻炼身体或摄入维生素C,其中涉猎的理论和方法都是工具,目的是回答研究问题(米尔斯,2017)。这些都是对中层理论的描述。由此可见,中层理论可以是片面的,但必须是深刻的,一定情境下是精准的。

(三)质性研究视域中的理论

质性研究优先是相对于某一情境的中层理论乃至形式理论,而非宏大理论。其中宣称的理论从事实中来,由证据链、有限数量的构念和变量、有限的微观操作性假设、命题及其系统、构型等关注与具体现象的精确的、能够被经验资料证实或证伪的细微理论、迷你理论。

中层理论可以是对观察、经历或记录的现象的任何连贯一致的描述或解释(Gioia 和 Pitre,1990)。它将帮助我们:①细化与系统化我们对世界的思考与想法;②产生与解释关系以及个体、团体和实体之间的相互关系;③改进我们对人、群体与组织的预测和期望;④获得对世界更深刻的理解。因此,研究特别是学术研究,一般应在理论框架内完成,而且应该(至少部分)涉及创建或检验理论(泰特,2019)。

由此可见,开展理论对话就要超越构型和图表,根据情境的相似性与差异性,从本质的学理关系着手,厘清理论的构成要素及其内在联系。

(四) 好理论的四个基本要素

质性研究与理论的关系非常重要。Whetten(1989)认为,好理论必须包含四个基本要素:①什么(WHAT);②如何做(HOW);③为什么(WHY);④谁(WHO)、何处(WHERE)、何时(WHEN)。

在记录、描述与解释这些现象和事实时,研究者必须选择并把最重要的因素纳入其中。在好理论中,这些重要的因素被称为构念或概念,即"什么"是好理论的主要构件及要素。同时,描述这些构念"如何做"才能关联并相互影响。通常,研究者以命题或陈述等文本形式描述这些关系,然后通过绘制图形或模型的方式将其操作化。

一个理论的"什么"和"如何做"两个要素组成理论的领域,即理论主题;一个理论的"为什么"要素帮助解释"什么"与"如何做"之间的关系。具体而言,"为什么"要素帮助解释构念,以及要素间拟定关系背后的心理、经济和社会机制,包括研究者的假定。这些假定是理论的黏合剂,可以将理论的所有部分连在一起。

谁、何处、何时等要素,刻画了理论边界和应用场域,也与研究情境高度相关。但是,通过谨慎与合乎逻辑的思考,研究者应该能够列举出有关理论的边界和约束条件的初始清单。

(五) 什么不是质性研究中"完整的理论"

1. 数据分析单元不是"完整的理论"

田野数据、数据分析单元是质性研究分析的基础,是理论的来源。在扎根理论路径中,经由数据发展理论(陈向明,1996),其研究程序是先从田野数据中扫描事例，进行目的性抽样（即理论抽样），再将事例分门别类，区分和建立为数据分析单元；对分类后的事例进行诠释，用其他数据再一次验证初始诠释，将低层次的分类系统整合成完整的类型，提出一个深入且整合良好之观念系统（郭玉锦，2010）。也就是说，案例研究中的数据分析过程是类属及其关系的提炼、归纳和测量过程，而观察到的结果确实能够为理论提供有力的支持，但它不是理论本身。

此外，定性证据本身并不能产生抽象的、情境兼容的因果论断；理论还需要解释类属、构念或变量是怎么来的，或者它们之间有何关系。好理论往往是具象的、可以用文字表达的，又往往是抽象的、一般性的。

2. 类属、构念和变量等不是"完整的理论"

它们都是对现象的初始表达，是洞见，也是理论的基本要素，都涉及理论要解释的对象和内容是什么。概念是抽象的、普遍的，是归纳来的，不能直接或者间接被观察到（陈小屏等，2010）。尽管构念（概念）和变量还不是理论，但是管理学理论建构最为关键的一点就是核心概念的提出。重要构念、类属或标志性变量的价值，亦如此。

3. 模型和图表不是"完整的理论"

模型、图表、数据可以为理论给出符号性表示，而且通常可以明确表明决定特定关系或过程的关键中介变量和调节变量（Colquitt 等，2011）。尽管如此，真正的理论不是滥用模型和图表，而是探究可以解释关系的潜在过程，辨析相邻概念或广泛的社会现象，提出令人信服且内在逻辑一致的观点（Sutton 和 Staw，1995）。比如柯林斯（2002）解读了 11 家公司从优秀业绩到卓越业绩的"黑匣子里是什么"，并构建了飞轮模型。

但在研究实践中，滥用图表、无实质意义地复杂化图表的例子不胜枚举。因此，对这一点要非常警惕和规避。简约的图表或许是质性研究论文中的重要部分，也是当然的追求。

4. 命题（假设或预测）不是"完整的理论"

命题一般出现在实证主义传统的质性研究论文中，但一系列命题并不能代替一组逻辑解释。假设是对现象的一种陈述，用一些具体的可操作的变量表达,一般出现在定量实证研究的论文中。

上述阐述实质上否定了理论建构过程中的"盲人摸象"。对于质性研究而言,所构建的理论应该是一个"完整的大象",或者是其中比较重要的构建。

二、理论建构的传统方法

理论建构是指经验研究的论文在一定程度上澄清或补充了现有理论,或者引入了可以作为新理论基础的关系和构念(Colquitt 等,2011)。在质性研究中,中层理论的开发是其追求的主要目标。自质性研究范式的产生和规范以来,大多数文献沿袭了关键引述和证据引述(Pratt,2008)两种方法来构建理论。

(一) 关键引述

既有文献构成了理论视角(替代性解释和竞争性解释)或参照理论,成为案例分析中关键引述的主要来源,以此提高理论的效度和信度。比如孙华等(2018)以学者们关于团队发展阶段的论述,引领数据分析。又如孙新波和苏钟海(2018)基于酷特智能敏捷制造的案例研究,颠覆了传统生产的微笑曲线,提出了"武藏曲线"并进行了比较,其实质是竞争性解释。

(二) 证据引述

不同呈现形式的田野数据成为案例分析中证据引述的直接来源,以此提高理论的效度和信度。比如在邵剑兵等(2016)的"案例讨论与分析"中、在程聪(2020)的"主要发现"中,读者少见理论文献的关键引述,看到的更多是加工后的案例材料或数据分析单元。尽管这两篇论文保留了"好故事"的可读性,仍然需要读者去认真感悟和寻觅"案例—数据—洞见—理论"证据链。

三、后现代范式中理论建构的四组合方法

今天看来,质性研究现代范式中的两种传统方法因逻辑论证的经验性浓厚、结构化不足,导致在研究实践中常常出现理论和数据之间产生鸿沟,也难

以提高新洞见的整合度与涵摄度,成为理论建构的羁绊,由此影响新知识的生成和传播。例如在张锚等(2020)的"平台领导力影响因素及其作用模型阐释"部分,见到更多的是对先前文献的关键引述,很少见到田野数据的证据引述。

在推进后现代范式建构的过程中,围绕归纳逻辑的运用,需要新的组合方法,对田野数据、理论视角和参照理论等进行明确而严谨的结构化,以保证洞见的产生不但要"真"而且要"有趣"。面向"案例—数据—洞见—理论"证据链的显化,有必要对关键引述和证据引述两种传统方法进行重构与再定义。重构后的新方法有四种,它们构成了组合,如表5-1所示。

表 5-1 四组合方法的种类及其释意

种类	释意和应用
引据	直接引用田野数据,尤其是受访者的原话,形成最直接、最有力的支持
厚描	依据研究的进度,聚焦研究的节点,浓缩每个案例的一手、二手资料,形成新的支持性语句
夹叙	直接采用初次编码所形成的条目
夹议	旁证他人的学术观点,为走向律则性的形式理论奠定基础

(一) 引据

最好的方式就是让案例"说话"(Siggelkow,2019)。引据,是案例"说话"的方式之一,指直接引用田野数据,尤其是受访人的原话。比如曾国军等(2020)直接引用"师傅是一种职业信号的传达""是他们开启在碧水湾酒店企业发展的领路人"等,构建职业发展初期的初始资源禀赋的烙印效应,对相关人员立足公司、铺垫职业生涯发展起到良好的推动作用。

鲜活的"故事"构成"引据"的内容,"引据"赋予"故事"创造性的意义和认知,以真实、有趣味(Laszlo,2020)和丰富拉近读者与作者就商业事实或商业问题与理论问题之间的距离,在特定的情形下遵循其形态本质,实现"谈欢则字与笑并,论戚则声共泣偕"(南朝·梁·刘勰·《文心雕龙·夸饰》),由此,才不会显得突兀。

（二）厚描

厚描，是案例"说话"的方式之二，主要是在描述层面对研究现象进行密集的描绘（Geertz，1973）。它是对深层结构、机理的洞察、诠释和建构（韩巍，2009），尤其要选用支持力量比较强的情节、数据，一般基于既定的商业事实对其进行浓缩，常用来作为因果解释或意义阐释的方法。其基本要求是"以少总多，情貌无遗"（南朝·梁·刘勰·《文心雕龙·物色》）。亦即，用简清的语言概括丰富的内容，把事物的情态状貌表现无遗。在进一步运用厚描时，需要依据研究的进度，聚焦研究的节点，浓缩每个案例的一手、二手资料，形成新的支持性语句或段落。在陈宏权等（2020）的"研究发现"部分，厚描是唯一的方法，比如"我们在重大工程全景式创新的模型解耦中，结合扎根理论分析的数据结构，围绕管理局的举措和田野数据，结合三大创新要素进行了案例分析"。

"故事"构成"厚描"的内容，"厚描"赋予"故事"厚重的意义和认知。

（三）夹叙

夹叙，是案例"说话"的方式之三，就是把握所选案例的主要特征，抽离、转化或概括商业事实，形成数据分析单元或编码过程中的条目并进行展示。比如郭会斌等（2018）在与文献对话中，叙述企业内部存在的层次，指出在企业内部存在分别以员工个体、群体（或部门）与组织为管理对象的个体层、群体层与组织层（既有文献），通过引用"在汾酒的演变中，从创业伊始的老酒师到今天的一线工人和所有的酿酒师、品酒师、勾兑师等各岗位技术人员，无不恪守古法、逐步改良，成就了清香型白酒的极致口感"，对既定的商业事实进行编码，进而进行深度提炼与总结，所阐述的道理圆熟通达，易被人们理解和接受；忌讳支离破碎、冗长繁杂，应做到"义贵圆通，辞忌枝碎"（南朝·梁·刘勰·《文心雕龙·论说》）；并且指出"工匠精神已不再局限于个体层面，已经属于组织资本资源的范畴，其集成性特征明显"。这就回归到论文的中心主题。

"故事"构成"夹叙"的内容，"夹叙"赋予"故事"厚重的意义和认知。

（四）夹议

夹议，就是引用既有文献，与文献对话（不只是替代性解释和竞争性解释，还包括参照理论），在对话中叙述新洞见、新理论的含义或其构成。一则，需要做到"义典则弘，文约为美"（南朝·梁·刘勰·《文心雕龙·铭箴》）。二则，将理论的力量完全融化在故事看似"自然"的呈现中，在已有理论和所构建的理论之间寻找跳板与桥梁，即引用经典、成熟的著述。比如江鸿和吕铁（2019）采用由于"车辆设计高度依赖经验，很难从书上或者国外学到"，因此三家企业只能通过逆向工程与"干中学"（Arrow，1962）来探索产品架构知识和设计原理。这是非常理想的夹议方式。

文献著述构成"夹议"的线索内容，"夹议"赋予文献著述以深化或升华，进而建构"顾客个性化的服装"（Kearney，1998）——实质理论、中层理论，为走向律则性的、"适合大量人群的成衣"（Kearney，1998）——形式理论奠定基础。

四、参照理论

（一）援引出新

管理学作为一门比较年轻的学科，新理论提供了一些重要而独特的见解，深化了人们对管理现象的理解。虽然管理学领域已经开发出一些重要的新理论，但它们仍处在发展阶段，还在不断完善中（肯和迈克尔，2016）。现有管理学理论的演化过程显示，它具备与时俱进和自我修正的机制，具有足够的包容性、开放性和多元性（毛基业，2021）。

在理论建构的过程中，我们可能还需要借用来自对话理论（理论视角）以外的其他理论中的构念、法则和机制——参照理论。这个参照理论距离对话理论越远，越有可能引发理解现象的新视角（毛基业和李亮，2018），越有可能生产更新的知识。譬如在工商管理学的研究中，其微观基础可能涉及脑科学、认知科学、神经科学、认知心理学、认知神经学、认知学习等，通过深入分析个体的心脑（微观）反应，推导个体行为的选择和交互关系。

（二）学科交叉大有空间

社会科学自诞生以来，在思维逻辑和研究方法上一直受到自然科学的思维逻辑和研究方法的影响。管理学的发展历史也昭示：学者们不仅运用经济学、社会学、心理学等理论解决许多问题，还在尝试运用生态学、仿生学、量子力学、热力学、信息技术或其他学科的知识寻求题解，这就为问题的生成与演化提供了温床（白长虹，2019）。但这些嫁接后的理论仍处于发展中，成熟度各不相同，这就通常会产生复杂和动态的讨论，特别是要给予参照理论、数据分析及理论贡献高度的相互依赖（Bansal 和 Corley，2012）。

因此，管理学的学者们在开展研究的过程中，一则打开学术视野，勇于从不同学科和学术背景中吸取新鲜的血液；二则从理论、研究方法两个方面，不断地加以丰富和创新（谭劲松，2008）。

（三）从理论物理学援引

管理学研究，未来可能不仅要与其他人文社会科学开展交叉研究，甚至也要探索与理科、工科、医学等学科的交叉融合，打破管理学的现有边界，可能会出现新的研究范式和理论的根本性突破（陈晔，2021）。

一个不容忽视的现象或趋势是，经济物理学、社会物理学等正在成长为新的学科。物理学作为发展最完善的自然科学之一，对社会科学研究的影响越来越深远。比如18世纪，在物理学家提出宏观和微观概念之后，很快为经济学家所接受；1890年，在阿尔弗雷德·马歇尔（Alfred Marshall）援引均衡、弹性之后，经济学家、管理学家对于物理概念和方法论的引用普遍化且正走向成熟。

核物理学之父欧内斯特·卢瑟福（Ernest Rutherford）著名的论断为：所有的科学或者是物理学，或者只不过是在集邮。① 获得2020年诺贝尔物理学奖的数学物理学家罗杰·彭罗斯（Roger Penrose）也指出，人脑的结构和发生在量子水平上各种效应之间一定存在某种联系。理论物理学将继续显著地、加

---

① 原文为：All science is either physics or stamp collecting。

速地向人文社科、工商管理学渗透和映射,这将有效地推动工商管理学领域的理论建构。

(四) 从信息技术领域援引

20世纪80年代以来,计算机、信息技术领域迅猛发展,已经明显地、深度地改变了人们的生活和社会运行,此即第三次浪潮,也由此推动了第三次工业革命。以ChatGPT、Sora和DeepSeek为关键事件与重要节点,新一代人工智能正在推动第四次工业革命如火如荼地进行,受其影响,经济社会、企业管理实践正在快速变革。

但人文社科、工商管理学的发展远没有科学技术的精确与精准。随之,援引高科技哲学理念、原理和原则、架构、方法等,如神经网络、机器学习、深度学习、知识图谱等,成为推进工商管理学前进的重要抓手。

第二节 关键程序与环节

一、理论视角与理论边界

(一) 选择理论视角

普林斯(2011)认为,"视角"是"描绘叙事情景和事件的特定角度,反映这些情景和事件的感性与观念立场"。McKinley等(1999)强调,一篇论文必须在学者既有知识和"待读"文献之间建立一座桥梁。而确定理论视角就是在建立桥梁,它连接研究者的积累和文献。

今天的国内外主流质性研究,进行的是梯度式推进。Bansal和Pindera(2005)指出,要重视讨论达到理论的回归,在研究过程中回到文献,对既有学术积累越来越重视,要求必须尊重并回顾与议题相关的文献著述,而不能开展"重新发明车轮"式的研究。这就要求在开始研究之前,精选理论视角,把握其线索,进而以线索引领新洞见的涌现;研究结论一定要与理论基础对话,从而带来理论贡献。

研究者如何选择理论视角才能便于开展研究?

1. 需要思考的系列问题

当前的学术思潮是什么?定位于哪个学科比较适当?宏大理论层次有哪些分支?形式理论属于哪个学科?实质理论又有哪些流派?中层理论(质性研究与定量实证研究)的丰富程度或细微程度如何?中层理论的假设条件是什么?中层理论所运用的方法是什么?中层理论所吸取的观点的逻辑链条是什么?研究思潮为:宏大理论(如竞争)→形式理论(如产业竞争学科领域、竞争优势理论)→实质理论中的流派(如核心能力、资源观、组织学习理论)→中层理论(如资源警觉、资源环境构建)。

2. 从最新理论中探寻理论灵感

这也迎合了从文献中寻找选题的方法。比如在创新生态系统的理论研究中,创新生态圈是关键,陶小龙等(2019)将企业转型升级与创新生态圈成长耦合机制相结合,探讨将创新生态圈成长与企业转型升级纳入同一分析框架的途径。这就为企业创新和转型升级提供了一个全新的研究视角,从创新生态系统发展角度明确了创新生态圈成长的三个关键阶段。

3. 平时应该注意积累多个理论

这样才能更加敏锐地解读现象,进而更快速地选择合适的理论。经常阅读《管理世界》《南开管理评论》、*Academy of Management Review*(AMR)、AMJ 等专业期刊中的文献,是积累理论的有效方法。比如长期致力于资源学派研究,对资源依赖理论情有独钟,对基本原理、理论建构的情境有长期思考,能够熟练规避理论建构的挫折,把资源依赖理论方便地用到论文中。

4. 关注某一理论自身的发展脉络

界面管理在 20 世纪 80 年代后发展迅速,90 年代涌现了大量文献,21 世纪前十年相关文献偶有出现,2010 年之后呈现快速发展的势头。2017 年的美国管理学会年会的主题词就是"At the Interface"(在界面)。现在,界面已经被学术界广泛接受,相关文献汗牛充栋。

（二）确定理论边界

1. 理论边界的界定

DiMaggio（1995）把理论定义为：对社会历程的一种记述，强调对叙述合理性的实证检验及其适用范围的谨慎界定。谢宇（2024）坚持：在社会科学领域，不要盲目追求永恒的、不变的、放之四海而皆准的知识，这对于促进知识的增长或加深自身的认识并无益处。所谓的理论边界，就是理论的应用场域、条件和资源依托等适用范围。

参照理论的援引可以跨越学科边界，但质性研究所构建的理论有其自然的情境和边界。厘清研究情境的同时，也就界定了所构建理论的边界。

2. 理论边界的刻画

WHO、WHERE 和 WHEN 一般出现在论文的"结论与讨论"中，呈现为"理论贡献""实践启发"或"研究不足与展望"等，所传达的就包括理论边界和应用场域。

二、提炼 WHAT 的四组合方法

在质性研究的后现代范式中，研究者通过提炼构念来展现研究价值。这是由质性研究的主旨所决定的，而不是应时、应景、应求的所为。构念（WHAT）[①]，尤其是全文的核心构念，起着提纲挈领的作用，对 HOW 和 WHY 这两个问题的解决起支撑性作用。在此基础上，挖掘关系、发现机制，实现理论化。

那些提出全新构念（或显著重构现有构念）的论文有潜力变得更为新颖，新构念的提出通过引出新的研究方向，有助于形塑未来的思考（Colquitt 等，2011）。因此，一篇质性研究论文的最大贡献或许是提炼出新的构念。比如郭

---

① Law 等（2011）根据构念与维度的不同关系，将构念分为三类：①潜因子型多维构念，指构念与维度不在同一层次上，维度是果，构念是因，因此构念是维度的共同变异部分；②合并型多维构念，指构念与维度在同一层次上，维度是因，构念是果，构念是所有维度的总和；③组合型多维构念，虽然构念与维度在同一层次上，但构念通过多维度的不同状态组合来表征，构念并不是由维度简单加总构成的。

会斌(2016)发现温和改善(唐纳德等,2013)对"中华老字号"的适切性,进一步界定五维变量和测度指标,实现由哲理到学理的落地,使得温和改善的学说更加丰满,也由此启发"老字号""温和改善"的研究导向。郭会斌等(2018)运用了四组合方法中的三种方法,提炼了工匠精神资本化的构念,其中命题1-1的归纳过程具有参考意义。

(一) 引据

新的构念,一般不是来自学科内的文献著述,而是来自活生生的商业实践。实践者的原话,经常作为新构念的支持性佐证而存在。对此,郭会斌等(2018)一文没有呈现,有白璧微瑕之憾。

(二) 厚描

厚描指对商业实践的刻画,经过浓缩、抽离和格式化后,呈现在论文中。郭会斌等(2018)浓缩了八家"百年老店"的演变,手工艺人、各类匠人、新工匠等对工匠精神进行操作性界定的事理基础,陈述所嵌入的KSAO(knowledge, skills, abilities, other characteristics)人力资本资源,以及所珍存与传承的工匠精神已经衍生为企业的共有伦理操守、准则和优势资源这一事实。

(三) 夹叙

对于商业实践的刻画,在建立数据分析单元后,对其进行贴标签,形成条目,以此构成"夹叙"的内容。郭会斌等(2018)加入"汾酒"案中的(条目1-7)、"宝马"案中的(条目4-9),支持"工匠精神已不再局限于个体层面,已经属于组织资本资源的范畴,集成性特征明显"。

(四) 夹议

夹议指从文献中出现的概念出发,梳理后提出新的构念。郭会斌等(2018)立足先前文献中对于"资本""文化资本""精神"的界定或论述,进一步提出命题1-1,从理论本质上完成对"工匠精神资本化"这一新构念的界定,从而做到"论如析薪,贵能破理"(南朝·梁·刘勰·《文心雕龙·论说》)。

三、归纳 HOW 和 WHY 的四组合方法

案例研究的价值主要在于明示焦点问题的演化方向,或者对焦点问题给出有解释力的理论框架,其创造性则保证研究过程中不断生成新的理论养分(白长虹,2023)。HOW 和 WHY 一般出现在论文的"数据、发现"中,所传达的是洞见涌现和理论建构的过程,尤其是对机理或机制的揭示与解释。前者,经常以数据结构、命题、总结性陈述的方式刻画类属或构念之间的关系;后者,经常以逻辑框图的方式呈现价值创造的深层逻辑。它们一旦被定量实证研究证实或被实践证实,就沉淀在管理理论中。

在质性研究后现代范式中,研究者首先应遵循的是根据类属或构念来展现新发现,而不是根据每个案例来展现类属或构念,这已经成为质性研究应遵循的基本的方法论之一。然后,每个涌现出的类属或构念之间的关系,还需要有深入的逻辑关系进行深度的解释和例证,包括引用被访者的原话解释为什么关系存在(引据),也可以运用逻辑推理的方式(厚描或夹叙)来解释,还可以引用文献或理论来解释(夹议)。

"理形于言,叙理成论。"(南朝·梁·刘勰·《文心雕龙·论说》)李倩倩和崔翠翠(2018)的"数据分析"和"模型构建和诠释"部分,完美地运用四组合方法,具有一定的示范意义。

(一)引据

在"表 2 原始数据收集示例"中,李倩倩和崔翠翠(2018)以"原帖"和"回复内容"呈现了网络互动的情境,而辅以"原帖链接"又强化了数据的真实性。

(二)厚描

在模型建构和诠释中,李倩倩和崔翠翠(2018)展示了大量的、原始数据加工后的数据分析单元,文章的表 5 又展示了 2011—2016 年各影响因素提及频率,以"关键词"的形式对网络互动进行了浓缩,然后揭示和解释了本土品牌逆袭与消费者偏好逆转的互动影响路径。这就回答了 WHY 的问题。

（三）夹叙

在编码的过程中，李倩倩和崔翠翠（2018）以"关键词或典型例句"呈现了数据分析单元或条目，随后建立了逻辑模型，显示或刻画了全球品牌与本土品牌偏好的各自驱动因素以及其中的关系。这就回答了HOW的问题。

（四）夹议

在与替代性解释对话后，李倩倩和崔翠翠（2018）发现所提炼的驱动因素与其他已有研究的发现基本一致，但在影响价值考量的具体因素上存在差异。他们进一步对15个聚焦编码后的主范畴进行了概念界定，从而在"先见""前见"和"放空大脑"之间取得了中和与平衡。

四、参照理论的选择

Rynes等（2011）讨论了管理学与经济学、心理学和社会学这些来源学科之间的张力，指出管理是一种现象——无法通过单一学科狭窄视角来理解的实践与活动的集合。因此，拓展研究的边界、开拓综合性视野、在不同学科之间（不止社会科学的不同学科，还包括自然科学的学科）进行交融与跨界就变得十分必要。

当前的跨学科"互动"通常是：各个学科通过辩论的方式强调和强化自身学科的"立场"与特色。虽然这可能比较有趣或充满新意，乃至充满刺激，但不太可能促进跨越学科边界的合作，甚至不可能得到善意的回应。因而，每个学科领域沿着既有的跑道前进而没有交集，乃至论战频发、水火不容。为此，Agarwal和Hoetker（2007）、MeGrath（2007）联合建议，管理学者应创造性地探索成功跨越学科边界的互动方式。以近年的战略管理研究为例，源于自然科学的复杂理论和源于社会学的社会网络理论等相关学科的发展之所以得到越来越多的关注，并融合渗透到主流的战略管理领域，就因为复杂网络和复杂适应性系统为考察环境与战略的互相影响，共同演进并提供了一个全新的视角（谭劲松，2008），也由此推动了理论的快速发展。

当今学术界对于是否或能否援引参照理论,态度是开放的。那么,研究者如何选择参照理论从而便于开展研究？图 5-2 给出了路线。

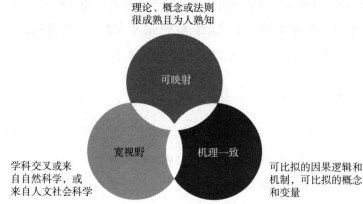

图 5-2　援引参照理论的路线

重点 1：宽视野

① 关注和阐明人文社会科学理论自身的演进。② 关注自然科学,尤其是物理学、生物学理论的演进和映射,重点关注其概念、法则和机制的援引。比如源于自然科学的复杂理论和源于社会科学的社会网络理论,早在 20 世纪 80 年代初期就引起社会科学领域的关注,但是直到 90 年代后期才为管理领域所接受和援引。其中的部分原因是受到研究方法和工具的制约。例如 Plowman 等(2007)运用复杂理论来解释持续的小变化如何引发剧烈变革的问题,以此构建出广为称颂的逻辑模型。

重点 2：可映射

① 概念和机制等理论构成要素很成熟,如张力、韧性、耦合、界面等理论物理学法则。② 为学科领域内的学者所熟知。张默和任声策(2018)基于事件系统理论深入探索了创业者创业能力形成的过程,并揭示了四个构念对所形成机理的影响。再如聚焦于管理学理论中关于悖论的研究,自 1988 年以后,张力法则被管理学界普遍援引。Lewis(2000)率先进行了管理学的界定,张力是指为了掩饰冲突事实的同步性而认知或社会建构的两极。今天看来,该定义存在明显的局限性,未能深刻地洞察组织中张力的全面性、普遍性和程序性。但近几年,学者们对张力的援引正在趋于成熟和深化。

重点3：机理一致

关注和阐明援引的合法性，关注和阐明被援引理论在本学科内的发展。在界面被援引到管理学以后，文献偶有出现，处于多方、多角度的探索、界定之中。直到克里斯坦森和雷纳（2004）才进行了阶段性提炼：界面可能存在于一个产品中，也可能存在于增值链的两个环节之间。这一论断为一种新的理论建构逻辑的形成和发展奠定了基础。正因为此，郭会斌等（2018）援引界面理论分析了工匠精神的资本化机制。

五、理论对话

在案例研究中，学术创造力的一种表现就是通过甄别真相，验证或证伪先前的学说，即理论对话。它是指质性研究从始至终离不开理论的比较、引导与指导。研究问题的确立和研究缺口的发现，只有通过理论对话方可确认理论需要拓展和修正之处；数据的收集，需要不断将数据和理论进行对比；数据分析的四个程序，也是在理论引导与指导下完成的。在展示理论贡献这一部分，只有对新洞见进行系统性的归纳，才能确认新的一般性解释。理论建构的贡献是在讨论、文献对话中彰显的。

在具体处理"站在巨人的肩膀上"的方式方面，乔雪峰（2018）基于研究的全过程提出三种方法。然而，在质性研究中，替代性解释、竞争性解释及参照理论的援引已成为理论对话的常用策略和主要呈现形式，也是公认的理论建构的主要环节和构成；而阐释论文所进行的拓展、完善、更新或更换，以及采用新的视角、方法、材料或彻底推翻等，就成为经常性的方式。借此，一则提高了结论的内部效度；二则研究者可以把自己的研究发现整合到当前的知识体系中。

（一）替代性解释

这是指研究者将自己的观点与若干个同一类别文献的观点进行比较，以此阐明自己的研究证实、扩展前人的观点或体系。比如程宣梅等（2018）利用专车服务行业的案例分析，通过集体行动视角下的制度逻辑演化机制研究，不仅回应了 Dorado 的倡导,更在 Dorado 的研究基础上进一步细化和拓展了理论分析的框架。再如刁雅静等(2019)解释了朋友圈内社交行为对购买意愿的影响,选用修正的社会影响理论,增加了模型的解释力度,融合了认同机制与内化机制的系统研究,解读了不同类型社交商务平台下的社交行为与购买意愿转变的根源和程度。

(二) 竞争性解释

这是指研究者将自己的观点与若干个同一类别文献的观点进行比较,以此阐明自己的研究与前人的观点相对或相反。郭会斌(2016)的描述如下:……该文由技术轨道和累积性知识的渐进性创新,深探到战略性资源、杠杆资源、被边缘化资源的警觉及其拼凑,这些深化了渐进性创新理论。将创业研究领域的核心构念——机会发现——向内延伸到资源警觉,不仅仅由关注机会警觉转向资源警觉,更强调机会—资源发现。此处,有中生新……这明显区别于创业新组拼理论中的"无中生有",也不是"创造新的市场、提供新的服务"。显然,这向后扩展了创业新组拼理论的边界。

第三节 典型论文点评

论文一的节选与点评:理论视角与理论边界

在曾德麟等(2017)的文献综述部分:管理学术界对航空复杂产品与敏捷性制造的研究重视不足。(**点评1**:点明研究缺口;但此缺口受到的质疑为:航空是一个非常专业的高技术产业,是"点",文献不足是正常的,即便有也属于细微理论,是难以概推的。)文献梳理表明以往的研究更注重识别与验证获得企业敏捷性的先决条件,从信息技术的角度研究企业敏捷性。但现有文献研究仍存在以下两点不足:(**点评2**:打开了学术视野,选择理论新视角,指出研究缺陷与不足。)第一,……缺乏对生产流程特殊、采用小批量/单件生产模式的复杂产品制造敏捷性的研究;第二,从信息技术视角研究企业敏捷性却没有完全打开两者之间的"黑箱",这导致已有的研究结论难以解释为什么有的企业使用信息技术能提升企业敏捷性,而有的企业却不能促进企业敏捷性。(**点评3**:旨在探讨某一视角下的中层理论。**点评4**:指出实践中的困境。)……以往的文献对信息技术是否促进企业敏捷性,出现了截然相反的两种结论,缺乏对复杂产品制造敏捷性的过程研究。(**点评5**:悖论。对过程的研究能破解悖论吗?)研究对象的单一(主要关注可大规模制造的简单产品)与研究过程的忽视,导致制造敏捷性理论研究徘徊不前,(**点评6**:进一步分析已有理论的症结。**点评7**:和上一句存在矛盾、衔接不当。)也不利于指导中国装备制造业的发展。(**点评8**:非常巧妙地指出研究结论的应用场域。)本文以航空复杂产品如何实现制造敏捷性,构建出信息技术促进复杂产品制造敏捷性的过程模型,发展了制造敏捷性理论研究。(**点评9**:以小见大,对学科领域的理论贡献。)

在文章的理论价值部分:上述三个主要结论的理论贡献分别体现在以下三个方面:第一,以往的文献主要采用静态的视角,指出……缺乏对信息处理能力的深入研究。(**点评10**:泛泛阐述先前。)本文……识别出复杂产品生产流程的计划、生产与考核三个阶段,企业需要分别培养信息分解、信息加速、信息共享三类能力。本文为研究信息处理能力提供了动态的研究视角,结合不确定性较高的复杂产品制造,发现依据信息处理的对象不同,企业需要不同的信息处理能力。(**点评11**:解释 WHAT 问题。**点评12**:仍处于企业信息处理能力的解释层面,理论归纳略显不足。)第二,以往的文献主要聚焦于企业信息处理能力是否满足了信息处理的需求,但是并没有回答如何发展企业信息处理能力……这扩展了 Wang et al.提出的企业需要通过合理的 IT 基础设施投资以及足够的组织协调活动来实现 IT 处理解决方案这一结论。(**点评13**:与文献精准对话,通过替代性解释展示贡献。**点评14**:解释 HOW 的问题,但未能清晰说明信息处理能力的作用机制。)第三,Ahuja & Carley 的理论研究只发现……同时 Choudhury et al.与 Kirsch et al.的研究也仅指出……本研究发现……从而提升了信息处理能力。(**点评15**:竞争性解释。)本研究的发现也能解释那些导入信息技术却没有促进制造敏捷性……(**点评16**:对特殊现象的解释。)

论文二的节选与点评：好理论的"四个基本要素"

在李志刚等（2019）的理论贡献部分：①在理论价值方面……推动了公司创业理论和新创企业生成理论的进一步发展，弥补了关于小微企业生成路径研究的理论空缺。（*点评1：回到研究缺口。*）基于扎根研究，提炼出包括运营微型组织、嵌入社会网络、聚焦用户价值、调控自身定位、完备竞争优势、生成小微企业6个主范畴的"小微企业生成路径"，发现了生成小微企业的起点、终点以及关键行动的逻辑关系。（*点评2：五个类属、概念之间的关系，即 HOW 的问题，构成了路径；命题有待提炼。*）同时……划分了原生型、次生型、派生型和创型4种不同小微企业的生成模式，并阐述了每种模式在用户、组织、产品及市场等方面的具体情况。（*点评3：进一步解释小微企业生成机制是什么，其主范畴和发展逻辑是什么，趋向于 WHY。*）②在实践价值方面，从小微企业内部来看，本研究为中国小微企业寻求各方资源支持、稳步发展提供了指导方向。（*点评4：有待内敛。*）……从小微企业外部来看，对企业从整体层面构建新业务生成模式具有一定的启发作用，为成熟制造型企业向平台型组织转型提供了理论思路，为新企业创建与发展提供了新的可选方案。本研究……解答了企业怎样更好地通过创业活动去契合不断变化的外部条件；同时，本研究可以为企业分析自身支撑小微企业所需机会和团队的组合提供依据，为新业务的筛选和生成提供评判标尺。（*点评5：中国小微企业、成熟制造型企业、平台型组织和新企业，即 WHO；成熟制造型企业向平台型组织转型，即 WHERE；外部环境的复杂变化，即 WHEN。*）

论文三的节选与点评：理论建构的方法（WHAT）

在白长虹和刘欢（2019）的研究结论部分：本研究认为，旅游目的地精益服务是由旅游目的地政府主导驱动，以提升游客情感价值为核心，旅游企业和本地居民协同供给的，具有普惠性、可信性、亲善性、易获得性、选择自由等特征的一系列综合服务。（*点评1：回答 WHAT 的问题。*）研究发现，旅游目的地精益服务不同于普通形式下满足游客基本旅游功能需求的标准化、规范化服务，它是以提升游客情感价值为核心,满足游客更高层次的个性化情感体验需求为主要目标的综合服务,(**点评 2**:*继续阐释 WHAT 的问题。*)其实现主要有……五条路径。(**点评 3**:*简约阐释 WHAT 的实现路径。*)具体来说……(**点评 4**:*详细阐释各功能要素在实现 WHAT 过程中的作用。*)

在文章的研究意义部分:本研究从实践现象入手进行探索式理论建构,意义主要表现在以下几个方面:第一,开创性提出旅游目的地精益服务的概念与内涵,构建概念性框架模型,发展了一个旅游目的地服务质量升级的新模式。(**点评 5**:*理论对话不足。*)第二,扩充了对旅游目的地政府角色与职能精益化转变的认识……在旅游目的地服务质量升级中,地方政府可以并且应该突破原本固有的一般化、普遍性、公共性的服务思维和职能局限……(**点评 6**:*理论对话有待精准。*)第三,识别了旅游目的地精益服务实现的五条具体路径,为地方政府提升旅游目的地整体服务向更高质量、更高水平发展提供了系统化的实施框架和管理工具。(**点评 7**:*实践意义。*)

论文四的节选与点评:理论建构的方法(HOW 和 WHY)

在江鸿和吕铁(2019)的案例分析与研究发现部分:……2004—2012 年,中国列车生产企业借助技术引进,建立了高速列车产品开发平台,技术集成和项目集成能力极大增强,战略集成能力仍然非常有限。在企业产品序列不断扩张的过程中,政府持续发挥着项目集成和战略集成的作用。(**点评 1**:*厚描。*)

第一……就技术而言,集成能力包括组件与系统总装的工艺能力以及系统(子系统)设计能力(Hobday and Preneipe, 2005)。(**点评 2**:*夹议。*)……制造工艺是技术引进中获益最大的部分。唐车表示,"制造技术,西门子确实全部无保留地转让"。(**点评 3**:*引据和夹叙。*)四方也认为,在生产工艺上,"川崎是个好老师"。(**点评 4**:*引据。*)同时,企业根据本地技术条件不断改进引进工艺。例如,唐车"经过无数次试验,终于掌握了焊枪的最佳角度和速度,达到了小焊缝焊接时的零缺陷"。(**点评 5**:*夹叙。*)

……

综上,在行动主体层次上,铁总作为政府代理机构和用户,改变了高速列车生产企业能力的组织适应性、技术适应性标准和产品复制概率,(*点评6*:三个构念。)企业的三类集成能力均得到强化。(*点评7*:技术集成能力、项目集成能力、战略集成能力是三个构念。)同时,受铁道部改制影响,铁总失去了基于行政权力的系统集成能力,高速列车生产企业的反馈效应又降低了铁总既有能力的复制难度,使铁总的系统集成范围进一步收缩,战略集成能力和项目集成能力出现退化的趋势……(*点评8*:构念之间的HOW。)……在产业层次上,由于企业的系统集成能力极大提升,而铁总既有的项目集成与战略集成惯例并未失效,中国高速列车产业表现出全球领先的集成水平。(*点评9*:WHY。)一个直观的对比是,350km/h中国标准动车组从研制到正式运营耗时5年,而西门子第四代300km/h动车组ICE4从2008年技术招标到批量采购耗时近10年。(*点评10*:厚描。)

论文五的节选与点评:讨论中的WHO、WHERE和WHEN

在程宣梅等(2018)的理论贡献部分:首先,本文深化了对制度逻辑的动态演化过程的研究,对竞争性逻辑的冲突、互补和兼容关系做了更深入的探索。(*点评1*:简约总结研究内容。)……但现有研究对制度逻辑的演化轨迹的研究更多是竞争性制度逻辑之间的冲突,以及这种冲突如何形塑组织和个体的行为,而忽略了竞争性制度逻辑可能存在的兼容和互补的演化轨迹。(*点评2*:研究缺口,指出现有研究忽略了兼容和互补的演化轨迹,制度逻辑的动态演化过程不清晰。)本文……揭示了组织制度变革中新、旧两种竞争性制度逻辑的动态演化过程,全过程刻画了从新制度逻辑的生成、边缘走向中心、与旧制度逻辑竞争冲突一直到新旧两种制度逻辑共存的过程,这种新、旧竞争性制度逻辑从分离到冲突再到共存的演化过程,充分体现了竞争性逻辑之间的兼容、冲突、互补关系的融合,揭示了组织变革过程中不同制度逻辑及其相互之间的竞争和互动的演化,对制度逻辑演化理论具有一定的理论贡献。(*点评3*:以已有理论为基础,拓展研究范畴,以及什么是竞争性制度逻辑的动态演化过程,*WHAT*得到解决。*点评4*:解释了组织变革过程中不同制度逻辑及其相互之间的竞争和互动的演化机理,HOW 得到解决。)其次,本文深化了对组织场域中集体行动相关理论的研究……进一步细化了集体行动模式形成的微观机制,详细说明了……研究不仅回应了……理论推导,更在 Dorado 的研究基础上进一步细化和拓展了……最后,本文率先从集体行动的视角去研究制度逻辑演化的驱动因素……丰富了关于制度逻辑演化机制的研究……也为后续的多种制度逻辑的动态演化及其作用边界的研究提供了一个较好的视角。本文将集体行动和制度逻辑理论分析整合起来,是对制度理论的一个拓展和贡献(**点评 5**:*用驱动因素解释理论贡献的 WHY。***点评 6**:*理论贡献部分均采用先陈述研究内容,而不是理论贡献,接着与文献对话。*)

论文六的节选与点评:参照理论的嵌入

在邵剑兵等(2016)的理论基础部分:……生物基因的深入研究正是在生物 DNA 已经完全证实的基础上进行的。(**点评 1**:*在自然科学中,已经成熟的理论可以作为参照理论来援引。*)……因此,有学者将决定企业特质的基本因素称为"企业基因"(Tiehv,1993)。(**点评 2**:*可援引到理论的验证中。*)李宝山(2005)认为……主流观点认为……生物学认为,DNA 是搭载基因信息的载体,企业 DNA 被认为是企业基因复制的基础(李钢,2007),因而演化经济学(**点评 3**:*理论视角。*)试图探讨搭载企业基因信息的载体(即企业 DNA)究竟是什么,这也有助于厘清企业基因的内涵。Neilson 等(2005)认为……也有学者认为……还有学者对 Neilson 等(2005)的观点加以延伸……(**点评 4**:*理论进展。*)

结合仿生学和生物基因学两个学科的概念……已经由简单的概念借用进入以企业基因模型构建为主的阶段。(**点评 5**:*正因为如此,该文构建模型,进行检验。*)

……

基因复制对生命体的繁衍起到基础性作用……当企业被视为一种生命体的时候,复制机制也同样存在,也是确保企业能够保持连续性的关键机制。(**点评 6**:*可比拟的变量或构念。*)……

企业基因的复制机制可以解释为：在企业成长的过程中，特别是表现出一种区别于以往的新的生命体特征的时候，企业基因的复制活动就会发生。(**点评7**：比拟可取，附会就不可取。**点评8**：可比拟的机制。)……

企业基因变异与生物体的基因变异具有相同的特征，都表现为基因本身所携带的遗传信息发生了改变，即企业核心价值观发生了改变。(**点评9**：可比拟的结果。)……

就生物体而言，基因变异大多是环境变化作用的结果。对企业来说，企业基因变异主要受外界环境影响和自身学习两方面动因的影响，这两方面的动因表现在外界环境与企业成长之间双向互动的过程中……(**点评10**：机制映射，可取。)

重组机制……(**点评11**：从文献看，企业基因的相关理论难以说成熟。因此，此部分实质上是在构建理论基础，是演绎推理。**点评12**：既然是在比拟中演绎，为何不列表说明？)

……

基于企业基因维度的划分及社会责任行为影响因素的研究结果，本研究将企业基因划分为商业模式、管理模式、资源支持系统和组织架构4个维度。(**点评13**：是维度还是变量？)在制度环境的背景下，不同的基因组合将形成不同的社会责任基因，进而决定着企业运用何种非市场战略实施社会责任行为。(**点评14**：隐含的假设之一。)企业基因通过遗传、变异与重组组成了新的企业社会责任基因，进而影响着企业社会责任履行方式的变化。(**点评15**：隐含的假设之二。)外部环境的变化也会给企业社会责任行为履行带来影响，而企业履行社会责任行为的最终目标是实现可持续发展。(**点评16**：隐含的假设之三。)基于上述逻辑所构建的理论研究模型如图1所示。(**点评17**：基于三个机制或逻辑的映射，以及三个隐含的假设构建模型，进行跨越学科边界的互动。**点评18**：从演化经济学理论视角，利用企业基因遗传"理论"所搭建的分析框架。**点评19**：在构建理论基础而非质性研究中，基于理论基础寻找其中的理论线索。由此，该文临摹了定量研究的实证主义范式。)

在文章的案例讨论与分析部分。(**点评20**：进行所谓的"企业基因理论的嵌入"，并展开实证检验。)……基因复制中的DNA作用。DNA作为承载基因信息的介质,在基因复制的过程中是否发生改变,也会对基因复制机制产生较为明显的影响。(**点评21**:从理论及其演绎出发,求得证实。)在企业成长初期,作为企业DNA 4个构成要素之一的管理模式对基因复制的作用更加显著,主要体现为创业领导人利用自己的特殊地位对企业基因所做的解释。(**点评22**:涌现的洞见或命题之一。)如果企业的管理模式没有发生明显改变,创业领导人将会直接决定企业DNA的基因新表达以及相应的社会责任行为。(**点评23**:厚描。)马云在2001年提出"2002年赢利一块钱"的目标,而且做出规定不能给客户回扣,"谁给客户一分钱回扣,不管他是谁请他立刻离开",(**点评24**:在案例中,用田野数据加以说明。**点评25**:引据。)这在当时被认为是几乎不可能完成的目标。(**点评26**:夹叙。**点评27**:证据一致、机理一致,即可证实。)

在文章的结论与讨论部分:……非市场战略视角下互联网企业的企业基因遗传机制框架,如图2所示。(**点评28**:构建机制,理论化。)

本文的理论贡献在于:当纵向观察一家企业实施非市场战略的行为时,可以发现明显的路径依赖特征,这在一定程度上证实了企业基因复制理论的有效性。(**点评29**:实证主义的证实。)

第四节　追问与改进建议

问题一：何以顶天？

理论是质性研究的起点和终点。所谓"顶天",就是瞄准国际研究前沿、立足研究成果在管理科学知识积累中的边际贡献、采用科学规范的研究方法,所提出的学术假说、观点、洞见和理论等,能够获得学术界的一致认可,亦即"独步当时,流声后代"(南朝·梁·刘勰·《文心雕龙·论说》)。

新洞见,既是对已有理论的延伸和修正乃至再造,也是对以往研究的继承和发展。按照Wagner和Berger(1985)的观点,有四种发展理论的方法,分别是:①深化(elaboration),这是指研究者构建新理论,使得原来的理论更全面、更具体。比如刘方龙等(2019)通过多案例研究,利用扎根理论路径,不仅重新定义了价值共创时代组织价值观的内涵,还进一步重构了内部管理过程中,从而形成了一个全新的价值创造系统。②繁衍(proliferation),这是指研究者从其他领域的理论援引和借鉴某个或者某些思想,将其引入一个新的或不同问题中产生新理论。③竞争(competition),这是针对已经完全建立起来的理论,提出新的、针锋相对的解释,创造新理论。④集成(integration),这是指在两个或者两个以上已经建立起来的理论基础上,创造一个新的理论模型。这四种方法,是将研究者自己的理论观点与已有文献联系起来的手段,并不是相互排斥或者截然分开的。比如研究者可以在理论建构的某个方面使用"深化"这一途径,而在另一方面使用"繁衍"或"竞争"的方法,两者间不存在竞争关系。在此,郭会斌等(2023)比较理想地、娴熟地运用了这四种方法,发展了匠心租金新洞见、新理论。

卫田(2012)总结了案例研究的三类潜在的理论贡献:①提出新的解释机制来构建理论,化解文献中存在的悖论或者填补文献中的缺口。例如 Smith(2014)指出了动态战略决策过程(涌现理论)描述如何区分和整合领导者实践来维持战略悖论,这就回答了研究问题,深化了对组织悖论的理解;他还提及了探索和利用战略悖论对双元性理论的贡献。②通过深化认识来拓展理论,填补理论缺口,或者解释原有文献不能解释的现象。例如白长虹和刘欢(2019)通过对旅游目的地精益服务模式进行多案例的探索性研究,开创性地提出旅游目的地精益服务的概念与内涵,构建概念性框架模型,发展出一个旅游目的地服务质量升级的新模式。③提供全新视角,描述或解释现象来构建新理论,得到新的洞见。例如陈寒松等(2020)基于观察学习理论,识别出导致农业创业失败的关键因素并对此进行诠释,填补了创业失败到东山再起的过程和机制研究的缺口,这就拓展了创业失败的相关研究。

为此,我们提出以下建议:

(1)从科学的准则出发。 Merton(1968)提出了支撑科学的四大准则:社区主义(communism)、普遍主义(universalism)、无私性(disinterestedness)和组织性怀疑(organized skepticism)。这意味着研究者:①融入一个工商管理学研究社区(学术共同体);②根据新洞见、新理论的学术价值而非学者的学术背景、方法偏好或研究情境,评价工商管理学的研究工作;③将学者个人利益、企业利益或经济社会利益与工商管理学的研究分离；④对缺乏实证和逻辑基础的工商管理学学说主张进行批判性探讨。

(2) 从比较宏大的视角和高远的站位去构建理论，追求理论的普适性。 首先，理论贡献的一个关键的衡量标准是，论文是否挑战、改变或促进了学术界在理论层面的认知。此时，尽管研究结论来自一个或少数的个案，如果限定严格的边界约束条件、设定苛刻的问题情境，进而构建命题、假设构型，就会陷入"迷你化陷阱"，普适性更无从谈起。其次，理论不仅要有可感知的重要性，更要接受科学有效性的评判。在以严密的逻辑追求可感知重要性的同时，一旦研究过程成为一个没有实践指导意义的归纳推理程序，也许内在一致性比较高，其科学有效性就无从谈起。事实上，以此得到的理论建构效度也往往很低。再次，简约、内在一致性或整合性框架、边界等构成理论普适性的主要特征或要求（陈明哲，2016），其目的就是在现有理论或逻辑的基础上提出分析问题和解决问题的逻辑脉络。最后，研究结论应带有"分析意义的普遍性"（殷，2010），不能只停留在情境化知识和多种多样、迷乱的拓扑图层面，而应简约化，进而融入主流的理论体系。

(3) 打开学术视野，突破已有理论的束缚，从多个维度推动理论的建构。 从对国内权威期刊五年来的质性研究论文以及 AMJ 历年最佳论文的考察，以下几方面值得关注：

① 理论的植根性越来越强。Eisenhardt(1989)指出，案例研究就是特定情境下的探索，对理论的评价主要在于记述的丰富性、与经验数据的契合程度，以及能够在多大程度上引出新的见解。而记述和经验数据具有明显的政治、经济和社会背景，并由此刻画管理情境的特征。②理论越发趋向独特性，以解释研究对象的丰富性和复杂性。③对理论的可还原性要求越来越高，准备接受定量实证的检验。科学研究的闭环是"观察—实证概括—理论—假设—观察"（徐淑英和欧怡，2012），只有通过检验、还原的中层理论，才有可能成为实质理论和形式理论。

(4) 必要时嵌入参照理论。 引入参照理论进行理论建构或许将成为主流范式。"问渠那得清如许？为有源头活水来。"（宋·朱熹）参照理论，就是源头活水，映射和援引就能引来活水，倡导知识的交叉与融合，尤其是跨学科嵌入、援引成熟的机制。例如Plowman等(2007)引入复杂性科学的思想,揭示一些司空见惯的小变化如何出现并最终演变成根本性变革。再如郭会斌等(2016)从物理学中援引界面耦合学说,进行符合逻辑的学理映射,进而解释现象。因此,新的管理理论研究路径值得期待。

从其他学科(如经济学、社会学和心理学等,乃至物理学等自然科学学科)理论进行跨界,援引成熟的概念、机制和分析技术已经是管理学理论建构的基本渠道之一。这将促进我们对管理问题的理解和洞察,也会有效规避"在灯塔下找钥匙"。事实上,宏观、微观、张力、质量、动能、界面、耦合和弹性等概念就是从物理学援引而来的。

"凡贵通者,贵其能用之也。"(汉王充·《论衡·超奇篇》)在此,我们应着重思考:一是进行援引参照理论必要性的考察,既有的文献对于解释所发现的现象、所界定的问题是不是必要的?二是进行一致性考察,参照理论的概念、机制是不是与接下来的界定、揭示一致?尤其是在援引自然科学领域内的理论时。三是进行合法性考察,是不是相关学科或本学科已经有了比较成功的研究实践?其学术地位和影响力如何?

(5)与主流话语体系进行实质性对话。商业案例有特色,但理论无国界。在"美西方遇见东方"乃至东升西降的今天,进行中国式管理理论的研究,突出本土化的实践提炼将是趋势和必要的。尽管商业案例来自中国独特的商业环境,如大市场—大政府、转型期、"老字号""百年老店"和"非遗"等,如果能结合主流的文献抽象出有普遍价值的科学问题,依托严密的研究逻辑和严格的成熟范式,就能使理论建构具有普遍的指导价值,并能与美西方主流进行对话。以此诠释"易与天地准,故能弥纶天地之道"(《易经·系辞上传》)。这是传播中国声音、提升中国软实力的理想道路。

问题二:何以立地?

"天下惟器而已矣。"(清·王夫之·《周易外传》)"立地",就是要从中国的管理实践中提炼出可能产生理论创新的科学问题,通过科学研究完成理论的升华,而新的科学理论与方法又可以指导解决现实中的具体管理问题。只有聆听时代的声音,回应时代的呼唤,认真研究解决重大而紧迫的问题,才能真正把握住历史脉络、找到发展规律、推动理论创新(习近平,2016)。学术研究除了关注理论贡献,还应对社会及组织发展产生深远影响,即管理研究要面向宏观与中观的政策制定或者微观企业,突出管理行动力可实施、实践有启发。

"反躬以践其实。"(宋·黄干·《朱文公行状》)McGahan 和刘佳(2011)曾经提出使管理研究具有行动力的五个主要方法:①提供令人耳目一新的见解;②说明企业管理实践的变革;③表明一些现行的、广泛的管理实践并不符合重要原则;④运用具体的理论来解释当前有趣的情况;⑤发现一些可以开辟学术研究和管理实践新领域的现象。例如郭会斌(2016)在"实践启发"部分提出企业行动的三条举措:在总结温和改善这一非常规作用机理和机制基础上,从积极行为作用实现中发现、掌控和运用资源价值的具体可实施途径,提供管理实践的变化渠道,从而在构建新资源环境中实现历久弥新。因此,实践启发具有切实的实践价值和意义。

质性研究结论必须接地气,谨防实践启发空洞、缺乏可实施性。好的抽象的理论成果可以充分地解释实践,甚至能够在一定程度上引领实践(白长虹,2020)。陈寒松等(2020)提出,从观察学习的农业创业失败到东山再起的学习机制建立中可以识别机会,以实现东山再起,但对于通过怎样的观察学习可以避免同类错误的发生以及具体的规避途径又是什么,并没有给出可操作的实施办法。

为此,我们提出以下建议:

(1) 重视主体间性。质性研究存在不同角色的主体。无论是实证主义、后实证主义取向还是诠释主义取向,主体之间的相互理解、换位思考是极其重要的。研究者必须打破蓦然之感[①]的闭塞与阻碍,即在追求真理中追求"至人无己,神人无功,圣人无名"(庄子·《逍遥游》)的超然境界,要减轻自我自大意识,破除"小我"的狭隘局限,走向"大我";否则,研究者难以客观地对待田

[①] 北宋张载将万物之感分为三种不同类型、不同层次的"感",即天地之感——无内外耳目之引取,圣人之感——能够尽性知天,人物之感——人与物的蓦然之感。

野数据,难以保障质性研究后现代范式的研究质量。

(2)与一线管理者联合开展研究,实现视域融合。"修心静意,道乃可得。"(《管子·业内》)为了提高理论建构的效度,学者应当和业者进行信息的充分交换和破除合作壁垒,将知识转化为管理行动,并从中汲取营养,以利于开展下一步的研究,验证或修正理论知识。在视域融合的过程中,学者们将实现由追求学术地位与合法性向追求意义深远与现实世界产生持久影响力的转变(Rynes 等,2011)。

(3)与企业一线建立多层合作关系。以下几种可选方式,可以兼顾帮助企业管理者解决具体问题与获取杂志编辑和评审的认同:①进行有针对性的企业培训项目;②结成团队,与企业联合开展咨询项目;③开展合作研究,联合输出论文或研究报告、专著等;④选定主题,联合举办商业论坛;⑤担任独立董事,或经常列席公司例会,从中感悟和把握企业的决策过程。

问题三:有关结论外推的争论?

"发现规律,解释现象,指导实践"是中国本土管理研究的目的所在,也是后现代质性研究范式的主旨和主线。Weick(1989)认为,理论构建在于有纪律的想象力。然而,所有的研究都要考虑"知"与"行"的距离或兼容,都避免不了"致知"与"致用"之争,即追求实事求是,也只有"是"才具有外推性。

质性研究中的结论能不能外推是个长期争论的话题。结论不能外推派的观点为:个案研究结论源自对一个或少量个案的研究,且个案并非依据随机原则抽取,不具有代表性,故结论不能外推。这以 Denzin、Lincoln、Guba 等为代表:生活世界本质上是不确定的,因而质性研究追求个别性描述,不追求结论外推,但研究结论在相同情境间具有可迁移性(transferability)、自然外推性(naturalistic generalization)。而皮埃尔·布尔迪厄(Pierre Bourdieu)(2017)持相反观点,他认为:理论需要通过实践应用进行批驳或推广,在实践中辨识理论观点是否具有普适性。

实质上,质性研究中有关结论外推的表述用语多样,如走出个案、超越性、一般化、扩大化、类推、外推(extrapolation)、推论、普遍化、一般化(generalization)、可转移性(transferability)、可移植性(portability)、可输出性(exportability)、推理(inference)等。在这些词语的背后是学术界对外推性的追求,是实践界对外推性的期望。Yin(2017)曾经特别强调,案例研究者应该将研究发现"普遍化"为理论。如果每一项个案研究都只追求对本个案的有效解释(如仅就中国个案提出有关中国现实的效度知识),而不追求知识的普适性或通用性(可推广至其他个案,形成对其他个案的有效解释),社会科学研究就无法实现人类范围内的有效积累和进步(王宁,2023)。今天,案例研究结果需要与已有理论进行对比来普遍化,殷鉴与实践的取向要求正变得日益迫切和强烈。

为此,我们提出以下建议:

(1) 立足实质理论,树立形式理论乃至宏大理论的追求愿景。柯林斯和波勒斯(2002)是依托配对研究、追求实质理论的先行者,彼得斯和沃特曼(2012)则为学术界追求理论的普适性树立了经验研究的榜样。

(2) 立足后现代范式的规范性去评价理论的可概推性。这既不能局限于实证主义研究范式的"三个效度一个信度",也不能局限于诠释主义范式的评判理念,而应置于后现代范式的视域中去把握。

(3) 事理—学理—哲理是不变的逻辑主线。只有挖掘商业事实的本质,才可能提炼富有涵盖意义的学理,也才有可能升华为具有普遍价值的哲理。但是,质性研究的核心要务是立足事理、挖掘学理,因此哲理并不是研究目标。

问题四:如何突出理论贡献?

理论贡献是主编、审稿人以及研究者最为关注的内容,是高质量案例研究的必要条件(Pratt,2008)。高质量的理论贡献是本土企业管理案例研究实现从"形似"到"神似"飞跃的必需(毛基业和陈诚,2017)。正如Geletkanycz和Tepper(2012)所论,讨论部分提供了一个强化研究信息、解析论文价值的机会;同时,也是一个将自身研究置于现有研究之中,有效地参与学者的对话并展望未来的研究机会。由此,我们有必要仔细审视论文的边际理论贡献,并进行传播。

波普尔的认识进化论提供了理论进化的一个机制和范式。他提出的证伪概念,要求研究必须与已有理论对话,对进行延伸和修正,这是社会科学界普遍认识的理论建构范式(毛基业,2021)。理论贡献的呈现需要通过与文献的对话(Pratt,2008),如果秉持实证主义传统,还需要与预设理论进行对话,以此体现研究结论(新涌现的理论)与预设理论、理论视角或参照理论相比有哪些新洞见。从这个意义上讲,理论贡献必须从文献中来又要回到文献中去,需要明确指出具体的研究贡献(如新概念、新范畴、新构念、新关系、新过程或新机制等),并讨论如何填补文献中的缺口或化解理论困境,而非含糊的理论贡献(毛基业和苏芳,2016);否则,就会出现案例研究的理论贡献模糊的问题,由此可能导致对论文价值评判的偏颇。

为此,我们提出以下建议:

(1)把握理论进展循序渐进的传统。任何研究范式、任何研究方法和途径都不允许研究者忽视现有文献或知识积累。在知识建构领域,大多数研究者是保守的,颠覆性的理论创新在当代比较少见。

(2)修炼学术气质,确认理论贡献处在哪个层次。着重思考:论文的中层理论或迷你理论对哪些细分学科领域做出了贡献?是否提出了新的构念?是否明确了新关系并建立了相应的结构框架?是否发现、揭示和解释了新过程、新机理或新机制?是否建立了简单明了的新构型?所有这些问题,都要放在理论视角中去思考。

(3)回到初始界定的问题。在论文的引言部分,预先稍稍显露本文所要呈现的洞见或理论等主要概念;在论文的讨论和结论部分,也需要回应初始界定的研究问题及其子问题,解释它们如何得到回答,并着重思考和描述其中的学理关系,以便前后呼应。此即,"启行之辞,逆萌中篇之意;绝笔之言,追媵前句之旨"(南朝·梁·刘勰·《文心雕龙·章句》)。

(4)回到初始选定的理论视角。这往往通过竞争性解释和替代性解释,与现有文献进行比较以凸显论文的贡献。此时,研究者应着重思考:竞争性解释和替代性解释的情境是否与本文一致?论文作者坚持的哲学取向及其采用的方法是否与本文一致?为此,论文需要在相容和差异两方面保持优化与平衡,既要显示它与之前及已有研究成果间的继承关系;也要充分展示它与之前研究工作的相异和发展之处,从而论证其对所属学科领域的独特价值与贡献。

(5）选用适当的呈现形式。突出理论贡献是一个与既有文献进行比较的过程。列表进行多维度的对比是一种方式。例如程聪（2020）列表对组织结构混合逻辑、交互混合逻辑与论文所建立的"结构+交互"混合逻辑在诸多方面进行了理论观点的比较。

问题五：何以在阐发优秀传统文化中构建工商管理学理论？

独特的基本国情与历史传统决定了中国必须走符合自身特点的发展道路。由此，我们找到了人类财富快速增长的第二条道路，也创造了众所周知的中国奇迹。中华优秀传统文化与中国特色管理实践是涵养中国管理理论的源头活水，将其中超越时空、跨越国度的普适价值予以阐发，已经是中国管理学派的重要工作。

三十多年的国内质性研究实践证明：在深入学习和理解美西方企业管理理论的传统以及支撑性学科理论的基础上，感悟和触摸中国企业的独特运作实践以及经济和社会的情境基础，增强主位意识和本土意识，构建既富有中国特色又能与世界主流对话的双元理论体系，是当前中国工商管理学科学术研究的主导方向和基本主旨。

文化作为与自然相对的习得和建构的产物，带有先天的历史烙印与组织印记，潜移默化地影响人们的思维方式、价值选择与主体行动。概而言之，中华优秀传统文化可以体现在四个层面：①思维方式层面，它今天引领着中国走向共建"人类命运共同体"的理论创新；②理念信仰层面，它引领着理论界突破美西方领导力理论的人性论和人格境界；③组织制度层面，它塑造中国企业"养育、指挥、教化"三位一体的组织发展定位和差序格局；④器物科技层面，它推动文化创意产业乃至科技产业发展孕育或传承"工匠精神"；等等。

中华优秀传统文化是中国特色哲学社会科学发展十分宝贵、不可多得的资源（习近平，2016）。一个社会必有其赖以形成之文化，一个国家的社会科学背后必有深厚的人文学科的文化根源与土壤，根深才能叶茂，脱离本土人文学科的社会科学，在预测性、解释性和适用性上必然遇到挑战（陈冬华，2023）。显然，工商管理学研究的"美西方理论—中国式经验—理论修正"路径，转向

"中国经验—中国式理论—理论对话",已经是时代的呼唤和历史的必然。

为此,我们提出以下建议:

(1) 走新路,在互鉴中构建新体系。"变通者,趣时者也。"(《易传·系辞下》)我们不仅要以现代和当代工商管理学的视角重新审视中国优秀传统文化,将其中从属于工商管理学的内容梳理、提炼出来,还要以中国优秀传统文化的视角重新审视工商管理学,用创造性转化传统文化、创新性发展优秀传统文化为工商管理学的研究赋能。为此,我们要思考和把握以下问题:

① 中华优秀传统文化,能否作为构建中国式管理学的底层逻辑?

② 中华优秀传统文化的智慧,如何转化为知识?

③ 中华优秀传统文化的"基因",如何进行时代性解读?

④ 中华优秀传统文化的"工具",如何进行创造性运用?

⑤ 中国式管理学理论,如何具有鲜明而浓烈的中华文化属性?

⑥ 中国式管理学理论,如何彰显中国特色?

⑦ 中国式管理学理论,如何彰显中国风格?

(2) 起好步。这可以从五个方面着手:①研究情境上,厘清优秀中国传统文化,尤其是中国传统管理哲学思想的适用背景,进而界定研究情境。②研究样本上,优先选择惊异的、有特色的商业事实。③在选择理论视角时,厘清美西方管理学来源,进而框定其适用边界。④研究方法上,融会贯通。传统私塾教育为管理研究提供了主客对立统一的本体论与阴阳动态平衡的认识论,以及以直觉想象、比喻类推为主的方法论,等等。这并不意味着要将主流的美西方范式打入冷宫,而是要根据研究对象的差异、所处阶段的不同以及研究问题的界定做出合理选择乃至融会贯通。⑤研究内容上,把握特色实践的特质。比如中华优秀传统文化中"万物一体""大我境界"等标志性概念,能够消弭美西方人性假设在逻辑起点上的"小我"缺陷;美西方管理科学的分工与制度契约等,也能够消解中国传统管理哲学中的随意性与模糊性。

(3) 给出新释义。作为唯一的文脉未曾断绝的文明古国,中国尤重"师承"与"考据",围绕"三教九流"等诸子百家、"二十四史"等丹青史册的阐释、阐发从未终止,也留下校、注、集、解、疏等多种文体,即浩如烟海的各类版本。这些既是瑰宝,也是进行当代诠释、阐发的富矿。因此,我们要致力于赋予古典文献的时代性解读与当代的殷鉴和启示,或者用理论界、实践界耳熟能详的优秀传统文化及其逻辑诠释相关的管理现象,如合度用中、整体和融、至诚化人、权变通达和包容接纳等。

"为学之道,必本于思。"(北宋·程颢、程颐·《二程遗书·伊川先生语》卷二五)再如"不深思,则不能造于道;不深思而得者,其得易失。"(清·曾国藩)基于此,我们需要从典籍中寻找来时的路:哪些优秀传统文化有进行时代性阐发的价值?其中的哪些思想、学说或原理能启发管理者?还有哪些典籍(它们同时也是人类最早的)可以直接进行时代性阐发,来改造或塑造现代员工的行为?以下经典著述可参考:

① 《考工记》,第一部工艺技术原典。
② 《管子》,第一部宏观经济学著作。
③ 《孙子兵法》,第一部有关战略学著作。
④ 《文心雕龙》,第一部文章写作的方法论。
⑤ 《人物志》,第一部系统论述人才的著作。
⑥ 《本草纲目》,第一部药学原典。

……

(4)提出新概念或新构念。人类的认识与其他领域一样,都遵循"先占原则",即某些人由于对事物的认识在先,通过概念对事物加以定义并广泛传播,就会形成"先入为主"的认识,获得话语权(徐勇,2019)。后人在接受和引用这些概念时,就会自觉不自觉地进入相应的思维通道,进而形成格式化、规范化的思维,并由此引导知识的发展、学说或理论的构建。这也是直到今天,来自美西方的工商管理学理论仍占据主导、引导地位的原因。

"师心独见,锋颖精密,盖论之英也。"(南朝·梁·刘勰·《文心雕龙·论说》)就提出新概念或新构念而言,有四种可选方式,但要思考它们的信度、效度和边界等问题。

① 直接运用美西方的成熟概念,在中国情境中发现新关系,进行"添油加醋"式的解释,即规范性概念,比如交情行为(潘安成和李鹏飞,2014)。这可能是当前风险最低的方式,外部效度较高,但需要对其根植性进行深入而仔细的

辨识与区别,尤其要把握东方和美西方文化与管理情境的一致性。②从中国与美西方主流理论的对话、批评和交互中,抽象出新的操作性概念。比如数据"本草""纲"与"目",它们既有美西方认知、构念知识的一致性,又有东方的高情境性特征,因而具有突出和重要的引领作用。它要求论文作者具备深厚的学养和质性研究的功力以及敏锐的直觉,否则就会进入"概念陷阱",即便是业内人士也会不知所云。③从本土商业界流行术语中发现或挖掘新的构念、概念,此即规范性概念,如善道营销(李非等,2016)。这是一种根植性很强,建构效度往往比较高,深深地触及企业运行及其内在的事理和逻辑,再经过审慎理性和严密逻辑加工以启发后续的本土研究。④从其他学科中援引成熟的概念、术语,置于管理理论的语境中进行重新界定,如界面(郭会斌,2016)。这为现有的理论加入了新成分,使其内容更丰富、更细腻,要求论文作者具有跨学科的学术背景,对被引的概念、法则和机制等非常熟悉。

(5) 贡献新解释或新图式。从商业运行中发现有推广价值的新机制,抽象事理,进而做出符合学理逻辑的前瞻性、创造性解释,这是科学研究的旨趣所在。这就需要从中国企业家、管理者的行为中挖掘隐含的优秀传统文化的痕迹,进而总结成功或失败的管理实践所蕴含的优秀传统文化。

就贡献新机制解释或整合图示而言,有以下几种可选方式:

① 将熟悉陌生化,在学科视域内进行新的认知建构。比如颜士梅和张钢(2020)根据《论语》中109个"仁"的内涵进行归纳式多级编码,提炼出孝悌爱人、持续践行、社会规范、自我修养四个维度,分别对应企业人力资源管理中的家氛围导向、长期导向、类亲情关系与高忠诚度,从而产生新洞见。②在东方和美西方之间搭建机制解释的桥梁。比如刘小浪等(2016)结合中国传统关系文化,研究差异化的人力资源管理构型。③对管理学领域之前隐匿的、理论范式一致的思想进行再思考,进行新环境或新情境下的意义建构和新解释。比如资源论早在1937年就为罗纳德·科斯(Ronald Coase)所关注,此后在1959年伊迪丝·彭罗斯(Edith Penrose)、1982年史蒂芬·利普曼(Stephen Lippman)和理查德·鲁梅尔特(Richard Rumelt),以及1984年伯格·沃纳菲尔特(Birger Wernerfelt)均对此展开研究,但一直到1991年杰伊·巴尼(Jay Barney)才将其发扬光大;今天,资源论已经成为一个非常重要的流派,尽管其

间曾经几度淡出学者们的视野。再如胡国栋和王天娇(2022)采用"新瓶装旧酒"的方法,在与现代股权激励制度的比较中,"义利并重"地修正了股权激励以物质利益为本位进行理性计算的制度逻辑。

(6)建立新范式或新体系。按传统文化中的思想、学说、术语和逻辑线路以及规范性的方法论和研究方法,将碎片化的田野数据或素材、数据分析单元归纳和整合为当今微观领域的理论体系,如图5-3所示。

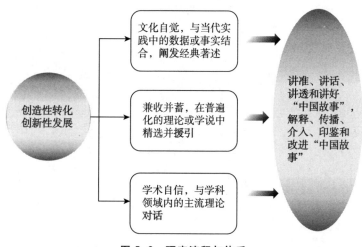

图5-3 研究流程与体系

这样的研究流程与体系至少应该包括五个构件:①一系列的构念、基本概念,带有浓重的中国特色,以描述中国的管理现象;②刻画基本范畴、构念的一系列命题或陈述;③由一系列的基本范畴、构念以及命题或陈述,构成理论框架、假设构型;④在理论上,它应该是严谨的、自洽的和边界清晰的;⑤在方法论和研究方法上,它应该是规范的、进步的。

如此这般,我们才能在当前出故事、出数据、出案例、出调研报告的基础上,进一步向出思想、出概念、出学说、出模型、出理论、出方法论和出话语体系转变;在回答中国之问、人民之问、世界之问、时代之问的过程中,成熟化质性研究的后现代范式。

参 考 文 献

著作类

[1] Adams C M J, Cochrane M, Dunne L, 2011. Applying Theory to Educational Research: An Introductory Approach with Case Studies[M]. John Wiley & Sons.

[2] Agar M H, 1996. The Professional Stranger: An Informal Introduction to Ethnography[M]. San Diego, CA: Academic Press.

[3] Berg B L, 2007. Qualitative Research Methods for the Social Sciences[M]. Boston: Allyn & Bacon.

[4] Bogdan R, Biklen S, 2003. Qualitative Research for Education: An Introduction to Theories and Methods[M]. Boston: Allyn and Bacon.

[5] Burke K A, 1969. A Thetoric of Motives[M]. CA: University of California Press.

[6] Campbell J P, 1990. The role of theory in industrial and organizational psychology//Dunnette M D, Hough L M. Handbook of Industrial and Organizational Psychology[M], CA: Consulting Psychologists Press.

[7] Chalmers A F, 1999. What is This Thing Called Science(3rd ed.)[M]. St. Lucia: University of Queensland Press.

[8] Collins J, Hansen M T, 2011. Great by Choice: Uncertainty, Chaos, and Luck-Why Some Thrive Despite Them All[M]. New York: Harper Collins Publishers.

[9] Cook T D, Campbell D T, 1979. Quasi-experimentation: Design and Analysis Issues for Field Settings[M]. Chicago: Rand McNally College Publication.

[10] Corbin J, Strauss A, 1990. Basics of Qualitative Research: Grounded Theory Procedures and Techniques[M]. London: Sage Publications.

[11] Denzin N K, Lincoln Y S, 2000. Introduction: The discipline and practice of qualitative re-

search// Handbook of Qualitative Research[M]. CA: Sage Publications.

[12] Eisenhardt K M, 2019.由多案例研究构建理论//李平、杨政银、曹仰锋,译.再论案例研究方法:理论与范例[M].北京:北京大学出版社.

[13] Elsbach K D, Kramer R M, 2016. Handbook of Qualitative Organizational Research[M]. New York: Routlege.

[14] Gadamer H, 2004. Truth and Method[M]. Continuum International Publishing Group.

[15] Gibbert C G, 2012.分解组织惯性的结构:资源守旧与程序老套//徐淑英、蔡洪滨,译.《美国管理学会学报》最佳论文荟萃(第二辑)[M].北京:北京大学出版社.

[16] Glaser B G, 1992. Basics of Grounded Theory Analysis: Emergence vs. Forcing[M]. CA: Sociology Press.

[17] Glaser B G, 2007. Doing Formal Grounded Theory: A Proposal[M]. CA: Sociology Press.

[18] Glaser B G, 1998. Doing Grounded Theory: Issues and Discussions[M]. CA: Sociology Press.

[19] Glaser B G, Strauss A, 1967. The Discovery of Grounded Theory: Strategies of Qualitative Research[M]. London: Wiedenfeld and Nicholson.

[20] Glaser B G, 2001. The Grounded Theory Perspective: Conceptualization Contrasted with Description[M]. CA: Sociology Press.

[21] Glaser B G, 2003. The Grounded Theory Perspective II: Conceptualization Contrasted with Description[M]. CA: Sociology Press.

[22] Glaser B G, 2005. The Grounded Theory Perspective III: Theoretical Coding [M]. CA: Sociology Press.

[23] Glaser B G, 1978. Theoretical Sensitivity: Advances in the Methodology of Grounded Theory[M]. CA: Sociology Press.

[24] Glaser B, Strauss A, 1967. The Discovery of Grounded Theory [M]. Chicago: Aldine.

[25] Goffman E, 1959. The Presentation of Self in Everyday Life[M]. New York: Anchor.

[26] G. 霍尔顿,1983.物理科学的概念和理论导论(上册)[M].戴念祖、张大卫,译.北京:人民教育出版社.

[27] Heidegger M, 2004. Being and Time[M]. Harper Collins.

[28] Hendrawan S, Yusuf I, Hatta M, et al.,2017. Is let cells matrix implant to reduce hyperglycaemia//Conference Abstract Book of BIT's 11th Annual World Congress of Regenerative Medicine & Stem Cell[C].

[29] Hwang V W, Horowitt G, 2012. The Rainforest: The Secret to Building the Next Silicon Valley[M]. CA: Regenwald Los Altos Hills.

[30] Johns G, 2012."情境"对组织行为的重要影响//徐淑英、任兵、吕力,译.管理理论构建论文集[M].北京:北京大学出版社.

[31] Kathleen M. Eisenhardt,2012.由案例研究构建理论[A].载于李平,曹仰锋,译.案例研究方法:理论与范例——凯瑟琳·艾森哈特论文集[C].北京:北京大学出版社.

[32] Li J, Yang J Y, 2006. China's domestic private firms: A literature review and directions for future research//Tsui A S, Bian Y J, Cheng L. China's Domestic Private Firms: Multi-disciplinary Perspective on Management and Performance[M]. New York: M. E. Sharpe.

[33] Lincoln Y S, Guba E G, 1985. Naturalistic Inquiry[M]. CA: Sage Publications.

[34] Lipet S, Trow M, Coleman I, 1956. Union Democracy[M]. New York: Free Press.

[35] Lipset S M, Zetterberg H, 1956. A Theory of Social Mobility: Transactions of the Third World Congress of Sociology(Vol. III)[M].London: International Sociological Association.

[36] Merton R K, 1968. Social Theory and Social Structure[M]. New York: Free Press.

[37] Michel F, 1994. Working the hyphens: Reinventing self and other in qualitative research//Denzin N, Lincoln Y. Handbook of Qualitative Research[M], CA: Sage Publications.

[38] Miles M B, Huberman A M, 1984. Qualitative Data Analysis[M]. CA: Sage Publications.

[39] Mohr L B, 1982. Explaining Organizational Behavior[M]. San Francisco: Jossey-Bass.

[40] Patton M Q, 2002. Qualitative Research and Evaluation Methods[M]. London: Sage Publications.

[41] Polanyi M, 1967. The Tacit Dimension[M]. New York: Anchor Books.

[42] Richard F, 1990. Localizing Strategies: Regional Traditions of Ethnographic Writing[M]. Washington: Smithsonian Institution Press.

[43] Richards T, Richards L, 1992. Database organization for qualitative analysis: The NUDIST™ system// Papazoglou M P, Zeleznikow J, The Next Generation of Information Systems: From Data to Knowledge[M]. Heidelberg: Springer Berlin Heidelberg.

[44] Scholz R W, Tietje O, 2002. Embedded Case Study Methods: Integrating Quantitative and Qualitative Knowledge[M]. CA: Sage Publications.

[45] Schutz A, 1973. Structures of the Life-world[M]. Northwestern University Press.

[46] Siggelkow N, 2019.通过案例研究说理//李平,杨政银,曹仰锋,译.再论案例研究方法:理论与范例[M].北京:北京大学出版社.

[47] Smith C, Davidson H, 2014. The Paradox of Generosity: Giving We Receive, Grasping We

Lose[M]. Oxford University Press, USA.

[48] Strauss A L, 1987. Qualitative Analysis for Social Scientists[M]. Cambridge：Cambridge University Press.

[49] Suddaby R, 2016.扎根理论之所非//徐淑英,任兵,吕力,译.管理理论构建论文集[M].北京:北京大学出版社.

[50] Whetten D A, 2002. Constructing cross-context scholarly conversations//Tsui A, Lau C M, The Management of Enterprises in the People's Republic of China[M]. Boston：Kluwer Academic Publishers.

[51] Wolcott H F, 2005. The Art of Fieldwork[M]. Rowman Altamira.

[52] Yin R K, 2017. Case Study Research and Applications：Design and Methods[M]. CA：Sage Publications.

[53] Yin R K, 1994. Case Study Research：Design and Methods[M]. Blackwell Science Ltd.

[54] Yin R K, 1994. Case Study Research：Design and Methods(2nd ed.)[M]. CA：Sage Publications.

[55] Yin R K, 2003. Case Study Research：Design and Methods(3rd ed.)[M]. CA：Sage Publications.

[56] Yin R K, 1984. Case Study Research：Design and Methods(1st ed.)[M]. CA：Sage Publications.

[57] 埃米尔·迪尔凯姆,1995.社会学方法的准则[M].狄玉明,译.北京:商务印书馆.

[58] 奥古斯特·孔德,2011.论实证精神[M].黄建华,译.北京:商务印书馆.

[59] 蔡振荣、商靓,2021.质性研究:基于R[M].北京:中国人民大学出版社.

[60] 查尔斯·S.皮尔士,2019.如何形成清晰的观点[M].韩露,译.香港:天地出版社.

[61] 车文博,2001.当代美西方心理学新词典[M].长春:吉林人民出版社.

[62] 陈向明,2013.在悖论中前行:质性研究者应有的担当//斯丹纳·苛费尔,斯文·布.质性研究访谈[M].北京:世界图书出版公司.

[63] 陈向明,2008.质性研究的理论范式与功能定位//陈向明,质性研究:反思与评论[M].重庆:重庆大学出版社.

[64] 陈向明,2000.质性研究方法与社会科学研究[M].北京:教育科学出版社.

[65] 陈小屏、徐淑英、樊景立,2010.组织与管理研究的实证方法[M].北京:北京大学出版社.

[66] 陈昭全、张志学、David Whetten, 2012.管理研究中的理论建构//陈晓萍、徐淑英、樊景立,译.组织与管理研究的实证方法[M].北京:北京大学出版社.

[67] 大卫·A.欧兰德森、埃德沃德·L.哈里斯、巴巴拉·L.史克普,等,2007.做自然主义研究:方法指南[M].李涤非,译.重庆:重庆大学出版社.

[68] 费孝通,1996.学术自述与反思[M].北京:生活·读书·新知三联书店.

[69] 格奥尔格·威廉·弗里德里希·黑格尔,1977.精神现象学(上卷)[M].北京:商务印书馆.

[70] 汉斯-格奥尔格·伽达默尔,2010.诠释学Ⅰ、Ⅱ:真理与方法(修订本)[M].洪汉鼎,译.北京:商务印书馆.

[71] 汉斯-格奥尔格·伽达默尔,2004.真理与方法:哲学诠释学的基本特征[M].洪汉鼎,译.上海:上海译文出版社.

[72] 汉斯-格奥尔格·加达默尔,2010.真理与方法[M].洪汉鼎,译.北京:商务印书馆.

[73] 亨利·明茨伯格,2018.经理工作的性质[M].何峻、吴进操,译.北京:机械工业出版社.

[74] 吉姆·柯林斯,2002.从优秀到卓越[M].俞利军,译.北京:中信出版社.

[75] 杰拉德·普林斯,2011.叙事学辞典[M].乔国强、李孝弟,译.上海:上海译文出版社.

[76] 卡尔·维克,2016.理论开发之旅:以意义建构为主题和源泉//肯·G.史密斯、迈克尔·A.希特.管理学中的伟大思想:经典理论的开发历程[M].徐飞、路琳,译.北京:北京大学出版社.

[77] 凯瑟琳·马歇尔、格雷琴·B.罗斯曼,2015.设计质性研究:有效研究设计的全程指导(第5版)[M].何江穗,译.重庆:重庆大学出版社.

[78] 凯西·卡麦兹 2009.建构扎根理论:质性研究实践指南[M].边国英,译.重庆:重庆大学出版社.

[79] 克莱顿·M.克里斯坦森、迈克尔·E.雷纳,2004.困境与出路:企业如何制定破坏性增长战略[M].容冰,译.北京:中信出版社.

[80] 肯·G.史密斯、迈克尔·A.希特,2016.管理学中的伟大思想:经典理论的开发历程[M].徐飞、路琳,译.北京:北京大学出版社.

[81] 肯尼斯·博克,1998.当代美西方修辞学:演讲与话语批评[M].常昌富、顾宝桐,译.北京:中国社会科学出版社.

[82] 拉瑞·劳丹,1999.进步及其问题[M].刘新民,译.北京:华夏出版社.

[83] 赖特·米尔斯,2017.社会学的想象力[M].李康,译.北京:北京师范大学出版社.

[84] 李非、曲庆、马燕,等,2016.善道营销理论的构建:基于胖东来和信誉楼的双案例研究//"中国企业管理案例与质性研究论坛(2016)"会议论文[C].

[85] 梁启超,2006.中国学术思想变迁之大势[M].上海:上海古籍出版社.

[86] 刘世闵、李志伟,2017.质化研究必备工具:NVivo10 之图解与应用[M].北京:经济日报出版社.

[87] 罗伯特·K.殷,2010.案例研究:设计与方法(第 4 版)[M].周海涛、李永贤、李虔,译.重庆:重庆大学出版社.

[88] 罗伯特·K.殷,2004.案例研究:设计与方法(第 3 版)[M].周海涛、李永贤、张蘅,译.重庆:重庆大学出版社.

[89] 马丁·海德格尔,2016.存在与时间[M].陈小文,译.北京:商务印书馆.

[90] 马尔科姆·泰特,2019.案例研究:方法与应用[M].徐世勇、杨付、李超平,译.北京:中国人民大学出版社.

[91] 马克斯·韦伯,1999.社会科学方法论[M].朱红文,译.北京:中国人民大学出版社.

[92] 马克斯·韦伯,1993.社会学的基本概念[M].顾忠華,译.台北:远流出版视野股份有限公司.

[93] 马克斯·韦伯,2020.学术与政治[M].韩水法,等,译.北京:中央编译出版社.

[94] 玛里琳·里奇曼,2017.方法的逻辑[M].张园,译.北京:北京师范大学出版社.

[95] 蒙培元,1993.中国哲学主体思维[M].北京:人民出版社.

[96] 帕梅拉·欣德勒,2021.管理研究方法[M].李原、于坤、孙健敏,译.北京:中国人民大学出版社.

[97] 皮埃尔·布尔迪厄,2017.实践理论大纲[M].高振华、李思宇,译.北京:中国人民大学出版社.

[98] 汤姆·彼得斯、罗伯特·沃特曼,2012.追求卓越[M].胡玮珊,译.北京:中信出版社.

[99] 唐纳德·F.库拉特科、迈克尔·H.莫里斯、杰弗里·G.科温,2013.公司创新与创业[M].李波、曹亮、邓汉慧,等,译.北京:机械工业出版社.

[100] 托马斯·库恩,2022.科学革命的结构[M].金吾伦、胡新和,译.北京:北京大学出版社.

[101] 徐淑英、欧怡,2012.科学过程与研究设计//陈晓萍、徐淑英、樊景立.组织与管理研究的实证方法[M].北京:北京大学出版社.

[102] 余同元,2014.产业技术理论化与明末清初江南社会经济转型//北京市社会科学院满学研究所、北京大学明清研究中心.满学论丛(第四辑)[M].沈阳:辽宁民族出版社.

[103] 曾荣光,2020.管理研究哲学[M].北京:北京大学出版社.

[104] 詹姆斯·C.柯林斯、杰里·I.波勒斯,2002.基业长青[M].真如,译.北京:中信出版社.

[105] 詹姆斯·费策尔,2014.科学探究的三种方法论模型//张志林,译.当代哲学经典:科学哲学卷[M].北京:北京师范大学出版社.

[106] 中国式管理研究团队,2012.中国式企业管理科学基础研究总报告[M].北京:机械工业出版社.

[107] 朱丽叶·科宾、安塞姆·斯特劳斯,2015.质性研究的基础:形成扎根理论的程序与方法[M].朱光明,译.重庆:重庆大学出版社.

文章类

[108] Agarwal R, Hoetker G, 2007. A faustian bargin? The growth of mangement and its relationship with ralated disciplines[J]. Academy of Mangement, 50(6): 1304-1322.

[109] Ang S H, 2004. The management of enterprises in the People's Republic of China[J]. Asia Pacific Journal of Management, 21(3): 391-394.

[110] Arrow K J, 1962. The economic implications of learning by doing[J]. The Review of Economic Studies, 29: 155-173.

[111] Bacharach S B, 1989. Organizational theories: Some criteria for evaluation[J]. Academy of Management Review, 14: 496-515.

[112] Bansal P, Corley K, 2012. From the editors, publishing in AMJ—Part 7: What's different about qualitative research[J]. Academy of Management Journal, 55(3): 509-513.

[113] Bansal P, Corley K, 2012. What's different about qualitative research[J]. Academy of Management Journal, 55(3): 509-513.

[114] Bansal Y, Pindera M J, 2005. A second look at the higher-order theory for periodic multiphase materials[J]. International Journal of Applied Mechanics, 72(2): 177-195.

[115] Barley S R, 2006. When I write my masterpiece: Thoughts on what makes a paper interesting[J]. Academy of Management Journal, 49(1): 16-20.

[116] Bergh D D, Boyd B K, Byron K, et al., 2022. What constitutes a methodological contribution[J]. Journal of Management, Forthcoming.

[117] Brief A P, Dukerich J M, Doran L I, 1991. Resolving ethical dilemmas in management: Experimental investigations of values, accountability and choice[J]. Journal of Applied Social Psychology, 21(5): 380-396.

[118] Campbell D T, 1969. Reforms as experiments[J]. American Psychologist, 24(4): 409-429.

[119] Cappelli D T, Sherer P D, 1991. Missing of role of context in OB: The need for a meso-level approach[J]. Research in Organizational Behavior, 13: 55-110.

[120] Charles J P, Iwema T, Epa V C, et al., 2011. Ligand-binding properties of a juvenile hormone receptor, methoprene-tolerant[J]. Proceedings of the National Academy of Sciences, 108(52): 21128-21133.

[121] Chen X, 2016. Challenges and strategies of teaching qualitative research in China[J]. Qualitative Inquiry, 22(2): 72-86.

[122] Colquitt J A, George G, 2011. From the editors, publishing in AMJ—Part 1: Topic choice[J]. Academy of Management Journal, 54(3): 432-435.

[123] Colquitt J A, Zapata-Phelan C P, 2007. Trends in theory building and theory testing: A five-decade study of the Academy of Management Journal[J]. Academy of Management Journal, 50(6): 1281-1303.

[124] Colquitt J A、Zapata-Phelan C P、张杨,等,2011.管理研究中理论构建与理论检验水平的变化趋势:基于《美国管理学会学报》50年历程的分析[J].管理世界(6):152-164.

[125] Corley K G, Gioia D A, 2011. Building theory about theory building: What constitutes a theoretical contribution[J]. Academy of Management Review, 36(1): 12-32.

[126] Daft R L, Weick K E, 1984. Toward a model of organizations as interpretation systems[J]. Academy of Management Review, 9(2): 284-295.

[127] Davis M S, 1971. That's interesting[J]. Philosophy of the Social Sciences, 1(2): 309-344.

[128] DiMaggio P J, 1995. Comments on "what theory is not"[J]. Administrative Science Quarterly, 40(3): 391-397.

[129] Dobusch L, Kapeller J, 2013. Breaking new paths: Theory and method in path dependence research[J]. Schmalenbach Business Review, 65(3): 288-311.

[130] Dohan D, Sanchez-Jankowski M, 1998. Using computers to analyze ethnographic field data: Theoretical and practical considerations[J]. Annual Review of Sociology, 24: 477-498.

[131] Edmondson A C, McManus S E, 2007. Methodological fit in management field research[J].

Academy of Management Review, 32(4): 1155-1179.

[132] Eisenhardt K, Bourgeois L, 1988. Politics of strategic decision making in high-velocity environments: Toward a middle-range theory[J]. Academy of Management Journal, 31(4): 737-770.

[133] Eisenhardt K, Graebner M, 2007. Theory building from cases: Opportunities and challenges[J]. Academy of Management Journal, 50(1): 25-32.

[134] Eisenhardt K M, Bourgeois L J, 1988. A strategic decision processes in high-velocity environments: Four cases in the micro-computer industry[J]. Management Science, 34: 816-835.

[135] Eisenhardt K M, 1989. Building theories from case study research[J]. Academy of Management Review, 14(4): 532-550.

[136] Eisenhardt K M, Graebner M E, 2007. Theory building from cases: Opportunities and challenges[J]. Academy of Management Journal, 50(1): 25-32.

[137] Feldman M S, Pentland B T, 2003. Reconceptualizing organizational routines: As a source of flexibility and change[J]. Administrative Science Quarterly, 48(1): 94-118.

[138] Gabriel A, 2008. The meaning of "theory"[J]. Sociological Theory, 26(2): 173-199.

[139] Galunic C D, Eisenhardt K M, 1996. The evolution of intra-corporate domains: Divisional charter losses in high-technology, multi-divisional corporations[J]. Organization Science, 7(3): 255-282.

[140] Geertz C, 1973. Thick description: Toward an interpretive theory of culture[R]. The Interpretation of Cultures: Selected Essays, New York.

[141] Geletkanycz M, Tepper B J, 2012. Publishing in AMJ-part 6: Discussing the implications[J]. Academy of Management Journal, 55(2): 256-260.

[142] Gephart R P, 2004. Qualitative research and the academy of management journal[J]. Academy of Management Journal, 47: 454-462.

[143] Gilbert L S, 2002. Going the distance: "Closeness" in qualitative data analysis software[J]. International Journal of Social Research Methodology, 5(3): 215-228.

[144] Gioia D A, Corley K G, Hamilton A L, 2013. Seeking qualitative rigor in inductive research: Notes on the gioia methodology[J]. Organizational Research Methods, 16(1): 15-31.

[145] Gioia D A, Pitre E, 1990. Multiparadigm perspectives on theory building[J]. Academy of

Management Review, 15(4): 584-602.

[146] Glaser B G, 2002. Constructivist grounded theory[J/OL]. Forum: Qualitative Social Research, 3.

[147] Hambrick D C, 2007. The field of management's devotion to theory: Too much of a good thing[J]. Academy of Management Journal, 50(6): 1346-1352.

[148] Hofstede G H, Bond M H, 1988. The confucius connection: From cultural roots to economic growth[J]. Organizational Dynamics, 16(4): 4-21.

[149] Holland M, Daymon C, 2002. Computer-aided qualitative data analysis software[R]. Qualitative Research Methods in Public Relations and Marketing Communications.

[150] Hsu C W, Zhen B, Stone A D, et al., 2016. Bound states in the continuum[J]. Nature Reviews Materials, 1(9): 1-13.

[151] Jia L, You S, Du Y, 2012. Chinese context and theoretical contributions to management and organization research: A three decade review[J]. Management and Organization Review, 8(1): 173-209.

[152] Kearney M H, 1998. Ready-to-wear: Discovering grounded formal theory[J]. Research in Nursing Health, 21(21): 179-186.

[153] Keister L A, Zhang Y L, 2009. Organizations and management in China[J]. Academy of Management Annals, 13: 377-420.

[154] Laszlo T, 2020. From "that's interesting" to "that's important"[J]. Academy of Management Journal, 63(2): 329-331.

[155] Law M, Stewart D, Letts L, et al., 2011. Guidelines for critical review of qualitative studies[R]. McMaster University Occupational Therapy Evidence-based Practice Research Group.

[156] Lee T, 2001. From the editors: On qualitative research in AMJ[J]. Academy of Management Journal, 44(2): 215-216.

[157] Lee T W, Mitchell T R, Sablynski C J, 1999. Qualitative research in organizational and vocational psychology, 1979-1999[J]. Journal of Vocational Behavior, 55(2): 161-187.

[158] Lewis M W, 2000. Exploring paradox: Toward a more comprehensive guide[J]. Academy of Management Review, 25: 760-776.

[159] Locke K, Golden-Biddle K, 1997. Constructing opportunities for contribution: Structuring

intertextual coherence and "problematizing" in organizational studies[J]. Academy of Management Journal, 40 (5): 1023-1062.

[160] Maanen V, 1979. The fact of fiction in organizational ethnography[J]. Administrative Science Quarterly, 24(4): 539-550.

[161] Ma L, Tsui A S, 2015. Traditional Chinese philosophies and contemporary leadership[J]. The Leadership Quarterly, 26: 13-24.

[162] Markus L M, Robey D, 1988. Information technology and organizational change: Causal structure in theory and research[J]. Management Science, 34(5): 583-598.

[163] Marshall S, Bargatzky T, Bird-David N, et al., 1996. The sadness of sweetness: The native anthropology of western cosmology and comments and reply[J]. Current Anthropology, 37(3):395-428.

[164] McGahan A M、刘佳, 2011.开展对管理者至关重要的学术研究:关于斑马、狗、旅鼠、锤子和萝卜的隐喻[J].管理世界(4):150-153.

[165] McGrath R G, 2007. No longer a stepchild: How the management field can come into its own[J]. Academy of Management Journal, 50(6): 1365-1378.

[166] McKinley W, Mone M A, Moon G, 1999. Determinants and development of schools in organization theory[J]. Academy of Management Review, 24(4): 634-648.

[167] Mintzberg H, McHugh A, 1985. Strategy formation in an adhocracy[J]. Administrative Science Quarterly, 30(2): 160-197.

[168] Mowday R T, Sherer R L, 1993. Organizational behavior: Liking individual and groups to organizational context[J]. Annual Review of Psychology, 44: 195-229.

[169] Pettigrew A, 1990. Longitudinal field research on change: Theory and practice[J]. Organization Science, 1(3): 267-292.

[170] Pfeffer J, 1993. Barriers to the advance of organizational science: Paradigm development as a dependable variable[J]. Academy of Management Review, 18: 599-620.

[171] Plowman D A, Baker L T, Beck T E, et al., 2007. Radical change accidentally: The emergence and amplification of small change[J]. Academy of Management Journal, 50(3): 515-543.

[172] Prahalad C K, Hamel G, 1990. The core competence of the corporation[J]. Harvard Business Review, 68: 79-91.

[173] Pratt M G, 2008. Fitting oval pegs into round holes[J]. Organizational Research Methods,

11(3): 481-509.

[174] Pratt T C, 2008. Rational choice theory, crime control policy and criminological relevance[J]. Criminology & Public Policy, 7(1): 43-52.

[175] Rynes S, Gephart R P, 2004. From the editors: Qualitative research and the "Academy of Management Journal"[J]. Academy of Management Journal, 47(4): 454-462.

[176] Rynes S L、王慧、刘宝宏,等, 2011.对管理研究未来50年的展望[J].管理世界(6): 165-167.

[177] Sahlins M, Bargatzky T, Clammer J, 1996. The sadness of sweetness: The native anthropology of western cosmology and comments and reply[J]. Cultural Anthropology, 37(3): 395-428.

[178] Siggelkow N, 2002. Evolution toward fit[J]. Administrative Science Quarterly, 47(1): 125-159.

[179] Siggelkow N, 2007. Persuasion with case studies[J]. Academy of Management Journal, 50(1): 20-24.

[180] Smith W K, 2014. Dynamic decision making: A model of senior leaders managing strategic paradoxes[J]. Academy of Management Journal, 57(6): 1592-1623.

[181] Sotiriadou P, Brouwers J, Le T A, 2014. Choosing a qualitative data analysis tool: A comparison of NVivo and Leximancer[J]. Annals of Leisure Research, 17(2): 218-234.

[182] Suddaby R, 2006. From the editors: What grounded theory is not[J]. Academy of Management Journal, 49(4): 633-642.

[183] Suddaby R, 2006. What grounded theory is not[J]. Academy of Management Journal, 49(4): 633-642.

[184] Su H C, Linderman K, Schroeder R G, et al., 2014. A comparative case study of sustaining quality as a competitive advantage[J]. Journal of Operations Management, 32: 429-445.

[185] Sutton R I, Staw B M, 1995. What theory is not[J]. Administrative Science Quarterly, 40: 371-384.

[186] Tiberius V, 2011. Towards a "planned path emergence" view on future genesis[J]. Journal of Futures Studies, 15(4): 9-24.

[187] Timmermans S, Tavory I, 2012. Theory construction in qualitative research: From grounded theory to abductive analysis[J]. Sociological Theory, 30(3): 167-186.

[188] Trochim W, 1989. Outcome pattern matching and program theory[J]. Evaluation and Program Planning, 12: 355-366.

[189] Tsui A S, 2004. Contributing to global management knowledge: A case for high quality indigenous research[J]. Asia Pacific Journal of Management, 21: 491-513.

[190] Tsui A S, 2007. From homogenization to pluralism: International management research in the academy and beyond[J], Academy of Management Journal, 50: 1353-1364.

[191] Vermeulen F, 2007. "I shall not remain insignificant": Adding a second loop to matter more[J]. Academy of Management Journal, 50(4): 754-761.

[192] Wagner D C, Berger J, 1985. Do sociological theories grow[J]. American Journal Sociology, 90: 697-728.

[193] Weber R, 2004. The rhetoric of positivism versus interpretivism: A personal view[J]. MIS Quarterly, 28(1): 3-7.

[194] Weick K E, 1989. Theory construction as disciplined imagination[J]. Academy of Management Review, 14(4): 516-531.

[195] Welch C, Piekkari R, Plakoyiannaki E, et al., 2011. Theorising from case studies: Towards a pluralist future for international business research[J]. Journal of International Business Studies, 42(5): 740-762.

[196] Whetten D A, Felin T, King B G, 2009. The practice of theory borrowing in organizational studies: Current issues and future directions[J]. Journal of Management, 35(3): 537-563.

[197] Whetten D A, 1989. What constitutes a theoretical contribution[J]. Academy of Management Review, 14(4): 490-495.

[198] Wilk V, Soutar G N, Harrigan P, 2019. Tackling social media data analysis: Comparing and contrasting QSR NVivo and Leximancer[J]. Qualitative Market Research, 22(2): 94-113.

[199] Wilson R, 1954. Patterns of industrial bureaucracy[J]. American Sociological Review, 20(1): 120-121.

[200] Woods M, Paulus T, Atkins D P, et al., 2016. Advancing qualitative research using qualitative data analysis software (QDAS)? Reviewing potential versus practice in published studies using ATLASti and NVivo, 1994-2013[J]. Social Science Computer Review, 34(5): 597-617.

[201] 김지은. Strauss 와 Corbin, 2019. 근거이론의변화[J]. Korean Academy Nursing, 49(5): 505-514.

[202] 安娜、李鹤尊、刘俊勇, 2020. 战略规划、战略地图与管理控制系统实施: 基于华润集团的案例研究[J]. 南开管理评论(3): 87-97.

[203] 白长虹, 2023. 案例研究与学术创造[J]. 南开管理评论(1): 2.

[204] 白长虹, 2019. 反思"问题导向"[J]. 南开管理评论(6): 2.

[205] 白长虹, 2020. 管理实践与学术研究公式化[J]. 南开管理评论(6): 2.

[206] 白长虹、刘欢, 2019. 旅游目的地精益服务模式: 概念与路径: 基于扎根理论的多案例探索性研究[J]. 南开管理评论(3): 137-147.

[207] 白长虹, 2020. 面向实践的管理学研究转型[J]. 南开管理评论(2): 2-3.

[208] 白长虹, 2019. 主编寄语[J]. 南开管理评论(4): 2.

[209] 白景坤、张贞贞、薛刘洋, 2019. 互联网情境下基于平台的企业创新组织机制研究: 以韩都衣舍为例[J]. 中国软科学(2): 181-192.

[210] 晁罡、钱晨、陈宏辉, 等, 2019. 传统文化践履型企业的多边交换行为研究[J]. 中国工业经济, (6): 173-192.

[211] 车晨、成颖、柯青, 2016. 意义建构理论研究综述[J]. 情报科学(6): 155-162.

[212] 陈诚、毛基业, 2017. 企业战略选择的情绪基础: 基于IT服务供应商的多案例研究[J]. 中国工业经济(4): 176-192.

[213] 陈冬华, 2023. 中国经济学研究的文化属性: 基础、学理与实践[J]. 经济研究(7): 4-9.

[214] 陈逢文、付龙望、张露, 等, 2020. 创业者个体学习、组织学习如何交互影响企业创新行为? 基于整合视角的纵向单案例研究[J]. 管理世界(3): 142-163.

[215] 陈寒松、贾竣云、王成铖, 等, 2020. 创业失败何以东山再起？观察学习视角的农业创业多案例研究[J]. 管理评论(5): 305.

[216] 陈寒松、王成铖、田震, 等, 2020. 新创企业商业模式设计的机制研究: 基于创业学习视角的单案例研究[J]. 管理学季刊(3): 119-141.

[217] 陈宏权、曾赛星、金治州, 等, 2019. 重大工程创新生态系统演化及创新力提升[J]. 管理世界(4): 28-38.

[218] 陈宏权、曾赛星、苏权科, 2020. 重大工程全景式创新管理: 以港珠澳大桥工程为例[J]. 管理世界(12): 212-227.

[219] 陈明哲, 2016. 学术创业: 动态竞争理论从无到有的历程[J]. 管理学季刊(3): 1-16.

[220] 陈美奇、崔丽, 2022. "剧本杀"对自我形象管理与人际交往的影响: 基于拟剧理论的

质化研究[J].传媒论坛(8):14-17.

[221] 陈强强,2021.科学的社会研究中科学事实与价值的关系史研究[J].自然辩证法研究(5):48-185.

[222] 陈向明,2008.从"范式"的视角看质性研究之定位[J].教育研究(5):30-35.

[223] 陈向明,1996.社会科学中的定性研究方法[J].中国社会科学(6):93-102.

[224] 陈向明,2015.扎根理论在中国教育研究中的运用探索[J].北京大学教育评论(1):3-15.

[225] 陈晔,2021.管理研究的几点反思[J].南开管理评论(6):扉页.

[226] 成瑾、白海青、刘丹,2017.CEO如何促进高管团队的行为整合:基于结构化理论的解释[J].管理世界(2):159-173.

[227] 程聪,2020.中国企业跨国并购后组织整合制度逻辑变革研究:混合逻辑的视角[J].管理世界(12):127-145.

[228] 程鹏、柳卸林、李洋,等,2018.本土需求情景下破坏性创新的形成机理研究[J].管理科学(2):33-44.

[229] 程宣梅、谢洪明、陈侃翔,等,2018.集体行动视角下的制度逻辑演化机制研究:基于专车服务行业的案例分析[J].管理科学学报(2):16-35.

[230] 刁雅静、何有世、王念新,等,2019.朋友圈社交行为对购买意愿的影响研究:认同与内化的中介作用及性别的调节作用[J].管理评论(1):136-146.

[231] 谷方杰、张文锋,2020.基于价值链视角下企业数字化转型策略探究:以西贝餐饮集团为例[J].中国软科学(11):134-142.

[232] 郭会斌,2016.温和改善的实现:从资源警觉到资源环境建构:基于四家"中华老字号"的经验研究[J].管理世界(6):133-147.

[233] 郭会斌、杨隽萍、Leung R C,2016.信息粘滞、界面耦合与组织再生:基于六家"中华老字号"的扎根研究[J].情报科学(2):77-82.

[234] 郭会斌、郑耀州、张景云,等,2023.匠心租金的构念、获取路径与演化过程:基于六家"百年老店"的诠释[J].管理世界(7):100-120.

[235] 郭会斌、郑展、单秋朵,等,2018.工匠精神的资本化机制:一个基于八家"百年老店"的多层次构型解释[J].南开管理评论(2):95-106.

[236] 郭玉锦,2010.网络公共领域中的网络舆论与网络公众舆论[J].北京邮电大学学报(社会科学版)(6):1-6.

[237] 胡国栋、王天娇,2022."义利并重":中国古典企业的共同体式身股激励:基于晋商乔

家字号的案例研究[J].管理世界(2):188-207.

[238] 黄江明、李亮、王伟,2011.案例研究:从好的故事到好的理论:中国企业管理案例与理论构建研究论坛(2010)综述[J].管理世界(2):118-126.

[239] 黄群慧、余菁、王涛,2017.培育世界一流企业:国际经验与中国情境[J].中国工业经济(11):177-185.

[240] 黄晓斌、梁辰,2014.质性分析工具在情报学中的应用[J].图书情报知识(5):4-16.

[241] 贾建锋、周舜怡、张大鹏,2018.高科技企业创业过程中人力资源管理系统的演化升级:基于东软集团股份有限公司的案例研究[J].南开管理评论(5):162-175.

[242] 贾利军、王健民、徐韵,2021.天人合一:从量化研究到质性研究的方法论跨越[J].企业经济(5):33-42.

[243] 贾良定、尤树洋、刘德鹏,等,2015.构建中国管理学理论自信之路:从个体、团队到学术社区的跨层次对话过程理论[J].管理世界(1):99-117.

[244] 贾旭东、衡量,2020.扎根理论的"丛林"、过往与进路[J].科研管理(5):151-163.

[245] 贾旭东、谭新辉,2010.经典扎根理论及其精神对中国管理研究的现实价值[J].管理学报(5):656-665.

[246] 江鸿、吕铁,2019.政企能力共演化与复杂产品系统集成能力提升:中国高速列车产业技术追赶的纵向案例研究[J].管理世界(5):106-125.

[247] 靳代平、王新新、姚鹏,2016.品牌粉丝因何而狂热?基于内部人视角的扎根研究[J].管理世界(9):102-119.

[248] 蓝海林、宋铁波、曾萍,2012.情境理论化:基于中国企业战略管理实践的探讨[J].管理学报(1):12-16.

[249] 李飞、陈浩、曹鸿星,等,2010.中国百货商店如何进行服务创新:基于北京当代商城的案例研究[J].管理世界(2):114-126.

[250] 李飞、贺曦鸣、胡赛全,等,2015.奢侈品品牌的形成和成长机理:基于欧洲150年以上历史顶级奢侈品品牌的多案例研究[J].南开管理评论(6):60-70.

[251] 李飞、李达军、李纯青,等,2018."小而美"的营销神话:基于环意国际旅行社的案例研究[J].南开管理评论(6):131-141.

[252] 李飞、王高、杨斌,等,2009.高速成长的营销神话:基于中国10家成功企业的多案例研究[J].管理世界(2):138-151.

[253] 李海舰、田跃新、李文杰,2014.互联网思维与传统企业再造[J].中国工业经济(10):135-146.

[254] 李森,2017.质性研究方法本土化:反思与建构:从方法论的"中心-边缘"困境谈起[J].中央民族大学学报(哲学社会科学版)(5):34-42.

[255] 李培挺、李道涵,2023.从"嵌入本土"到"扎根本土":当代中国管理创新哲学研究倾向优化[J].中国文化与管理(1):46-56.

[256] 李倩倩、崔翠翠,2018.本土品牌逆袭与消费者偏好逆转的纵向扎根研究[J].管理科学(5):42-55.

[257] 李显君、孟东晖、刘暐,2018.核心技术微观机理与突破路径:以中国汽车AMT技术为例[J].中国软科学(8):88-104.

[258] 李召敏、韩小芳、赵曙明,2017.民营企业雇佣关系模式关键影响因素的多案例研究[J].管理科学(5):119-135.

[259] 李志刚、杜鑫、张敬伟,2020.裂变创业视角下核心企业商业生态系统重塑机理:基于"蒙牛系"创业活动的嵌入式单案例研究[J].管理世界(11):80-96.

[260] 李志刚、何诗宁、于秋实,等,2019.海尔集团小微企业的生成路径及其模式分类研究:基于扎根理论路径的探索[J].管理学报(6):791-800.

[261] 李志军、尚增健,2020.亟需纠正学术研究和论文写作中的"数学化""模型化"等不良倾向[J].管理世界(4):1-20.

[262] 栗洪武,2011.理性思辨研究方法在教育科学研究中的运用[J].教育学研究(2):165-169.

[263] 梁上坤、李丹、谷旭婷,等,2018.借壳上市与杠杆增持下的并购风险叠加:基于上海斐讯借壳慧球科技的案例研究[J].中国工业经济(6):136-155.

[264] 林海芬、尚任,2017.组织惯例概念界定及其结构模型:基于扎根理论的研究[J].管理科学(6):113-129.

[265] 刘方龙、邱伟年、曾楚宏,2019.组织核心价值观的内涵及其评价指标[J].外国经济与管理(1):86-101.

[266] 刘人怀、姚作为,2013.传统文化基因与中国本土管理研究的对接:现有研究策略与未来探索思路[J].管理学报(2):157-167.

[267] 刘小花、孙翠香,2019.地方政府深化产教融合的政策创新研究:基于22项地方产教融合政策文本的NVivo分析[J].中国职业技术教育(25):24-32.

[268] 刘小浪、刘善仕、王红丽,2016.关系如何发挥组织理性:本土企业差异化人力资源管理构型的跨案例研究[J].南开管理评论(2):124-136.

[269] 刘祯,2012.结果讨论与定性研究的若干差异:AMJ主编建议综述[J].管理学家(学

术版)(6):48-62.

[270] 刘祯,2012.主题选择与研究设计:AMJ主编建议综述[J].管理学家(学术版)(4):64-76.

[271] 吕力,2012.案例研究:目的、过程、呈现与评价[J].科学学与科学技术管理(6):29-35.

[272] 吕力,2014.归纳逻辑在管理案例研究中的应用:以AMJ年度最佳论文为例[J].南开管理评论(1):151-160.

[273] 吕一博、蓝清、韩少杰,2015.开放式创新生态系统的成长基因[J].中国工业经济(5):148-160.

[274] 马赛、李晨溪,2020.基于悖论管理视角的老字号企业数字化转型研究:以张弓酒业为例[J].中国软科学(4):184-192.

[275] 毛基业、陈诚,2017.案例研究的理论构建:艾森哈特的新洞见:第十届"中国企业管理案例与质性研究论坛(2016)"会议综述[J].管理世界(2):135-141.

[276] 毛基业、李高勇,2014.案例研究的"术"与"道"的反思:中国企业管理案例与质性研究论坛(2013)综述[J].管理世界(2):111-117.

[277] 毛基业、李亮,2018.管理学质性研究的回顾、反思与展望[J].南开管理评论(6):12-16.

[278] 毛基业、李晓燕,2010.理论在案例研究中的作用:中国企业管理案例论坛(2009)综述与范文分析[J].管理世界(2):106-113.

[279] 毛基业,2021.深入贯彻落实习近平总书记在哲学社会科学工作座谈会上的重要讲话精神 加快构建中国特色管理学体系[J].管理世界(6):1-35.

[280] 毛基业、苏芳,2016.案例研究的理论贡献:中国企业管理案例与质性研究论坛(2015)综述[J].管理世界(2):128-132.

[281] 毛基业、苏芳,2019.质性研究的科学哲学基础与若干常见缺陷:中国企业管理案例与质性研究论坛(2018)综述[J].管理世界(2):115-120.

[282] 毛基业,2020.运用结构化的数据分析方法,做严谨的质性研究:中国企业管理案例与质性研究论坛(2019)综述[J].管理世界(3):221-227.

[283] 潘安成、李鹏飞,2014.交情行为与创业机会:基于农业创业的多案例研究[J].管理科学(4):59-75.

[284] 潘安成、刘泱君,2020.尊卑有序与中国传统企业师徒制知识传承:以中华老字号"杏花村"汾酒集团为例[J].南开管理评论(5):171-182.

[285] 潘安成、张红玲、肖宇佳,2016."破茧成蝶":知恩图报塑造日常组织活动战略化[J].

管理世界(9):84-101.

[286] 潘虹、唐莉,2020.质性数据分析工具在中国社会科学研究的应用:以 NVivo 为例[J].数据分析与知识发现(1):51-62.

[287] 潘绵臻、毛基业,2009.再探案例研究的规范性问题:中国企业管理案例论坛(2008)综述与范文分析[J].管理世界(2):92-100.

[288] 彭长桂、吕源,2016.制度如何选择:谷歌和苹果案例的话语分析[J].管理世界(2):149-169.

[289] 彭池,1988.中国古代四大哲理思辨学说及命运[J].江汉论坛(10):10-15.

[290] 钱穆,1991.中国文化对人类未来可有的贡献[J].中国文化(1):93-96.

[291] 麦强、安实、林翰,等,2018.重大工程复杂性与适应性组织:港珠澳大桥的案例[J].管理科学(3):86-99.

[292] 麦强、陈学钏、安实,2019.重大航天工程整体性、复杂性及系统融合:北斗卫星工程的实践[J].管理世界(12):190-198.

[293] 乔雪峰,2018.从质化数据到国际期刊论文:数据分析与学术写作[J].全球教育展望(6):31-46.

[294] 任兵、楚耀,2014.中国管理学研究情境化的概念、内涵和路径[J].管理学报(3):330-336.

[295] 邵剑兵、刘力钢、杨宏戟,2016.基于企业基因遗传理论的互联网企业非市场战略选择及演变:阿里巴巴社会责任行为的案例分析[J].管理世界(12):159-171.

[296] 沈昊、杨梅英,2019.国有企业混合所有制改革模式和公司治理:基于招商局集团的案例分析[J].管理世界(4):171-182.

[297] 沈红波、张金清、张广婷,2019.国有企业混合所有制改革中的控制权安排:基于云南白药混改的案例研究[J].管理世界(10):206-217.

[298] 苏芳、毛基业、谢卫红,2016.资源贫乏企业应对环境剧变的拼凑过程研究[J].管理世界(8):137-149.

[299] 苏芳、毛基业,2019.应对环境变化的战略路径转换过程:内外部正反馈和管理者刻意行为的影响[J].管理世界(10):172-185.

[300] 孙华、丁荣贵、王楠楠,2018.研发团队共享领导力行为的产生和对创新绩效的作用:基于垂直领导力的影响[J].管理科学(3):17-28.

[301] 孙继伟、巫景飞,2011.论管理学界的研究方法迷失:实践迷失、客户迷失、价值迷失的继续研究[J].管理学报(2):164-172.

[302] 孙新波、苏钟海,2018.数据赋能驱动制造业企业实现敏捷制造案例研究[J].管理科学(5):117-130.

[303] 谭劲松,2008.关于管理研究及其理论和方法的讨论[J].管理科学学报(2):145-152.

[304] 陶小龙、刘珊、陈劲,等,2019.企业转型升级与创新生态圈成长耦合机理:一个扎根理论多案例研究[J].科技进步与对策(24):80-89.

[305] 田振华、熊华夏,2020.建构、解构与重构:校长视角下农村小学全科教师的未来走向:基于NVivo11.0访谈资料的编码分析[J].当代教育科学(4):75-79.

[306] 万倩雯、卫田、刘杰,2019.弥合社会资本鸿沟:构建企业社会创业家与金字塔底层个体间的合作关系:基于LZ农村电商项目的单案例研究[J].管理世界(5):179-196.

[307] 汪潇、李平、毕智慧,2019.商学院的未来之路:知行合一[J].外国经济与管理(5):141-152.

[308] 王冰、齐海伦、李立望,2018.如何做高质量的质性研究:中国企业管理案例与质性研究论坛(2017)综述[J].管理世界(4):140-145.

[309] 王苍龙,2021.中国社会学本土化的两个立场与两条路径:兼与谢宇、贺雪峰教授商榷[J].社会科学(1):27-33.

[310] 王璁、王凤彬,2018.大型国有企业集团总部对成员单位控制体系的构型研究:基于102家中央企业的定性比较分析[J].南开管理评论(6):185-197.

[311] 王方华,2022.中国管理模式研究的五项原则[J].上海管理科学(3):1-2.

[312] 王刚,2018.案例研究的价值冲击与维护[J].中国地质大学学报(社会科学版)(5):115-121.

[313] 王宏起、汪英华、武建龙,等,2016.新能源汽车创新生态系统演进机理:基于比亚迪新能源汽车的案例研究[J].中国软科学(4):81-94.

[314] 王节祥、蔡宁、盛亚,2018.龙头企业跨界创业、双平台架构与产业集群生态升级:基于江苏宜兴"环境医院"模式的案例研究[J].中国工业经济(2):157-175.

[315] 王利平,2017.制度逻辑与"中魂西制"管理模式:国有企业管理模式的制度分析[J].管理学报(11):1579-1586.

[316] 王满四、周翔、张延平,2018.从产品导向到服务导向:传统制造企业的战略更新:基于大疆创新科技有限公司的案例研究[J].中国软科学(11):107-121.

[317] 王宁,2002.代表性还是典型性:个案的属性与个案研究方法的逻辑基础[J].社会学研究(5):221-227.

[318] 王宁,2023.通用知识还是本土知识?社会科学本土化争议的方法论把脉[J].江苏行

政学院学报(4):71-79.

[319] 王淑娟、孙华鹏、崔淼,等,2015.一种跨国并购渗透式文化整合路径:双案例研究[J].南开管理评论(4):47-59.

[320] 王卫华,2019.教育思辨研究与教育实证研究:从分野到共生[J].教育研究(9):139-148.

[321] 王玮、徐梦熙,2020.移动互联网背景下整合使用概念、维度及其对任务绩效的影响机制:基于扎根理论的探索性研究[J].南开管理评论(5):16-27.

[322] 王新刚、龚宇、聂燕,2019.假洋品牌概念界定及其存在影响因素的扎根研究[J].南开管理评论(6):40-49.

[323] 王兴全、王慧敏,2017.破局"千园一面"的文创园区品牌化升级模式[J].中国软科学(5):78-91.

[324] 王扬眉,2019.家族企业继承人创业成长金字塔模型:基于个人意义构建视角的多案例研究[J].管理世界(2):168-184.

[325] 王扬眉、梁果、李爱君,等,2020.家族企业海归继承人创业学习过程研究:基于文化框架转换的多案例分析[J].管理世界(3):120-142.

[326] 王扬眉、梁果、王海波,2021.家族企业继承人创业图式生成与迭代:基于烙印理论的多案例研究[J].管理世界(4):198-216.

[327] 王永贵、汪寿阳、吴照云,等,2021.深入贯彻落实习近平总书记在哲学社会科学工作座谈会上的重要讲话精神 加快构建中国特色管理学体系[J].管理世界(6):1-35.

[328] 韩巍,2009.本土化学科建构几个关键问题的探讨[J].管理学报(6):711-717.

[329] 卫田,2012.成功并购发展中国家企业的要素研究:以并购医疗器械行业的中国企业为例[J].经济管理(增刊)(Z1):12-19.

[330] 魏江、王丁、刘洋,2020.来源国劣势与合法化战略:新兴经济企业跨国并购的案例研究[J].管理世界(3):101-120.

[331] 吴画斌、许庆瑞、李杨,2019.创新引领下企业核心能力的培育与提高:基于海尔集团的纵向案例分析[J].南开管理评论(5):28-37.

[332] 吴毅,2007.何以个案 为何叙述:对经典农村研究方法质疑的反思[J].探索与争鸣(4):22-25.

[333] 吴照云、姜浩天,2022.中国管理学派:源起、发展与建设[J].中国文化与管理(1):1-16.

[334] 吴照云、巫周林、姜浩天,2022.中国管理学派:履践、责任与未来[J].中国文化与管理(1):2-12.

[335] 武晨箫,李正风,2017.中美国际贸易中专利维权的制度差异:基于案例的比较研究[J].中国软科学(6):21-30.

[336] 习近平,2023.在文化传承发展座谈会上的讲话[N].新华社,2023-06-02.

[337] 习近平,2016.在哲学社会科学工作座谈会上的讲话(N).新华社,2016-05-17.

[338] 席酉民,刘鹏,2019.管理学在中国突破的可能性和途径:和谐管理的研究探索与担当[J].管理科学学报(9):1-11.

[339] 夏传玲,2007.计算机辅助的定性分析方法[J].社会学研究(5):148-163.

[340] 肖静华,胡杨颂,吴瑶,2020.成长品:数据驱动的企业与用户互动创新案例研究[J].管理世界(3):183-205.

[341] 谢康,吴瑶,肖静华,等,2016.组织变革中的战略风险控制:基于企业互联网转型的多案例研究[J].管理世界(2):133-148.

[342] 谢立中,2018.实证性量化研究和诠释性质化研究的联结:来自韦伯的启示[J].武汉大学学报(哲学社会科学版)(5):164-174.

[343] 谢宇,2024.社会学本土化与定量研究的再思考[J].学术月刊(3):120-128.

[344] 熊秉纯,2001.质性研究方法刍议:来自社会性别视角的探索[J].社会学研究(5):17-33.

[345] 徐勇,2019.学术创新的基点:概念的解构与建构[J].文史哲(1):10-13.

[346] 许晖,王亚君,单宇,2020."化繁为简":跨文化情境下中国企业海外项目团队如何管控冲突[J].管理世界(9):128-140.

[347] 许晖,张海军,冯永春,2018.传承还是重塑?本土老字号品牌活化模式与机制研究:基于品牌真实性与价值迁移视角[J].管理世界(4):146-161.

[348] 颜士梅,张钢,2020.《论语》中"仁"的内涵及其在企业人力资源管理的表征:基于扎根理论与案例分析的研究[J].管理学报(7):949-958.

[349] 阳镇,陈劲,2023.儒家文化与中国式管理构建[J].清华管理评论(10):42-48.

[350] 杨桂菊,程兆谦,侯丽敏,等,2017.代工企业转型升级的多元路径研究[J].管理科学(4):124-138.

[351] 杨寿堪,1987.思辨的哲学和哲学的思辨[J].哲学研究(8):26-33.

[352] 杨耀坤,1998.论思辨的思维性质及其在科学创造中的作用[J].湖北大学学报(哲学社会科学版)(1):1-6.

[353] 叶康涛,2006.案例研究:从个案分析到理论创建:中国第一届管理案例学术研讨会综述(2005)[J].管理世界(2):139-143.

[354] 应星,2016.质性研究的方法论再反思[J].广西民族大学学报(哲学社会科学版)(4):59-63.

[355] 余义勇、杨忠,2020.如何有效发挥领军企业的创新链功能:基于新巴斯德象限的协同创新视角[J].南开管理评论(2):4-15.

[356] 郁喆隽,2020.内在的巴别塔:马克斯·韦伯的"价值领域"概念及其当代解读[J].天津社会科学(4):35-42.

[357] 曾国军、李浩铭、杨学儒,2020.烙印效应:酒店如何通过师徒制发展组织操作常规[J].南开管理评论(2):75-84.

[358] 曾德麟、欧阳桃花、周宁,等,2017.基于信息处理的复杂产品制造敏捷性研究:以沈飞公司为案例[J].管理科学学报(6):1-17.

[359] 曾燕、许金花、涂虹羽,2018."共生"关系下的控制权防御机制设计:以"万科与宝能系之争"为例[J].管理科学学报(10):97-111.

[360] 张继宏、谢佩洪、朱影影,2023.中国传统管理哲学思想现代话语体系研究[J].中国文化与管理(1):25-35.

[361] 张京心、廖子华、谭劲松,2017.民营企业创始人的离任权力交接与企业成长:基于美的集团的案例研究[J].中国工业经济(10):174-192.

[362] 张默、任声策,2018.创业者如何从事件中塑造创业能力?基于事件系统理论的连续创业案例研究[J].管理世界(11):134-149.

[363] 张萍、杨雄胜,2018.中国本土文化情境下的内部控制模式探索:基于明代龙江船厂的案例研究[J].管理世界(2):161-175.

[364] 张霞、毛基业,2012.国内企业管理案例研究的进展回顾与改进步骤:中国企业管理案例与理论构建研究论坛(2011)综述[J].管理世界(2):105-111.

[365] 张新民、陈德球,2020.移动互联网时代企业商业模式、价值共创与治理风险:基于瑞幸咖啡财务造假的案例分析[J].管理世界(5):74-86.

[366] 张新平,2000.思辨研究·实证研究·实地研究[J].教育探索(11):47-48.

[367] 张镒、刘人怀、陈海权,2020.商业生态系统中的平台领导力影响因素:基于扎根理论的探索性研究[J].南开管理评论(3):28-38.

[368] 张玉利、吴刚,2019.新中国70年工商管理学科科学化历程回顾与展望[J].管理世界(11):8-18.

[369] 赵鼎新,2015.社会科学研究的困境:从与自然科学的区别谈起[J].社会学评论(4):3-18.

[370] 赵万里、王俊雅,2020.技能传承中的身体嵌入:以汾酒酿造的身体技术实践为例[J]. 自然辩证法研究(11):46-53.

[371] 赵旭东,2015.线索民族志:民族志叙事的新范式[J].民族研究(1):47-57.

[372] 郑杭生,2011.学术话语权与中国社会学发展[J].中国社会科学(2):27-34.

[373] 郑庆杰,2015.解释的断桥:从编码到理论[J].社会发展研究(1):149-164.

[374] 郑庆杰,2011."主体间性-干预行动"框架:质性研究的反思谱系[J].社会(3):224-241.

[375] 周华、吴晶晶、戴德明,等,2018.合并报表的利弊对经济监管规则的潜在影响研究:以江山制药并表权纠纷为例[J].中国工业经济(2):177-185.

[376] 祝和军,2012.古希腊的思辨传统与科学精神(上)[N].光明日报(12).

[377] 祝继高、王谊、汤谷良,2019."一带一路"倡议下中央企业履行社会责任研究:基于战略性社会责任和反应性社会责任的视角[J].中国工业经济(9):174-192.

[378] 宗利成、刘明霞,2019.移动支付企业的创新选择:技术能力与CEO经验的双重视角:基于支付宝与财付通的双案例研究[J].中国软科学(4):133-141.

后　　记

　　我在质性研究、扎根理论路径方面的研究实践近二十年,积累了一定的经验,也取得了一些成绩。我作为第一作者的论文《匠心租金的构念、获取路径与演化过程:基于六家"百年老店"的诠释》2023年7月在《管理世界》刊发,正冲击河北省第十九届(2025年)社科优秀成果一等奖,2016年刊发在《管理世界》上的论文《温和改善的实现:从资源警觉到资源环境建构——基于四家"中华老字号"的经验研究》获得"第八届高校科学研究优秀成果(人文社会科学)二等奖"(2020年),作为国家自然科学基金面上项目(71472059)部分结项成果的专著《温和改善的诠释:基于"中华老字号"的界面张力观》获河北省第十七届(2020年)社科优秀成果二等奖,等等。这些学术成果,践行了本书所倡导的质性研究后现代范式。

　　在经历多年质性研究学术会议论文的审稿与评述以及几家权威期刊的审稿后,我打开了工商管理学质性研究的视野,也发现了其中存在的四个亟待解决的问题。近年来,围绕讲准、讲活、讲透和讲好"中国故事",我也在思考工商管理学质性研究后现代范式的构建,而已有的经验和成绩给予我们责任和动力以及勇气和信心。

　　我们深知构建工商管理学质性研究后现代范式是一个庞大、深邃的系统工程,需要学术同仁的探索,乃至需要几代人的努力。基于此,本书的立意和价值在于启发、参与和助推。当然,我们仍将孜孜以求,继续添砖加瓦。

郭会斌

2024年初冬

于石家庄梅荷轩